070us Foto: ih

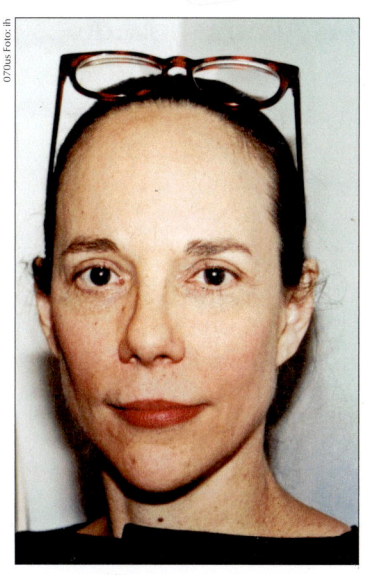

REISE KNOW-HOW im Internet

Aktuelle Reisetipps und Neuigkeiten
Ergänzungen nach Redaktionsschluss
Büchershop und Sonderangebote

www.reise-know-how.de
info@reise-know-how.de

Wir freuen uns über Anregung und Kritik.

Weitere KulturSchock-Titel:

Afghanistan, Ägypten, Argentinien, Australien, Brasilien, China/Taiwan,
Cuba, Ecuador, Finnland, Indien, Irland/Nordirland, Italien, Japan,
Jemen, Kambodscha, Kleine Golfstaaten/Oman, Laos, Marokko,
Mexiko, Mumbai, Pakistan, Peru, Polen, Rumänien, Russland, Slowenien,
Spanien, Thailand, Thailands Bergvölker und Seenomaden, Tuareg,
Türkei, Ukraine, Ungarn, Vietnam, Vorderer Orient

KulturSchock – Familienmanagement im Ausland

Ingrid Henke
KulturSchock USA

„America is another name for opportunity.“
(„Amerika ist ein anderes Wort für Möglichkeiten.")

Ralph Waldo Emerson, amerikanischer Philosoph und Dichter
(1803–1882)

Impressum

Ingrid Henke
KulturSchock USA

erschienen im
REISE KNOW-HOW Verlag Peter Rump GmbH
Osnabrücker Str. 79
33649 Bielefeld

© Peter Rump 2005, 2007
3., neu bearbeitete und komplett aktualisierte Auflage 2009
Alle Rechte vorbehalten.

Gestaltung
Umschlag: Günter Pawlak (Layout), Klaus Werner (Realisierung)
Inhalt: Günter Pawlak (Layout), Anna Medvedev (Realisierung)
Abbildungen: Ingrid Henke (inkl. Coverfoto), www.fotolia.com S. 4,
Jannette Mueller S. 159

Lektorat: Klaus Werner
Lektorat (Aktualisierung): Dhaara P. Volkmann

Druck und Bindung: Fuldaer Verlagsanstalt GmbH & Co. KG, Fulda

ISBN 978-3-8317-1292-2
Printed in Germany

Dieses Buch ist erhältlich in jeder Buchhandlung Deutschlands,
der Schweiz, Österreichs, Belgiens und der Niederlande.
Bitte informieren Sie Ihren Buchhändler
über folgende Bezugsadressen:

Deutschland
Prolit GmbH, PF 9, D-35461 Fernwald (Annerod)
sowie alle Barsortimente
Schweiz
AVA-buch 2000, Postfach, CH-8910 Affoltern
Österreich
Mohr Morawa Buchvertrieb GmbH,
Sulzengasse 2, A-1230 Wien
Niederlande, Belgien
Willems Adventure,
www.willemsadventure.nl

Wer im Buchhandel trotzdem kein Glück hat,
bekommt unsere Bücher auch über
unseren **Büchershop im Internet:**
www.reise-know-how.de

*Wir freuen uns über Kritik, Kommentare
und Verbesserungsvorschläge.*

*Alle Informationen in diesem Buch sind von der
Autorin mit größter Sorgfalt gesammelt
und vom Lektorat des Verlages gewissenhaft
bearbeitet und überprüft worden.*

*Da inhaltliche und sachliche Fehler nicht aus-
geschlossen werden können, erklärt der Verlag,
dass alle Angaben im Sinne der Produkthaftung
ohne Garantie erfolgen und dass Verlag wie
Autorin keinerlei Verantwortung und Haftung
für inhaltliche und sachliche Fehler
übernehmen.*

*Der Verlag sucht Autoren für weitere
KulturSchock-Bände.*

Ingrid Henke

KulturSchock
USA

Inhaltliche Mitarbeit: Veronika Deinbeck

Inhalt

Exkurse zwischendurch

Vorwort

Wir alle haben eine gewisse Vorstellung von den Vereinigten Staaten von Amerika*, egal ob wir schon einmal dorthin gereist sind oder nicht.

Die USA provozieren: Man ist Amerika-Hasser oder Amerika-Fan oder beides. Das Land lässt einen nicht kalt. Als Superpower, größte Wirtschaftsmacht der Welt und Kulturexporteur Nr. 1 sind die USA in unseren Medien allgegenwärtig. Es vergeht kaum ein Tag, an dem wir nicht von den USA hören, sei es Irak-Krieg, Finanzkrise oder Oscar-Verleihung. Wir sind betroffen von Politik und wirtschaftlicher Entwicklung der USA, der Höhe des Dollarkurses. Wir beobachten Wahlen und konsumieren amerikanische Spielfilme. Jeans, Kaugummi, Hamburger und Coca Cola – viele ursprünglich amerikanische Produkte sind für uns alltäglich geworden.

Allen, die das Land und die Menschen, die weltweit einen so großen Einfluss haben, besser verstehen möchten, gibt dieses Buch wichtige Informationen und erklärt amerikanische Erscheinungen.

Die Amerikaner sind fast ausnahmslos freundlich und hilfsbereit und glauben auf beinahe kindliche Weise an ihre Träume und deren Umsetzung. Es liegt mehr Leichtigkeit in der Luft. *Pursuit of Happiness,* das Streben nach Glück und Erfolg, steckt USA-Besucher leicht an. Verbunden mit selbstverantwortlichem Handeln und harter Arbeit streben die Amerikaner nach der Erfüllung ihres *American Dream.*

Faszinierende *Skylines* in den Großstädten, endlose, kaum besiedelte Weiten, fruchtbares Ackerland, in der Hitze flimmernde Wüsten, Nationalparks mit atemberaubender Schönheit – ein grandioses, vielschichtiges Land tut sich auf. In multikulturellen Städten wie New York trifft man auf Menschen aus aller Welt. Durch Amerika zu reisen bedeutet, der Spur der Lebendigkeit zu folgen. Ständig stößt der Besucher auf Neues und Unerwartetes. Doch so sehr das Land den Reisenden auch fasziniert und einnimmt, wird es doch genauso Ernüchterung und Abwehr hervorrufen. Wie kann ein so schönes und lebensfrohes, ein so innovatives und offenes Land mit derart extremen Gegensätzen leben? Wer Reichtum gesehen hat, findet auch deprimierende Armut. Neben den marmorbekleideten, modernen Palästen eines Trump Towers suchen Obdachlose mit ihren Kartons einen Unterschlupf für die Nacht oder wärmen sich auf Abluftschächten. Es gibt Gettos – arme, verwahrloste Gegenden, wo Elend, Drogensucht und Kriminalität angesiedelt sind – in die man als Tourist besser nicht vordringt. Neben der wegweisenden Hochhausarchitektur sieht der Reisende Bauten, die jegliche städtebauliche Fantasie vermissen lassen. Der Offenheit der Menschen steht das Großmachtgehabe der USA gegenüber und der kulturellen Vielfalt eine Monokultur und der Plastikeinheitsbrei von McDonald's und Burger King. Gilt der weiße Mann immer noch als besserer Amerikaner? Ist die Gesellschaft unsozial, das Umweltverhalten rücksichtslos? Wie soll ein Fremder mit diesen gegensätzlichen Eindrücken zurechtkommen?

Dieses Buch nimmt den USA-Interessierten an die Hand und macht Dinge verständlich, die erst einmal befremden. Wenn man die Entstehungsgeschichte der Nation kennt, die Zusammenhänge hinter den Phänomenen erfasst, kann man verstehen, warum sogar der ärmste Slumbewohner stolz ist, Amerikaner zu sein. Die Schlüsselwörter zu diesem Verständnis sind Akzeptanz, Einfühlungsvermögen, die Bereitschaft, Andersartigkeit zuzulassen und die Einsicht, dass Amerika ein anderer Kulturkreis ist – auch wenn wir irrtümlicherweise glauben, dass er unserem eigenen gleicht.

Pflegen Sie geschäftliche Kontakte in Amerika, werden Sie erstaunt sein, dass der Chef seine Bürotür häufig offen hat, seinen Kaffee selbst kocht und die Mitarbeiter ihn mit Vornamen ansprechen. Gibt es in diesem Land keine Hierarchien? Hat ein Vorgesetzter überhaupt etwas zu melden? Auch darauf erhalten Sie Antworten. Sie finden wichtige Hinweise für Ihre geschäftlichen Aufenthalte in dem Land der unbegrenzten Möglichkeiten.

Etliche Verhaltensweisen der Deutschen und Amerikaner scheinen sich ideal zu ergänzen oder auszugleichen: Der Pragmatismus der Amerikaner mit der Gründlichkeit der Deutschen, die Freundlichkeit und Leichtigkeit der Amerikaner mit der schroffen Direktheit und tiefgründigen Strenge der Deutschen, das Eigenlob der Amerikaner und ihr Patriotismus mit den Identitätsschwierigkeiten der Deutschen.

Dieses Buch wird Sie in die unterschiedlichsten Bereiche des amerikanischen Lebens einführen, zum Verständnis für Land und Leute beitragen und Lust auf das Kennenlernen einer einzigartigen Nation machen.

Viele Entwicklungen, von denen Sie hier lesen und die Sie im Land erfahren – neue Dienstleistungen, originelle Geschäftsideen, trendige Musik, Akzente in den Medien und im Internet, wegweisende technische Neuerungen, ja sogar die verhängnisvollen Wege in die Fettleibigkeit – setzen sich mit einiger Verspätung auch bei uns durch.

Sie werden merken: Kultur ist für uns selbstverständlich, wie für den Fisch das Wasser und erst im Kontakt mit der Fremde erkennt man die Unterschiede und damit auch die eigene Identität.

Ingrid Henke

*USA oder Amerika: Wegen der besseren Lesbarkeit werden die Vereinigten Staaten von Amerika oder USA/United States of America in diesem Buch häufig verkürzt als Amerika bezeichnet und die US-Amerikaner als Amerikaner.

003us Foto: ih

KULTURHISTORISCHE
ENTWICKLUNG
DES AMERIKANISCHEN

Um die Elemente herauszulösen, die typisch amerikanisch und nicht nur kurze Zeittrends sind, gilt es einen Blick zu werfen auf die kulturhistorische Entwicklung desjenigen Teils Amerikas, der heute die Vereinigten Staaten von Amerika umfasst. Es gilt, die Phänomene zu beschreiben, die sich über die gesamte Zeit des neuzeitlichen Amerikas (vom Anfang des 17. Jahrhundert bis heute) entwickelt und gefestigt haben.

USA – Ein junger Staat

Die **ersten amerikanischen Einwanderer** kamen schon vor 20.000 Jahren von Asien über die heutige Bering-Straße nach Amerika. Um die Jahrtausendwende erreichte eine Gruppe isländischer Wikinger unter der

„Lady Liberty" in New York – Amerikas Symbol für Freiheit

Leitung von *Leif Ericson* die östliche Küste Nordamerikas. Wikinger betraten möglicherweise auch Neuschottland (Nova Scotia) und Neuengland, doch gründeten sie keine dauerhaften Siedlungen und verloren bald die Verbindung zum neuen Kontinent.

Nachdem *Kolumbus* die ersten kontinuierlichen Besiedlungen des amerikanischen Kontinents vorbereitet hatte und die Kunde über große Goldvorkommen in den neuen Gebieten in Europa grassierte, entstanden immer wieder neue Siedlungen, um **territoriale Ansprüche** anzumelden. Dazu kam die Suche religiöser und politisch anders Denkender in Europa nach einem **Fluchtort,** um sich der Kontrolle und Verfolgung im Heimatland zu entziehen. Kommerzielle Unternehmen suchten nach Rohstoffquellen und neuen Märkten.

Geschichte der USA im Überblick

- **1492**   *Christoph Kolumbus* erreicht die Bahamas.
- **1607**   Gründung der ersten britischen Kolonie Virginia.
- **1620**   Die *Pilgrim Fathers* landen mit der Mayflower.
- **1636**   *Roger Williams* gründet Rhode Island. Beginn des Lehrbetriebs in Harvard.
- **1643**   Massachussets, New Haven, Connecticut und Plymouth schließen sich zu den United Colonies of England zusammen.
- **1681**   Die Quäker unter *William Penn* gründen Pennsylvania.
- **1692**   Salem Witch Trials (Hexenverfolgungen).
- **1764**   England erringt alle französischen Kolonien in Amerika; erhebt Sondersteuern (z. B. Stempelsteuer – *Stamp Act*).
- **1770**   Bis auf die Teesteuer *(Tea Act)* nimmt England alle Steuern zurück.
- **1773**   Bei der Boston Tea Party werfen Aufständische aus Protest gegen die Teesteuer Schiffsladungen Tee in den Hafen von Boston.
- **1776**   13 amerikanische Kolonien erklären am 4. Juli ihre Unabhängigkeit von England.
- **1783**   Friede von Paris: Großbritannien muss die Unabhängigkeit der USA anerkennen.
- **1787**   Am 17. September wird die Verfassung *(Constitution)* der Vereinigten Staaten vom Kongress angenommen.
- **1789**   *George Washington* erster Präsident der USA; Verfassung um 22 Zusatzartikel ergänzt.

- **1791**   *Constitution* um die ersten zehn *Amendments (Bill of Rights)* erweitert.
- **1803**   *Lousiana Purchase:* Die USA kaufen von Frankreich für 15 Mio. Dollar ein 2 Mio. km² großes Gebiet westlich des Mississipi.
- **1804–1806**   Lewis and Clark Expedition zum Pazifik; Ziel: Erforschung des Westens.
- **1808**   Einfuhr von Sklaven in die Vereinigten Staaten und Sklavenhandel verboten.
- **1812–1814**   Britisch-Amerikanischer Unabhängigkeitskrieg (Ansprüche der USA auf Kanada und Florida). Vorkriegsverhältnisse wiederhergestellt.
- **1840–1860**   Erste große Einwanderungswelle.
- **1846–1848**   Krieg gegen Mexiko – Teile von New Mexiko, Wyoming, Arizona, Kalifornien, Nevada, Utah und Colorado im Besitz der USA.
- **1854**   Gründung der Republikanischen Partei.
- **1861–1865**   Sezessions-Krieg zwischen dem Norden und Süden wegen Sklavenhaltung. 11 Südstaaten gründen Confederate States of America. Ende des Sezessionskrieges (Niederlage der Südstaaten), Abschaffung der Sklaverei, Ermordung *Abraham Lincolns,* Beginn der Erschließung der westlichen Territorien (Frontier).
- **1886**   Die letzten freien Indianer werden in Reservate umgesiedelt.
- **1886**   Freiheitsstatue als Geschenk Frankreichs an die USA übergeben.
- **1889**   Krieg gegen Spanien.
- **1890er**   Ende des Isolationismus (Monroedoktrin von 1823) und Frontier-Mythos, starkes Bevölkerungswachstum, Steigerung der industriellen Macht, Aufstieg zur Weltmacht, Imperialismus und Erschließung neuer Märkte, Gründung der Demokratischen Partei.
- **1892–1924**   Einwanderungswelle erreicht Höhepunkt. 1892 Einwanderungsbüro auf Ellis Island gegründet (bis 1954 in Betrieb, 12 Mio. Einwanderer werden eingeschleust).
- **1917**   Aufgabe der Neutralitätspolitik, Eintritt der USA in den Ersten Weltkrieg – das Land geht als Sieger hervor.
- **1917–1920**   Nach der russischen Revolution grassiert unter den Amerikanern die Angst vor kommunistischen und revolutionären Kräften (*Red Scare,* Kommunistenhetze).

- **1919** Beginn der Prohibition (Alkoholverbot), Entstehung der mafiösen Strukturen und des organisierten Verbrechens.
- **1920** Einführung des Frauenwahlrechts nach langen Kämpfen der *Suffragetten*.
- **1924** Johnson Reed Immigration Act: Einwanderungslimits nach Nationen festgelegt.
- **1929** Börsencrash (Schwarzer Freitag) löst Weltwirtschaftskrise aus.
- **1933** Aufhebung der Prohibition. *F. D. Roosevelt's* New Deal eingeführt.
- **1939** Beginn des Zweiten Weltkrieges.
- **1941** Angriff der Japaner auf Pearl Harbor, Kriegserklärung der USA an Japan, Eintritt der USA in den Zweiten Weltkrieg.
- **1945** Sieg über Hitler-Deutschland, Ende des Zweiten Weltkriegs, Teilung Deutschlands in vier Besatzungszonen. Abwurf der ersten Atombomben auf Hiroshima und Nagasaki.
- **1947** Beginn des Kalten Krieges.
- **1949** Gründung der NATO *(North Atlantic Treaty Organization)* – Bollwerk gegen den Kommunismus.
- **1950–1953** Korea-Krieg, Beginn der McCarthy-Ära *(Red Scare)*. Menschen aller Nationalitäten können einwandern, Staatsbürgerschaft annehmen.
- **1954** Supreme Court erklärt Rassentrennung an Schulen für gesetzeswidrig. Beginn der Civil Rights Movement (Gleichstellung Afroamerikaner).
- **1960** *John F. Kennedy* erster katholischer Präsident der USA. SDS *(Students for a Democratic Society)* gegründet.
- **1962** Cuba-Krise – Höhepunkt des Kalten Krieges.
- **1963** *John F. Kennedys* Ermordung in Dallas.
- **1964** Beginn des Vietnam-Krieges.
- **1965** Hemisphärische Einwanderungsquoten ersetzen die bisher geltenden nationalen.
- **1968** *Martin Luther King* und *Robert Kennedy* fallen Attentaten zum Opfer, My-Lai-Massaker, Studentendemonstrationen gegen den Vietnam-Krieg.
- **1969** Mondlandung – New Frontier.
- **1971** New York Times veröffentlicht *Pentagon Papers* zum Vietnamkrieg, die die Watergate-Affäre auslösen.

- **1972** Die Watergate-Affäre führt zum Rücktritt von Präsident *Richard M. Nixon* durch das Amtsenthebungsverfahren *(Impeachment)*.
- **1973** Ende des Vietnam-Krieges, Abschaffung der allgemeinen Wehrpflicht.
- **1978** Alle Nationalitäten dürfen einwandern.
- **1989** Ende des Kalten Krieges. *George Bush sen.* wird Präsident der Vereinigten Staaten.
- **1990** Friedensvertrag mit der Bundesrepublik Deutschland.
- **1991** Sieg im 1. Golfkrieg gegen den Irak
- **1992** *Bill Clinton* wird Präsident der Vereinigten Staaten.
- **1993** Sprengstoffanschlag auf das World Trade Center, New York, am 26. Februar mit 6 Toten und ca. 1000 Verletzten. Kongress ratifiziert das Abkommen zur Bildung der Nordamerikanischen Freihandelszone.
- **1995** 25 Jahre nach dem Vietnamkrieg werden die diplomatischen Beziehungen wieder aufgenommen.
- **1996** *Welfare* (Sozialhilfe) reformiert, *Bill Clintons* Wiederwahl zum Präsidenten.
- **1998** Militärische Interventionen der USA im Irak, Bombenanschläge auf amerikanische Botschaften in Nairobi (Kenia) und Daressalam (Tansania).
- **1999** Levinsky-Affäre führt zum *Impeachment*-Verfahren gegen Präsident *Clinton* – ohne Erfolg.
- **2000** *George W. Bush* wird Präsident. Anschlag auf das Kriegsschiff „USS Cole" im Hafen von Aden (Jemen).
- **2001** Terroranschläge vom 11. September auf das World Trade Center fordern etwa 3000 Opfer.
- **2002** Bush bezeichnet Irak, Iran und Nordkorea als Achse des Bösen.
- **2003** Beginn des Irak-Krieges. *Arnold Schwarzenegger* wird Gouverneur von Kalifornien.
- **2004** Folterskandal im Irak.
- **2005** In Folge des Hurricanes Katrina werden große Teile New Orleans zerstört.
- **2006** Sieg der Demokraten bei den Kongresswahlen.
- **2007** Ausweitung der Immobilien-, Beginn der Bankenkrise.
- **2008** Bankencrash. Ausgehend von den USA weltweite Finanz- und Wirtschaftskrise.
  Barack Obama wird zum ersten afroamerikanischen Präsidenten der USA gewählt.

Die religiösen Ursprünge Amerikas: Prägung durch den Puritanismus

Obwohl von den ersten englischen Siedlern viele verhungerten und an Krankheiten starben, etablierten sich die Einwanderer nach und nach und ihre Niederlassungen fingen an zu wachsen und zu gedeihen.

In Neuenland siedelten sich **Puritaner** an. Sie konnten, fern von Verfolgung und Unterdrückung durch die anglikanische Kirche, ihre eigene Glaubenswelt entwickeln.

Eine der bekanntesten puritanischen Gruppen – die so genannten *Pilgrim Fathers* (Pilgerväter) kamen mit dem Schiff *Mayflower* und siedelten sich 1620 in Plymouth, Massachusetts, an.

Die Puritaner strebten die Erschaffung einer idealen Gemeinschaft an: *The City on a Hill* (Stadt auf dem Hügel). Seitdem sehen die Amerikaner ihr Land als ein Laboratorium für ein freiheitliches Zusammenleben. Einige der Puritaner nutzten die neu gewonnene Freiheit jedoch dazu, ein neues rigides System im Namen Gottes einzurichten, etablierten eine **bigotte Moral von Intoleranz** und bestraften anders Handelnde und Denkende streng. Beispielhaft beschreibt *Nathaniel Hawthorne* in seinem Roman „The Scarlett Letter" („Der scharlachrote Buchstabe") die Härte und Gnadenlosigkeit in einer puritanischen Gemeinde: Die Handlung dreht sich um eine junge Frau, die ein uneheliches Kind zur Welt bringt, den Vater, einen Pfarrer, nicht verrät und von der Gemeinde mit ihrem Kind zur Strafe ausgegrenzt, geächtet und mit einem scharlachroten Buchstaben auf ihrer Kleidung gebrandmarkt wird.

Damit begannen sie eine Tradition der Intoleranz, die bis heute von den religiösen Fundamentalisten fortgesetzt wird und sogar in den letzten Jahren wieder größeren Zulauf gefunden hat.

Zweifelsohne waren die Puritaner stark prägende Kräfte in Amerika mit bedeutsamen Auswirkungen bis heute. Gemeinsam war ihnen allen ihre **Radikalität.** Als religiöse Autorität akzeptierten sie nur die Bibel und ihr Gewissen, die direkte Verbindung zu Gott – keine Vermittlung durch eine interpretierende und vermittelnde Kirche oder einen autoritären Staat. Diese konsequente Ablehnung jeglicher menschlichen Autorität begründete den **antiautoritären Individualismus** und ein Misstrauen gegen jede Art von Obrigkeit. Selbst die kleinste Gemeinde war autonom, am Leben gehalten durch den **Gemeinsinn** und die finanziellen Beiträge ihrer Mitglieder.

Da es keine Autorität gab, die entscheiden konnte, was zum Heil führte und was nicht, was ein Gott gefälliges Leben war oder nicht, war es un-

möglich, durch positives Verhalten Gottes Gnade zu gewinnen. Es entstand die **Prädestinationslehre.** Schon bei der Geburt ist danach entschieden, ob man zu den Erwählten oder Verdammten gehört. Die Schwierigkeit bestand darin, herauszufinden, wie Gott die Auserwählten in ihrem irdischen Leben auszeichnet. Allein der Lebensverlauf auf Erden war ein eindeutiges Indiz, ob Gott einem wohl gesonnen war oder nicht. Als sichtbares Merkmal für die Gnade Gottes kristallisierte sich bei den Protestanten und Puritanern der Glaube an den materiellen Erfolg als Kennzeichen des auserwählt Seins heraus.

Wegweisend waren für die Puritaner fünf Regeln, die durch die westeuropäischen reformierten Kirchen 1619 festgelegt wurden:

- Gottes Gnadenwahl ist bedingungslos, also willkürlich.
- Christus hat sich nur für die Auserwählten geopfert.
- Nach Adams Sündenfall ist der Mensch ohne Ausnahme verdorben.
- Die göttliche Gnade ist unwiderstehlich und kann durch den Menschen weder behindert noch gefördert werden.
- Die Erwählten können selbst in Momenten der Schwäche nicht die Gnade verlieren.

Ein denkmalgeschützer Bauernhof von 1680, Boxfarm genannt

Die Prädestinationslehre scheint bei manchen Politikern noch bis heute durchzuschlagen, wenn sie vom „Reich des Bösen" reden und sich selbst dem „Reich des Guten" zurechnen: Zum Beispiel *Ronald Reagan* bezeichnete die Sowjetunion als „Reich des Bösen", *George W. Bush* beschrieb Nordkorea, Iran und Irak am 31. Januar 2002 in seiner Rede zur Lage der Nation als „Achse des Bösen".

Auch die Eindeutigkeit mit der in den USA an der Ausübung der **Todesstrafe** festgehalten wird, Auge um Auge, Zahn um Zahn, deutet darauf hin, dass die Befürworter davon ausgehen, dass böse Menschen böse bleiben. Man erachtet sie als nicht heilbar, als pathologisch oder durch Sozialisation böse geworden, quasi als von Gott verstoßen. Dadurch sind sie geächtet und müssen entfernt werden. Reue und Läuterung, die eine Vergebung rechtfertigen, wie in anderen Glaubensformen üblich, haben da keinen Platz.

Auch in den Western und Horrorfilmen spiegelt sich diese Eindeutigkeit von Gut und Böse wider.

Dem Puritanismus wird aber auch entscheidender **Einfluss auf die Entwicklung des ökonomischen Systems** beigemessen. In den Augen der Puritaner sollte sinnvolle Arbeit wertvoll, bedeutungsvoll und moralisch einwandfrei sein. Wer nicht so handelte wurde in der Gemeinde nicht gebraucht und galt als unmoralisch. Darin wurde schon der Sinn für das Nützen der Zeit, die Effizienz begründet: Nutze deine Zeit sinnvoll, verschwende sie nicht! Und später mündet diese Sichtweise auf die Zeit in den Spruch: **Zeit ist Geld.** Zeit kann wie Geld verspielt, verloren oder sinnvoll eingesetzt werden.

Max Weber entwickelte in seiner Schrift „Die protestantische Ethik und der Geist des Kapitalismus" (1905) folgende Theorie: Der Kapitalismus ist durch die Bewertung des materiellen Erfolgs als Zeichen der Auserwähltheit der Puritaner entstanden. Um als Erwählte zu gelten, strebten sie nach Gewinn. Die asketische Lebensweise ermöglichte ihnen jedoch nicht, wie in den feudalen Systemen, den Gewinn in Luxus und Verschwendung auszuleben. Von daher investierten sie ihn als weiteres produktives Kapital und trugen zu einem prosperierenden Wirtschaftssystem bei.

Puritanische Eigenschaften der Amerikaner

Individualismus, Gemeinsinn, demokratisches Denken, Moralismus, Tatkraft, Gottesfurcht, wissenschaftliche Rationalität, Selbstgerechtigkeit, übertriebene Sexualmoral, Prüderie, übertriebener Glauben an sich selbst, die Nation und alles Amerikanische. Selbstzweifel sind verpönt.

Vom Pursuit of Happiness zum American Dream

Spannungen zwischen Britannien und den amerikanischen Kolonien führten zum Unabhängigkeitskrieg (1775–1783) und der amerikanischen Revolution.

Ab Mai 1775 übernahm der zweite Kontinentalkongress in Philadelphia langsam die Funktion einer nationalen Regierung. Befehligt von *George Washington,* einem Plantagenbesitzer aus Virginia, wurden eine Kontinentalarmee und -marine geschaffen, Papiergeld gedruckt und diplomatische Beziehungen zu anderen Ländern hergestellt. Am 2. Juli 1776 beschloss der Kongress, dass die vereinigten amerikanischen Kolonien eine freie und unabhängige Nation seien und von Rechts wegen auch sein sollten.

Thomas Jefferson aus Virginia schrieb die philosophische Rechtfertigung dafür in der **Unabhängigkeitserklärung,** die vom Kongress, dem Organ der 13 Kolonien, am 4. Juli 1776 angenommen und verkündet wurde.

Darin sind elementare Grundsätze verankert: Zum einen enthielt sie eine Liste von Beschwerden gegen die britische Regierung. Das bis heute Wichtige jedoch ist das ideologische Fundament für die amerikanische Revolution, das von den Ausführungen des britischen Philosophen *John Lockes* in „Two Treaties of Government" (1690) abgeleitet wurde. In der Unabhängigkeitserklärung lautet das so: Die Menschen haben ein Recht auf „Life, Liberty and the Pursuit of Happiness" (Leben, Freiheit und Streben nach Glück). „Wir halten es für Wahrheiten, die keines Beweises bedürfen, dass alle Menschen gleich geschaffen und von ihrem Schöpfer mit bestimmten unveräußerlichen Rechten ausgestattet sind; darunter dem Recht auf Leben, auf Freiheit und auf Streben nach Glück."

Regierungen dürfen nur mit „der Zustimmung der Regierten" ihre Macht ausüben und jede Regierung darf aufgelöst werden, wenn sie die Rechte der Bürger nicht schützt. Und idealerweise starten alle vom gleichen Ausgangspunkt und haben deshalb dieselben Rechte: „All men are created equal" („Alle Menschen sind gleich erschaffen").

In *Thomas Jeffersons* Unabhängigkeitserklärung hat zudem die Vision des *Pursuit of Happiness* eine zentrale Bedeutung: Das **Streben nach Glück** enthält das Recht der Menschen auf freie Entfaltung persönlicher Fähigkeiten, sowohl im Sinne von materiellem Erfolg als auch in der Dimension des Erlangens einer geistigen Freiheit und Zufriedenheit.

Thomas Jefferson, der als Vertreter der Aufklärung der Vernunft als Prinzip das Wort redete und mit dafür kämpfte, die Religionsfreiheit in Amerika durchzusetzen, verankerte das ethische Ideal der Aufklärung im Bewusstsein der Amerikaner – die Errichtung eines gerechten Staates verbunden mit dem Recht, sein Glück zu machen.

Wie viele Einwanderer kamen nach Amerika, um in diesem Sinne ihr Glück zu machen, der Verfolgung in ihrem Heimatland zu entfliehen und ein besseres Leben zu finden!

Doch erst viel später wurde aus dem Begriff des Strebens nach Glück der Begriff des **American Dream** – des amerikanischen Traums.

Erstmalig erwähnt wurde er in der Zeit der *Great Depression* (Großen Depression) – gerade in einer Zeit von Massenarbeitslosigkeit und Armut, wo gar mancher Einwanderer an den Möglichkeiten und Freiheiten Amerikas zu zweifeln begann. 1931 fasste *James Truslow Adams* in dem Text „The Epic of America" mit dem Begriff *American Dream* die vielfältigen Wünsche, Fantasien, Hoffnungen und Erwartungen an Amerika zusammen; das, was den Unterschied ausmachen sollte zu den verkrusteten Strukturen vieler anderen Länder: Jeder soll sich voll und frei entfalten können, besser leben können, reich und glücklich werden entsprechend seiner Leistungen und Talente, unabhängig vom gesellschaftlichen Status, unabhängig von Standes- und Klassenunterschieden, unabhängig vom Geschlecht, nicht nur materiell sondern in allen Bereichen mit der Bereitschaft und dem Wunsch, alle daran zu beteiligen.

Der Erfolgsschriftsteller *Horatio Alger* „From Rags to Riches", („Vom Tellerwäscher zum Millionär") lieferte dazu die Story – der Selfmade-Mann als Identifikationsfigur. Ein Beispiel einer erfolgreichen Karriere à la American Dream ist der Immobilien-Mogul und Milliardär *Donald Trump*.

Der **gerechte Staat** mit der Verantwortung, allen die volle Entfaltung zu ermöglichen, zusammen mit dem Streben nach Glück jedes Einzelnen verkörpert den amerikanischen Traum.

In den USA trifft man häufiger als in Deutschland auf **Menschen, die eine Vision haben,** ein Lebensziel. Die, egal wo sie gerade stehen, auf dieses Ziel zugehen und nach ihrem Glück streben. Das kann ein materielles Ziel sein wie das Traumauto zu kaufen oder der Wunsch nach einer Traumkarriere zum Beispiel als berühmte Schauspielerin. Ab nach Kalifornien, nach Hollywood, dem Erfolg entgegen. Für den Erfolg oder Misserfolg im Leben macht man eher sich selbst verantwortlich – weniger den Staat, die Familie oder die Sozialisation. Man darf auch mal **Misserfolg** haben und dann wieder neu anfangen. Aber gerade, wenn man endgültig scheitert, also selbstverantwortlich scheitert, ist das natürlich viel schwerer zu verkraften, als wenn man die Schuld dafür anderen geben kann. Vielleicht ist das der Grund, dass so viele Amerikaner beim Psycho-Therapeuten in Behandlung sind, um etwas Nachhilfe im Glücklichsein zu erhalten. Oder wenn es nicht ganz so schlimm ist, nimmt man sich einen Coach, um zu Hochform aufzulaufen. Im schlechten Fall Psychopharmaka.

Wir in Deutschland sehen die Erfolgsaussichten im Leben viel mehr mit äußeren Faktoren verknüpft. Stichworte wie Chancengleichheit in Schul- und Ausbildungssystemen fallen uns ein, Eigenverantwortung wird bei uns kleiner geschrieben.

Der amerikanische Buchautor *Nathanael West,* der in den 1930er-Jahren, der Zeit der amerikanischen Wirtschaftskrise, schrieb, schildert häufig die Schattenseite des amerikanischen Traums, wie in „Day of the Locust" („Tag der Heuschrecke") oder „A Cool Million". Die Helden – statt auf der Erfolgsleiter nach oben zu steigen – stürzen sich durch ihre ehrgeizigen Pläne immer tiefer ins Unglück. *Arthur Miller* schildert in „Death of a Salesman" den Misserfolg eines Versicherungsvertreters, der sich auch seiner Familie gegenüber als Loser nicht mehr ertragen kann.

Beim **Umgang mit Geld** zeigt sich der Amerikaner risikofreudig. Lieber wird das Geld an der Börse eingesetzt, ein Risiko zum Glück eingegangen, als die risiko- aber auch chancenarme Variante Sparbuch gewählt, die in Deutschland immer noch sehr beliebt ist.

Auch die **Counterculture der Hippies** war – in der Verweigerung repressiver gesellschaftlicher Normen – eine Neuauflage des hedonistischen Strebens nach Glück: *Make love not war* – ohne dabei reich werden zu müssen und wider das Establishment.

Thomas Jeffersons handschriftlicher Entwurf der Unabhängigkeitserklärung

Der Rückzug aufs Land, die Entstehung vieler Landkommunen in den 1970er-Jahren zeigt, wie vielfältig die Suche nach dem persönlichen Glück realisiert werden kann – auch in diesem Fall in der Suche einer geeigneten Lebensform, die sich außerhalb der normalen Gesellschaft ansiedelt, in der Kultur der Aussteiger.

Glaube an den Erfolg – Mythos Success

Anknüpfend an den amerikanischen Traum ist der Glaube an den möglichen Erfolg eines jeden in Amerika sehr weit verbreitet.

Schon in der Schule steht **die Anerkennung, die Motivation, der Erfolg** und die Belohnung im Vordergrund, weniger die Bewertung des Misserfolgs. Zwang, Druck und Strenge werden als schädlich gesehen für die kindliche Psyche. Wer in einem Bereich nicht so erfolgreich ist, kann durchaus in einem anderen Bereich einen Pokal gewinnen.

Vielleicht sind deswegen die Amerikaner auch noch im Erwachsenenalter bekannt für ihre positive Art und ihr aufbauendes Feedback.

„Not failure, but low aim is crime" („Nicht das Scheitern, sondern das zu niedrig gesteckte Ziel ist zu tadeln"). Diese Verszeile des Dichters *James Russell Lowell* (1819–1891) ist das Motto. Das Bemühen und der Einsatz, nicht unbedingt das Resultat, sind wichtig. Das gilt auch in Deutschland, allerdings wird bei uns Leistung und Erfolg, insbesondere materieller Erfolg, stärker geneidet.

Während in den USA gute Schüler von ihren Mitschülern bewundert werden, werden sie in Deutschland als Streber abgewertet. Dies gilt auch für den Umgang mit Erfolg im Berufsleben insbesondere bei Selbstständigen. Während in den USA fast jeder die Hoffnung in sich trägt und auch für realisierbar hält, reich, erfolgreich und glücklich zu werden und es daher auch seinem Nachbarn gönnt, wird in Deutschland erfolgreichen Managern und Unternehmern latent unterstellt, dass sie irgendwie unrechtmäßig in die gute Position gekommen und reich geworden sind.

In den USA spielen **Missgunst und Neid** nicht so eine große Rolle oder werden zumindest nicht so gezeigt. Und der Erfolg der anderen spornt auch zum eigenen Einsatz an – *Keeping up with the Jones* – man möchte mithalten können mit den Nachbarn und sich als gleichwertig platzieren.

Ein weiteres Schlüsselwort für Amerikaner ist **Stolz:** *I am proud to be an American.* Dieser Satz auf Deutschland übertragen, geht den meisten

Mit Spaß zum Erfolg lautet das Motto schon in der Schule

Deutschen nicht so leicht über die Lippen. Die schreckliche Geschichte Deutschlands mit den Nationalsozialisten lässt erst allmählich wieder Nationalbewusstsein und Freude an Nationalhymne und deutscher Flagge aufkommen. Wir sind insgesamt bescheidener. Bei uns gilt die Sichtweise „Eigenlob stinkt". In Amerika ist genau das Gegenteil der Fall: Man zeigt die eigenen Qualitäten und ist stolz darauf. Die positive Motivation von Kind an zeigt ihre positive Wirkung. Man gibt nicht so schnell auf. Man traut sich was zu, man experimentiert, man dichtet, man komponiert, man ist Musiker, man übt einen Beruf aus, auch wenn man nicht unbedingt dafür ausgebildet wurde und ein Zertifikat hat. Das ist in Deutschland nicht so üblich.

Bei Bewerbungs- und Bewertungssituationen ist das zu berücksichtigen. **Zeugnisse und Gutachten,** die in Deutschland abgefasst werden, enthalten häufiger Ja-Aber-Konstruktionen. Sie fallen insgesamt schlechter aus als in den USA. Ein Lob muss durch eine kleine Einschränkung realistischer gemacht werden. Auch in der mündlichen Präsentation gilt es in Deutschland als arrogant, nur in anpreisenden Tönen über sich zu reden.

Einwanderer aus asiatischen Ländern, die sich noch nicht ganz dem amerikanischen Verhaltenskodex angepasst haben, tun sich darin ebenfalls schwer. Sie sind noch eher der Bescheidenheit verpflichtet, treten nicht so selbstbewusst auf wie Amerikaner anderer Herkunft und erleiden dabei teilweise Benachteiligungen in ihrer Karriere.

Kontinentale Ausbreitung – Mythos Frontier und Manifest Destiny

Mythos Frontier

Kurze Zeit nach der Unabhängigkeit der USA nahm die **Expansion nach Westen** kontinuierlich zu. Zum einen erweiterte sich das Staatengebilde durch **Gebietskäufe.** Mit dem *Louisiana Purchase* (Zukauf Louisianas) 1803 von Frankreich verdoppelte sich das Staatsgebiet der USA und erfasste die späteren Bundesstaaten Arkansas, Missouri, Iowa, Minnesota westlich des Mississippi, North Dakota, South Dakota, Nebraska, Oklahoma, Teile von Kansas, Montana, Wyoming und Colorado sowie Teile Louisianas mit New Orleans. 1819 kam der Kauf Ostfloridas von Spanien hinzu und 1867 der Erwerb Alaskas von Russland.

1804–1806 wurde die *Lewis and Clark Expedition* zur Erforschung des amerikanischen Westens und zur Vorbereitung einer Expansion bis zum Pazifik unternommen. Nach der Erkundung übernahmen die Vereinigten Staaten das Oregon County, die heutigen Staaten Oregon, Washington, Idaho, Teile von Montana und Wyoming und die Hälfte der heute kanadischen Provinz British Columbia. 1818 wurde der 49. Breitengrad als Grenze zwischen dem Westen Kanadas und den USA festgelegt.

Zum anderen vergrößerten sich die USA durch Eroberungen. Im Mexikanisch-Amerikanischen Krieg 1846–1848 leibten sich die USA Teile von Wyoming, Colorado, New Mexico, Arizona und Kalifornien, Nevada und Utah ein. Somit breiteten sich die Vereinigten Staaten innerhalb kurzer Zeit über den halben Kontinent bis an den Pazifik aus.

Aufgrund der **Förderung der Siedler** im *Homestead Act* (Heimstättengesetz) 1862, in dem jedem Siedler 65 ha Land zur Bewirtschaftung zugesprochen wurde, und durch Goldfunde in Kalifornien 1849 waren große Menschenströme Richtung Westen unterwegs, um dieses neu gewonnene Land zu besiedeln.

Die Gebietsexpansion wurde mit dem Begriff **Frontier (Grenze)** belegt und steht für die kontinuierliche Verschiebung der Landesgrenze nach Westen, die immer wiederkehrende Konfrontation mit der Wildnis und ihre Durchdringung. Als offizielles Ende der territorialen Ausdehnung und Grenzverschiebung nach Westen gilt 1890.

Diesem Vorgang der Landnahme wird entscheidender Einfluss auf die Ausprägung der amerikanischen Art und Kultur beigemessen. So verbreitete sich Ende des 19. Jahrhunderts die Erkenntnis, dass sich das spezifisch Amerikanische nicht aus europäischen Wurzeln entwickelt habe, sondern im **Kampf mit der Wildnis** an der sich stetig nach Westen verschiebenden Grenze.

1893 hielt der Historiker Fredrick Jackson Turner ein Referat: „The Significance of the Frontier in American History" („Die Bedeutung der Grenze in der amerikanischen Geschichte"). Im Kampf gegen Wildnis, Indianer, wilde Tiere, Stürme und Hitze, bei der Überquerung von Hochgebirgen und Wüsten haben sich die typisch amerikanischen Tugenden herausgebildet: Individualismus, Tatkraft, Optimismus, Erfindungsgeist, Ausdauer, nicht aufgeben, Bereitschaft, für die eigene Gruppe sein Leben zu riskieren. Nationalhelden wie z. B. Davy (David) Crockett und Daniel Boone verkörpern diese amerikanischen Qualitäten der Frontier par excellence.

David „Davy" Crockett und Daniel Boone – zwei typische amerikanische Nationalhelden der Frontier

Aus einfachen Verhältnissen stammend, schafften sie es aus eigener Kraft zu angesehenen und erfolgreichen Persönlichkeiten. Sie wurden gewürdigt, zum einen wegen ihrer typischen Rolle als „Grenzer" – Abenteurer der *Frontier* – die sich in der Wildnis als Jäger, Bärentöter und Fallensteller bewährten, zum anderen wegen ihrer Erfolge als militärische Befehlshaber und wegen ihrer Rolle in der Politik.

Daniel Boone, geboren 1734, gehörte zu den ersten, der Expeditionen in den wilden Westen leitete. Viele Legenden ranken sich um seine Persönlichkeit und *James Fenimore Cooper* gestaltete nach ihm den Helden in seinem Roman „Lederstrumpf". *Daniel Boone* hatte sich einen Namen bei der Besiedlung des heutigen Kentucky gemacht: Für die Besiedlung durch Weiße erwarb er 1775 circa 800.000 Hektar Land – Transylvania – von den Tscherokesen. Um dieses Gebiet zugänglich zu machen, schlug er mit Hilfe von 30 Holzfällern einen Weg – die sogenannte Wilderness Road – von Tennessee aus nach Norden bis zum Kentucky River. Danach war er militärischer Führer in der amerikanischen Revolution zur Verteidigung von Grenzsiedlungen gegen englische und indianische Truppen. Obwohl sowohl *Daniel Boone* als auch *David Crockett* als „Indianerkämpfer" bekannt waren, achtete *Daniel Boone* die Kultur der Indianer und hatte zahlreiche indianische Freunde. Wegen seines respektvollen Umgangs mit den Shawnee-Indianern stand er sogar wegen Verrats vor Gericht, wurde aber frei gesprochen. Im Alter von 85 Jahren starb er 1820 in Missouri.

Davy Crockett krönte seine Laufbahn durch seine Erfolge als Politiker: Vom Hinterwäldler, mit nur 6-monatiger Schulbildung schaffte er es zum salonfähigen, redegewandten Politiker im Kongress der USA. Auch er verdiente sich Anerkennung als militärischer Führer. Doch seine Mitwirkung im Amerikanisch-Mexikanischen Krieg kostete ihn im Jahr 1836 das Leben. Die Vita auf seinem Grabstein liest sich wie eine amerikanische Heldenstory: „*Davy Crockett,* Pioneer, Patriot, Soldier, Trapper, Explorer, State Legislator, Congressman, Martyred at The Alamo, 1786–1836" (etwa: *Davy Crockett,* Pionier, Patriot, Soldat, Fallensteller, Forscher, Politiker in der Legislative, Mitglied des Kongress, zum Märtyrer geworden in der Schlacht von Alamo, 1786–1836).

Hans-Dieter Gelfert schildert in seinem Buch „Typisch amerikanisch", wie die historischen Prägungen der Amerikaner von damals bis heute ihren Niederschlag finden. Das Leitmotiv, das sich aus der *Frontier* in der Literatur ableitet, ist die **Auseinandersetzung mit der Natur, der Wildnis** und die **Zivilisationsflucht der Helden.** Neben *Mark Twain,* einem typischen US-Autor, der in Geschichten über Huckleberry Finn und Tom Sawyer die Konfrontation seiner Helden mit der Wildnis thematisiert, zeichnet *James Cooper* nach dem Vorbild von *Daniel Boone* den klassischen Einzelgänger in seinem Buch „Lederstrumpf". Sein Held Lederstrumpf zieht sich aus der Zivilisation zurück und lebt in der Wildnis. Und bis heute geht der amerikanische Mann ab und zu mit seinen Freunden zum Jagen oder in die Natur, um sich vom Alltag zu erholen. Die Familie mit Mann und Frau als Zentrum der bürgerlichen Welt ist untypisch in der amerikanischen Literatur. Im Genre *Road Movie* manifestiert sich der moderne Ausbruch aus der Zivilisation durch ewiges Herumreisen, keine feste Heimat haben und immer unterwegs sein. Oder der Ausbruch aus der Ehe, der Ausbruch aus der Arbeitswelt, ab in die Wildnis, ins Glücksspiel, ins Showbusiness, ins Verbrechen oder in die Eroberung des Universum als Inbegriff der neuen Wildnis.

Amerika sucht bis heute immer wieder neue Grenzen. Man spricht von der **Frontier Mentality** der Amerikaner (der Mentalität, immer wieder Grenzerfahrungen und neue Herausforderungen zu suchen). Eine neue *Frontier* wurde beispielsweise in der Raumfahrt erlebt: *Neil Armstrong* war am 20. Juli 1969 der erste Mensch auf dem Mond. Das nächste Ziel ist der Mars. ... oder die Welt vom Terrorismus zu befreien ...

Mythos Manifest Destiny

Die konsequente Eroberung neuer Gebiete und die Expansion auf dem nordamerikanischen Kontinent seit der Ankunft der ersten weißen Siedler mit der *Mayflower* ging meist nicht friedlich vonstatten, da das Land schon bewohnt war. Zwangsläufig stellten sich immer wieder **Konflikte mit den Eingeborenen,** den Indianern, ein, da in den vorherrschenden Kulturen einerseits und einwandernden Kulturen andererseit völlig unterschiedliche Werte galten. Insbesondere was Eigentum betrifft, hatten die aufeinander treffenden Menschen völlig andere Vorstellungen. Um sich ihr individuelles Land anzueignen und zu bearbeiten, mussten die neuen Siedler die Ureinwohner nach und nach verdrängen.

Besonders radikal fand das während der starken Westwärts-Orientierung im 19. Jahrhundert statt, als sich die Siedlerströme immer weiter nach Westen bewegten und die dort wohnenden indianischen Stämme von ihrem Land verdrängt und dabei fast ausgerottet wurden. Aus friedliebenden, frommen Gläubigen, die selbst auf der Flucht vor Unterdrückung den weiten Weg auf den amerikanischen Kontinent auf sich genommen hatten, um ihrem Glauben frei folgen zu können, wurden im Lauf der Zeit Kämpfer und **Eroberer mit der Waffe in der Hand.** Für die materiell orientierten Siedler galt das in noch stärkerem Maße als für die religiösen. Die Kolonisten, die sich im Süden niederließen, waren angelockt durch die Möglichkeiten, in feudalem Stil große Plantagen zu kultivieren. Andere hatten ihre Heimat wegen materieller Schwierigkeiten bis hin zu bitterer Armut verlassen und ließen sich auf der Suche nach Gold oder eigenem Land an der Route nach Westen nieder. Sie gewährten den Ureinwohnern kein Pardon.

Dieses Vorgehen musste vor der Welt und dem eigenen Gewissen legitimiert werden. Dazu eignete sich die **Prädestinationslehre** der Puritaner ausgezeichnet.

Zu Beginn des 19. Jahrhundert wurde der Rechtfertigungszwang immer größer: 1845 erschuf der Journalist *John O'Sullivan* in der Juli/August-Ausgabe des *The United States Magazine and Democratic Review* den seither gängigen Begriff **Manifest Destiny** (göttliche Vorsehung) für das auserwählte Volk: „Es ist uns als offensichtliches Schicksal von der Vorsehung auferlegt, uns über den Kontinent zu verbreiten, um unseren Jahr für Jahr sich vermehrenden Millionen eine freie Entwicklung zu ermöglichen."

Da es sich in der Prädestinationslehre am materiellen Erfolg zeigte, ob man zu den Auserwählten gehörte oder nicht, trugen die Landnahme und stückweise Eroberung des amerikanischen Kontinents dazu bei, aus besitzlosen Einwanderern, Besitzende, also materiell Erfolgreiche und damit Auserwählte zu machen. Den Auserwählten gehörte Gottes Gnade und ihnen stand das Land zu. Die Landnahme selbst führte zu ihrer Legitimation. Der Zweck heiligte die Mittel.

Später entwickelte sich aus dieser Selbsterhöhung von Gottes Gnaden das **amerikanische Sendungsbewusstsein.** Der Ausspruch *Woodrow Wilsons* aus dem Jahre 1917 „Make the World Safe for Democracy" (die Welt für die Demokratie vorbereiten) steht für das Selbstverständnis, Amerika müsse die Zivilisation in die Welt bringen. Man hat den Eindruck, dass diese Rechtfertigung bis heute für nationalistische amerikanische Kräfte herhalten muss, wenn es um die globale Vertretung amerikanischer Interessen in der Welt geht. Auch der Irak-Krieg wurde unter anderem damit begründet, man müsse die Länder im mittleren und nahen Osten an die westliche Zivilisation heranführen, demokratische Systeme etablieren und „die Zivilisation in die barbarische Sphäre des Terrorismus bringen". Auch hier soll der Zweck das Mittel, den Krieg, heiligen.

Immigration – Melting Pot versus Multikulti

Für den Charakter des Amerikaners und für die amerikanische Kultur war und ist die **kontinuierliche Veränderung und Erneuerung** durch die Einflüsse unterschiedlicher Ethnien und unterschiedlicher Kulturen in Folge von Immigration prägend. Die Immigranten bringen ihre Ursprungskultur, neue Religionen, neue Lebensgewohnheiten, neue Speisen und Getränke, neue Kleidungsstile, andere Arbeitsweisen mit und verändern somit die vorherrschende Kultur.

Die Einwanderer sind immer die Mutigen, die das Neue wagen, Risiken auf sich nehmen, von vorne anfangen, optimistisch sind und sich auf unbekannte Bedingungen einlassen. Nicht umsonst gehört zu den Qualitäten der Amerikaner Eigenverantwortlichkeit, Optimismus und Flexibilität. *John F. Kennedy,* der von irischen Einwanderern abstammte und der erste katholische Präsident Amerikas war, formulierte es so: „This is the secret of America: a nation of people with the fresh memory of old traditions who dare to explore new frontiers" („Das ist das Geheimnis von Amerika: eine Nation von Menschen mit der frischen Erinnerung an alte Traditionen, die sich trauen, neue Grenzen zu erforschen").

Von Beginn des 17. Jahrhunderts bis heute sind ungefähr 50 Millionen Menschen in die USA eingewandert. Heute kommen jährlich ca. 700.000 hinzu. Zweifellos haben alle Einwanderergruppen die amerikanische Kultur mit geprägt. Aber auch die *native Americans,* die **Indianer,** haben ihre Spuren in der amerikanischen und weltweiten Zivilisation hinterlassen, obwohl sie durch die Landnahme der europäischen Einwanderer fast ausgerottet wurden. Sie haben anfangs zum Überleben ihrer späteren Verfolger beigetragen, indem sie ihnen beigebracht haben Mais, Tomaten, Kartoffeln und Tabak anzubauen und damit zur Verbreitung dieser Nahrungsmittel weltweit beigetragen.

Wie zu sehen ist, beeinflussten die **englischsprachigen Einwanderer** durch ihre Religion, den Puritanismus, die Werteentwicklung und die Kultur Amerikas sehr stark und tun dies bis heute. Sie stellten die dominierende ethnische Gruppe und um 1780 waren drei von vier Amerikanern englischen und irischen Ursprungs. Beim ersten Zensus 1790 wurden 1 % Indianer, 19 % afrikanische Sklaven und der Rest Europäer gezählt, hauptsächlich aus der nordwestlichen Ecke Europas. 70 % kamen aus England, Wales, Schottland und Irland, ungefähr 10 % waren holländisch oder deutsch. Und fast alle waren protestantisch. Später entstand für die Bevöl-

Ankunft in New York – Gepäck von Immigranten

kerungsgruppe, die protestantischen, angelsächsischen Ursprungs ist, die Bezeichnung **WASP – White Anglo Saxon Protestants** (weiße angelsächsische Protestanten; **wasp** bedeutet auf deutsch „Wespe"). Diese Gruppe hat die Werte und das Leben einschließlich der Sprache in den USA bis heute am meisten bestimmt.

In den Jahren 1840 bis 1860 fand die **erste große Einwanderungswelle** statt, fünf Millionen weitere Menschen europäischen Ursprungs verließen ihre Heimat wegen schlechter Ernten, Hungersnöten, Überbevölkerung und politischer Verfolgung. Die Iren brachten ihre Religion, den Katholizismus mit, sodass 1850 die römisch-katholische Glaubensrichtung die größte Einzelkonfession in Amerika darstellte. Allerdings war die Anzahl der Gläubigen diverser protestantischer Konfessionen zusammengerechnet größer.

Nach dem Scheitern der bürgerlichen Revolution in Deutschland 1848–1849 kamen viele **Deutsche.** Während des amerikanischen Bürgerkriegs 1861–1865 wurden sie für den Armeedienst der Unionisten angeworben und dafür mit Land entschädigt.

Zwischen 1880 und 1925 immigrierten viele weitere **Katholiken** hauptsächlich italienischen Ursprungs, zwei Millionen **Juden** auf der Flucht vor Pogromen und Repression in Osteuropa und viele **Glaubensangehörige der orthodoxen Kirchen.**

Der starke Einfluss der Nordeuropäer war gebrochen. Dies führte zu heftigen Ausbrüchen von **Anti-Semitismus und Anti-Katholizismus.**

Die klare Trennung zwischen Kirche und Staat im ersten *Amendment* (Verfassungszusatz) hatte jedoch eine vernünftige Basis für die Integration aller Religionen gelegt: Die Anerkennung der Religionsfreiheit erlaubte religiösen Pluralismus und ermöglichte längerfristig die Einbindung europäischer nicht-protestantischer Gruppen und anderer Glaubensrichtungen.

Nicht-Europäer hatten einen schlechteren Stand. Unfreiwillig wurden 500.000 Afrikaner als **Sklaven** nach Amerika gebracht. Erst nach dem Ende des amerikanischen Bürgerkriegs im Jahr 1865 wurde die Sklaverei in Amerika abgeschafft. Danach setzte eine interne Wanderbewegung der Schwarzen innerhalb der Vereinigten Staaten von den Südstaaten in Richtung Norden ein.

Durch Eroberungen kamen Mexikaner, die Einheimischen Alaskas, Hawaiis, Bewohner der Pazifischen Inseln und der Karibik hinzu. **Asiatische Einwanderer** bevölkerten die Westküste und verdienten sich ihren Lebensunterhalt als Minen- und Eisenbahnarbeiter.

Die multikulturelle Zusammensetzung der USA im 19. Jahrhundert entstand nicht durch freiwillige Zuwanderung: Sklaverei, *Indentured Servitude* (Kontraktarbeit, Bezahlung der Überfahrt gegen Arbeitsverpflichtung in Amerika), Eroberungskriege und territoriale Expansion brachten die diversen ethnischen Gruppen in die Vereinigten Staaten. Die Bürgerrechte wurden Nicht-Europäern zumeist vorenthalten.

Ende des 19. Jahrhunderts reisten so viele Einwanderer nach Amerika, dass im Hafen von New York ein spezieller Zugang für sie eingerichtet wurde: die **Einwanderungsbehörde auf Ellis Island.**

Zwischen 1892 (Eröffnung) und 1954 (Schließung) wurden hier 12 Millionen Einwanderer durchgeschleust.

Auch in den Vereinigten Staaten von Amerika hatten die ehemaligen Einwanderer, die inzwischen zu Amerikanern geworden waren, Angst, dass ihnen die neuen Zuwanderer ihre Arbeit für Billiglöhne wegnehmen könnten und ihre Kultur vom Untergang bedroht würde. 1924 wurden im **Johnson Reed Immigration Act** erstmals die Einwandererzahlen nach Herkunftsländern festgelegt und begrenzt. Abhängig davon, wie viele Einwanderer einer spezifischen Herkunft schon in Amerika lebten, wurde eine Quote für Zuwanderer gleicher Herkunft festgesetzt. Aus diesem Grund durften in den folgenden 40 Jahren analog der vorherigen Einwanderungswellen hauptsächlich Europäer und Nordamerikaner, z. B. Kanadier, zuwandern. Wegen rassistischer Vorurteile wurde hauptsächlich asiatischen Nationalitäten die Einreise verboten. Vor 1924 war ihnen die Einwanderung komplett verwehrt.

Erst ab 1952 konnten Menschen aller Nationalitäten einwandern und die amerikanische Staatsbürgerschaft annehmen.

1965 änderten sich die Einwanderungsgesetze erneut: Nationale Quoten wurden abgesetzt. Gefördert wurden Familienzusammenführungen und die Zuwanderung qualifizierter Bewerber mit Ausbildungen, an denen in Amerika Mangel herrschte.

Ab 1978 wurde die Einwanderung allen Nationalitäten gleichermaßen ermöglicht.

Das hatte zur Folge, dass sich das Gesicht Amerikas in den letzten Jahrzehnten bis heute sehr stark geändert hat. Viele Spanisch sprechende Zuwanderer – **Hispanics** aus Mittel- und Südamerika – wanderten ein und die **Bevölkerung asiatischen Ursprungs** nahm stark zu.

Von den jetzt in den USA lebenden, aber nicht dort geborenen Menschen stammt die Hälfte aus Südamerika und mehr als ein Viertel aus Asien.

Die Haupteinwanderungsgruppen siedelten sich in wenigen Regionen an: im Südwesten der Vereinigten Staaten und in den Bundesstaaten Kalifornien, New York, Florida, Texas, New Jersey und Illinois. 70 % der Neuankömmlinge leben dort. Davon bewohnt die Hälfte städtische Zentren, nämlich in New York, Miami, Chicago, Los Angeles und San Fransisco. In Kalifornien bilden die Weißen nicht mehr die Mehrheit der Bevölkerung, nur noch die größte Bevölkerungsgruppe mit 46,7 %.

Assimilierung oder Vielfalt

Immer wieder entstanden neue Konzepte, um den optimalen Umgang mit Einwanderern zu finden. Lange Zeit war es das Ziel, die Einwanderer möglichst gut und schnell an die amerikanische Sprache, amerikanische Werte und Standards heranzuführen. Ziel war schnellstmögliche **Assimilierung im Melting Pot,** dem Schmelztiegel, der alle Einwanderer unabhängig von ihrer Herkunft zu dem Amerikaner aus einem Guss macht. Die **staatlichen Schulen** hatten dabei einen großen Anteil: Sie lehrten die Einwandererkinder Englisch zu sprechen, zu lesen und zu schreiben und bildeten sie damit indirekt zu Dolmetschern für ihre Eltern aus, die der englischen Sprache nicht so schnell mächtig wurden. Hygiene wurde ihnen beigebracht, Disziplin und gutes Betragen, wie man sich in einer Gruppe verhält, wie man Termine einhält und wie man sich in verschiedenen Situationen in Amerika kleidet – kurz: die Grundlagen amerikanischer Geschichte, den *American Way of Life,* die Ideale, Werte, Etikette und Haltungen der WASPs.

Auch die **extreme Mobilität** der Amerikaner hat die Durchmischung der unterschiedlichen Gruppen ermöglicht.

Die Einwanderer, die Ende des 19. Jahrhunderts nach Amerika kamen, wurden sehr schnell in politische Prozesse eingeführt, da die Parteien – Demokraten und Republikaner – sie durch persönliche Kontaktaufnahme umwarben und um ihre Gunst und ihre Wählerstimmen buhlten. So trugen auch die **politischen Parteien** entscheidend zur Integration und Assimilierung der Neuankömmlinge bei und schmiedeten deren amerikanische Identität mit gemeinsamen Ideen und Zielen. Anonymere Parteistrukturen und Prozesse haben dieses Integrationsinstrument inzwischen stumpf gemacht.

Ende der 1960er-, Anfang der 1970er-Jahre empfand man Assimilierung als Zwangsjacke für im Ausland geborene farbige Kinder. Im Zuge eines zunehmenden **schwarzen Selbstbewusstseins** wurden neue Bildungsinhalte gefordert: afroamerikanische Geschichte, Helden, Literatur, Feierlichkeiten. In den 1970er-Jahren folgten auch andere weiße Ethnien dem

Deutsche Einflüsse in Amerika – berühmte Deutsch-Amerikaner

Auch die Deutsch-Amerikaner haben einen wichtigen Einfluss auf die Entwicklung der Vereinigten Staaten von Amerika ausgeübt.

Zum Beispiel hat der Journalist und Drucker **John Peter Zenger** einen Beitrag für die Pressefreiheit in Amerika geleistet, als er in seiner Zeitung die Regierung kritisierte, dafür angeklagt und 1735 von einer Jury freigesprochen wurde. Auf militärischem Gebiet hatte **General Friedrich Wilhelm von Steuben,** ein preußischer Offizier, Erfolge. Er bildete Washingtons Zivilsoldaten zu einem funktionierenden Heer aus. **Dwight D. Eisenhower** und **Herbert Hoover** waren die beiden US-Präsidenten deutscher Abstammung.

Die Pennsylvania Dutch – **Pennsylvania Deutschen** – bauten die ersten Pferdewagen *(Conestoga Wagen)* und bewaffneten die Siedler mit ihren Kentucky-Gewehren.

Manhattan, einstmals von dem in Deutschland geborenen **Peter Minuit** gekauft, ist mit Brooklyn durch die Brooklyn Bridge verbunden. Der in Deutschland geborene **Ingenieur Johann (John) August Roebling** konstruierte die Brücke. 1869, kurz vor Baubeginn, starb er jedoch durch einen Unfall und sein Sohn **Washington Roebling** übernahm die Bauleitung. Als ihn 1872 durch Arbeiten an der Brücke im Senkkasten die Druckluftkrankheit teilweise lähmte, übernahm unter seiner Aufsicht seine Frau die Bauleitung.

Viele bekannte Namen in Wissenschaft, Technik und Wirtschaft verweisen auf Deutsch-Amerikaner: Die **Wissenschaftler Einstein, Bausch, Lomb, Mergenthaler, Steinmetz, Westinghouse** und **von Braun** haben zu den Erfolgen der USA auf naturwissenschaftlichem Gebiet beigetragen. Von Deutsch-Amerikanern gegründete Unternehmen wie **Astor, Boeing, Chrysler, Firestone, Fleischmann, Rockefeller, Steinway, Guggenheim, Heinz, Kaiser, Strauss** und viele mehr haben sich einen Namen in Amerika und weltweit gemacht.

Modell und in staatlichen Schulen wurden Kinder ermutigt, ihre ethnischen und rassischen Ursprünge zu pflegen. Die **Multikulturalität,** das Nebeneinander und Miteinander verschiedener Kulturen wurde zum neuen Modell des Zusammenlebens. Zelebrieren der Vielfalt war angesagt. **Diversity within Unity** (Vielfalt in Einheit) wurde das neue Motto. Kulturelle Unterschiede von der Musik bis zur Küche wurden als Bereicherung gefeiert, solange eine Grundloyalität für Amerika vorhanden war.

Insgesamt hat sich die Haltung der weißen Amerikaner, insbesondere der jungen, verändert. Eine größere Aufgeschlossenheit und Achtung allen Rassen und Ethnien gegenüber macht sich breit. Das Bild vom *Melting Pot* wird ersetzt durch die *Salad Bowl* (bunte Salatschüssel). Die Trennungslinie verläuft heute weniger zwischen unterschiedlichen Ethnien und Rassen, sondern eher zwischen sozialen Schichten.

Im Sport sind im typisch amerikanischen Wettkampfsport Baseball berühmt geworden: **Honus Wagner, Babe Ruth, Lou Gehrig** und **Casey Stängel** sowie im Schwimmsport **Gertrude Ederle** und **Johnny Weismüller.**

Nicht zu vergessen bekannte Namen in der Literatur wie **Theodor Dreiser, John Steinbeck, Thomas Mann, Kurt Vonnegut, Charles Bukowski** und **Dr. Seuss.**

Der Karikaturist **Thomas Nast,** der in Deutschland geboren wurde, hat die bekannten Bilder von *Uncle Sam* und *Santa Claus* kreiert, den Esel als Symbol für die Partei der Demokraten entworfen und den Elefanten als Symbol für die Partei der Republikaner. **Charles M. Schulz** erfand die Comic-Figuren *Peanuts.*

Die Klavier- und Orgelbauer **Steinway, Knabe** und **Wurlitzer** bauten die Instrumente, die Musik machten **Leopold und Walter Damrosch, Bruno Walter, John Philip Sousa, Oscar Hammerstein, Paul Hindemith, Arnold Schoenberg** und **Kurt Weill.**

Im letzten Jahrhundert sind viele heute berühmte Menschen aus politischen Gründen nach Amerika emigriert oder vor den Nazis in die USA geflohen und brachten dort ihre Kreativität ein: **Max Beckmann, George Grosz, Lyonel Feininger, Roy Lichtenstein** und **Robert Rauschenberg.**

In den Bereichen Film und Theater arbeiteten in Amerika: **Bertolt Brecht, Ernst Lubitsch, Eric von Stroheim, Fritz Lang, Otto Preminger, Billy Wilder** und **Marlene Dietrich.**

Im Bereich Fotografie machten **Alfred Stieglitz** und **Alfred Eisenstaedt** auf sich aufmerksam. Deutsche Emigranten wie **Walter Gropius** und **Mies van der Rohe** beeinflussten die amerikanische Architektur.

Auch die Kunst des Bierbrauens ist von den Deutschen nach Amerika gebracht worden: **Stroh, Schaefer, Schlitz, Miller, Pabst, Anheuser-Busch, Budweiser** und **Coor** sind die Namen bekannter Brauer.

Das Land der unbegrenzten Möglichkeiten – Mythos Opportunity

Wieder ein Mythos, der stark mit dem American Dream und dem Begriff der Freiheit verknüpft ist. Eine **Freiheit,** das zu tun und zu lassen, was einem richtig erscheint. Eine Freiheit, die sich über Jahrhunderte entwickelt hat und schon vor mehr als zweihundert Jahren auf eine **demokratische Verfassung** gegründet wurde. Eine Freiheit, die immer wieder vehement verteidigt wird, falls staatliche Organe zu stark in das Leben des Individuums eingreifen möchten.

Beim genaueren Hinsehen hatten die unbegrenzten Möglichkeiten auch ihre Grenzen. Jahrhundertelang galten sie nur für weiße Bevölkerungsgruppen. Was ist das für eine Freiheit, die sich über die Rechte der Schwarzen in der Sklaverei hinweg gesetzt hat, die die *native Americans* ihrer Lebensgrundlagen beraubt und sie in Reservate gesteckt hat? Wie steht es mit den unbegrenzten Möglichkeiten der sozial Schwachen? Wie kommt es, dass im Land der größten Supermacht die Kluft zwischen Arm und Reich so groß ist wie in keinem anderen Industriestaat der Welt? Die Freiheit ist auch die Freiheit, vor die Hunde zu gehen, und schließt das Scheitern mit ein.

01 Sus Foto: ih

Doch ob Kommunistenhetze im McCarthyismus, Vietnam-Krieg, Watergate, Missbrauch des *Patriot Act* oder Irak-Krieg: Bisher sind in den USA immer wieder Entgleisungen aufgedeckt worden, **Protestbewegungen** stark geworden und Regierungen zur Rechenschaft gezogen worden, wenn sie den Grundkonsens der amerikanischen Gesellschaft nicht mehr repräsentierten. So gilt sowohl für materielle als auch für ideelle Ziele der unterschwellige Glaube: Fast alles, was man erreichen möchte, kann man erreichen. Sowohl als Staat als auch als Individuum. Die amerikanische Flagge auf dem Mond genauso wie der Porsche vor der Haustür. Die Durchsetzung der *Civil Rights* genauso wie der Sieg über den Terrorismus. Und wenn auch Fehler passieren können und das Ergebnis nicht immer vorhersehbar ist, das Motto der Amerikaner lautet: Packen wir's an.

Diese optimistische und handlungsorientierte Grundeinstellung der Amerikaner bewirkt eine sehr starke positive Kraft in allen Bereichen. Wenn man die **Vielfältigkeit von Kleinstunternehmen** in USA sieht, vom kleinen Straßenhändler über den mittelständigen Dienstleister bis zum internationalen Konzern mit motivierten Mitarbeiterteams, kann man die enorme positive Dynamik erkennen, die der Glaube an den Erfolg und die vielfältigen Möglichkeiten bewirkt. Dazu gehört in den USA allerdings auch ein **staatliches Regelsystem,** das Initiative und Unternehmensgeist unterstützt. Wer sich in Deutschland schon einmal als Existenzgründer versucht hat, weiß, dass es oft unmöglich ist, alle bestehenden Regeln zu erfüllen und gleichzeitig noch profitabel zu arbeiten. Da kündet die Freiheitsstatue vor der Metropole New Yorks von anderen Möglichkeiten.

Das Land des Überflusses braucht Nachschub – Mythos Plenty

Amerika zeigte sich seinen Einwanderern schon bald als ein **Land des Überflusses.** Alles war üppig vorhanden: fruchtbare Böden, die den Anbau von Tabak, Baumwolle, Mais und Weizen erlaubten, die endlose Ausdehnung des Landes, das die Viehhaltung im großem Stil ermöglichte und großflächige Wälder. **Rohstoffe jeder Art** wurden gefunden und genutzt. Es gab Erdöl und Erdgas in großen Mengen.

Die Freiheitsstatue steht für die unbegrenzten Möglichkeiten in Amerika

Das macht verständlich, warum Amerikaner nicht lernten, sparsam mit ihren Ressourcen umzugehen. Die Vorstellung von Verknappung lassen sie nicht gelten. „God wants you to be rich – How and why everyone can enjoy material and spiritual wealth in our abundant world" („Gott möchte, dass du reich bist – Wie und warum jeder in unserer Welt des Überflusses materiellen und spirituellen Wohlstand genießen kann") Das Buch von *Paul Zane Pilzer* aus dem Jahre 1997 zeigt eine charakteristische Sichtweise. Die **Weitläufigkeit des Landes,** lange nicht so dicht besiedelt wie Europa, lässt Umweltschäden nicht so schnell so hautnah erleben.

Umweltschutz, Energie sparen – das amerikanische System ist darauf nicht eingestellt. In absoluten Zahlen haben die USA als größte Volkswirtschaft der Erde den größten Energieverbrauch und auch im Prokopfverbrauch liegen die Amerikaner weit vorn. Dies liegt auch an den klimatischen Verhältnissen – an regional bedingt großer Hitze im Sommer und massiven Kälteeinbrüchen im Winter.

Selbst *George W. Bush* sprach davon, dass die USA „oil addicted" (ölsüchtig) seien und dass die Amerikaner Energie sparen sollten. Er warb für erneuerbare Energien und im Jahr 2012 soll das erste emissionsfreie Kraftwerk der Welt in den USA ans Netz.

Unabhängig von der Quantität der Ressourcen wird die Qualität – in Bezug auf die Umweltverträglichkeit – immer wichtiger. Für den **Klimaschutz** müssen Kohlendioxid-Emissionen vermindert werden. Doch trotz weltweiter Anstrengungen ist der CO_2-Ausstoß weiter gestiegen – auch in den USA. Und die Erderwärmung schreitet schneller voran als erwartet. Das macht den sparsamen Einsatz fossiler Brennstoffe und die Entwicklung umweltfreundlicher Energiequellen notwendig. Eine Einsicht, die auch in den USA immer mehr um sich greift und am Beispiel Kalifornien Schule macht.

Der Unschuld entwachsen – Mythos Innocence

Schon seit der frühen Besiedlung Nordamerikas durch die puritanischen Siedler und ihre Nachfolger war der Anspruch der Neuankömmlinge verbreitet, eine freiere und bessere Gesellschaft aufzubauen, als diejenige, die man in Europa verlassen hatte.

Amerikaner, die später Europa besuchten, fanden diese Sichtweise bestätigt und empfanden sich regelmäßig als harmloser, unverdorbener, unschuldiger, unter Umständen vielleicht auch etwas ungehobelter und nicht so fein wie die Europäer, doch im Grunde ihres Herzens als **unschuldige Kinder des gottlosen Europas.** Die Amerikaner nehmen für sich den Begriff der Unschuld bis heute immer wieder in Anspruch und bei Ereignissen der amerikanischen Politik, die weit entfernt von der Unschuldsvorstellung einzuordnen sind, wurde und wird bis heute in Krisenzeiten immer wieder von der **verlorenen Unschuld** gesprochen.

Beim Eintritt der USA in den Ersten Weltkrieg war erstmalig die Rede von der verlorenen Unschuld, später nach dem Börsenzusammenbruch und der Wirtschaftskrise in den 1930er-Jahren, dann nach dem Vietnam-Krieg, dem Oklahoma-Bombenanschlag, nach der Clinton-Affäre, nach den Ereignissen des 11. September, den Anthrax-Fällen, dem Einmarsch im Irak und der neuen Dimension der amerikanischen Außenpolitik unter der Bush-Administration, die in weiten internationalen Kreisen als völkerrechtswidrig eingestuft wurde.

Eigentlich war dieser Unschuldsbegriff schon viel früher verwirkt, bedenkt man die Vertreibung und brutale Ausrottung der Indianer und das System der Sklavenhaltung in den Südstaaten.

So hat die amerikanische Unschuld scheinbar eine ganz eigene Qualität; sie kann verloren gehen und kommt doch wieder zurück; sie haftet der amerikanischen Nation als Daueretikett an, das bei manchen Aktionen verblasst, nach einiger Zeit aber doch wieder hell leuchtet.

Vielleicht findet die **Läuterung in den Hollywood-Filmen** statt. Sehr beliebt sind die Filme, in denen ein großer Rächer die Schuldigen sucht, verfolgt und sie ihrer gerechten Strafe zuführt oder wie in „The Sopranos" das Kind als moralische Autorität verehrt wird.

Nicht nur im außenpolitischen Umfeld galt die Unschuldsvermutung als etwas typisch Amerikanisches, sondern sie zeigt sich auch im **Jugendlichkeitskult** – ewig jung und unschuldig wie ein Kind und keusch im sexuellen Kontext handeln. Die sexuelle Revolution und der Seitensprung *Clintons,* waren ein schmerzhafter Vorgang für die Amerikaner. Der Fehltritt des amerikanischen Präsidenten, als dem Vorbild schlechthin, führte zu einem weiteren gravierenden Aufschrei wegen dem erneuten Verlust der vermeintlichen amerikanischen Unschuld.

Diese immer wiederkehrende Herausstellung der **eigenen Unschuld** zeigt auf sehr anschauliche Weise die Selbsteinschätzung einiger Amerikaner, die von Naivität, Selbstbewusstsein, Arroganz, ja sogar manchmal Ignoranz geprägt ist. Aber vielleicht ist das **Verzeihen und Vergessen** wirklich eine amerikanische Qualität, die nicht nur dem eigenen Volk zugute gehalten wird. Vielen deutschen Reisenden in den USA wird aufgefallen sein, dass sie von den Amerikanern sehr freundlich aufgenommen wurden. Selbst in Zeiten, in denen man im europäischen Ausland immer noch auf Hitler und die böse Vergangenheit angesprochen wurde und manchmal lieber eine andere Nationalität angenommen hätte.

Ein Mythos ist ein Mythos –
Mythos Unverwundbarkeit

Seit die Briten 1812 das Weiße Haus niederbrannten, waren die USA lange Zeit nicht mehr von Attacken von außen auf dem eigenen Territorium heimgesucht worden. Der Mythos von der Unverwundbarkeit konnte sich lange Zeit halten.

Doch dann wurde **Pearl Harbor** am 7. 12. 1941 überfallen. Damals zerstörten die Japaner in einem Überraschungsangriff den größten Teil der amerikanischen Pazifik-Flotte auf Hawaii. In Folge von Pearl Harbor erklärten die USA am nächsten Tag Japan den Krieg. Daraufhin antworteten Deutschland und Italien mit Kriegserklärungen gegen die USA. Der Eintritt der USA in den Zweiten Weltkrieg war vollzogen.

Die **Terroranschläge vom 11. September 2001** auf das World Trade Center in New York und das Pentagon bei Washington haben an die schmerzliche Erfahrung der USA in Pearl Harbor erinnert. Ein weiteres Mal wurden die USA jäh der Illusion beraubt, unverwundbar zu sein. Die Bedrohung durch **Terrorismus im eigenen Land** mobilisierte die Amerikaner, zusammen zu stehen und ihr Land geschlossen zu verteidigen.

Radikale Strategen, die nach dem Trauma von Pearl Harbor Sicherheitskonzepte entwarfen, um das Land vor Überraschungsangriffen zu schützen, und die schon im Kalten Krieg eine Sicherheitsdoktrin entwickelten, die für **Gefahrenabwehr durch Präventivschläge** (Preemptive Strikes) plädierten, erfuhren neue Aktualität. Ihnen schien schon im Kalten Krieg Abschreckung durch Androhung von Vergeltungsmaßnahmen – das Gleichgewicht des Schreckens mit Nuklearsystemen auf beiden Seiten – zu riskant. Albert Wohlstetter war einer der Strategen, der die Präventivschläge für nötig hielt. Er hatte schon 1959 seine Überlegungen in der Zeitschrift Foreign Affairs veröffentlicht mit dem Titel „The Delicate Balance of Deterrence" („Das sensible Gleichgewicht der Abschreckung/des Schreckens") und der Doktrin des Preemptive Strikes den Weg bereitet.

Nach dem 11. September hatten die Anhänger der Wohlstetter-Doktrin gute Karten. Das amerikanische Volk stand in Einheit zusammen gegen den äußeren Feind, gegen den Terrorismus, und wer damit in Verbindung gebracht wurde, musste mit aller Härte bekämpft werden. Die drei Falken in der Bush-Regierung, Vizepräsident Dick Cheney, der stellvertretende Verteidigungsminister Paul Wolfowitz und Verteidigungsminister Donald Rumsfeld brachten den **Anti-Terrorkampf** schnell in Verbindung mit dem Irak. Als potenzieller Hersteller von Massenvernichtungswaffen müsse Saddam Hussein gestürzt werden. In den Nachwehen des 11. September konnte die Bevölkerung davon leicht überzeugt werden. Wer sich dem Irak-Krieg widersetzte, galt als Symphatisant der Terroristen, als Anti-amerikaner.

Das zeigt auf erschreckende Weise, wie der Wunsch nach Integrität, Sicherheit und Unverwundbarkeit im eigenen Land dazu führte, leichtfertig und nicht als Ultima Ratio einen Krieg zu führen, und damit Leid, Elend, Zerstörung und Verrohung über ein anderes Land zu bringen. Mit der Strategie des *Preemptive Strikes* wird das Recht auf Unversehrtheit innerhalb der eigenen Grenzen anderen Staaten nicht mehr zugestanden.

Einschneidende Ereignisse im 21. Jahrhundert

Der 11. September 2001 und die Folgen

Die furchtbaren Anschläge vom 11. September 2001 in New York und Washington bombten mit einem Schlag eine **neue Bedrohung** in das Bewusstsein der Weltöffentlichkeit – den **internationalen Terrorismus.** Heute ist dieser Begriff in aller Munde. Es ranken sich sowohl innenpolitische Debatten über Sicherheitsgesetze, internationale Kooperationen als auch außenpolitische Strategien um die Gefährdungen durch den internationalen Terrorismus. Denn nicht nur die äußere, sondern auch die innere Sicherheit, das **Alltagsleben** sind durch terroristische Attentate bedroht. Das haben die Anschlagserien auf sogenannte „weiche Ziele" (nicht militärische), die auf den 11. September folgten, mit vielen Todesopfern und Verletzten gezeigt.

Wie hat sich die Welt verändert? Als Ergebnis der Angriffe auf das World Trade Center und das Pentagon ging eine **Welle der Solidarität mit den Anschlagsopfern** durch das Land und die ganze Welt. (Sie äußerte sich u. a. durch die internationale Unterstützung im Afghanistan-Krieg.) Amerika und die Welt waren schockiert. Noch nie war das Festland der USA direkt von einem äußeren Feind angegriffen worden. Dieser Tag hat das Land geeint. Ein beispielloses Zusammenstehen der ganzen amerikanischen Nation und die Aktivierung tiefster patriotischer Gefühle im Kampf gegen den Terrorismus waren die Folge. Die **wirtschaftlichen Auswirkungen** des Anschlags waren immens. Die Aktienkurse brachen zusammen. Der Nerv der Ökonomie wurde getroffen.

Erst mit der allen Argumenten unzugänglichen, ja häufig arroganten Propaganda der Bush-Administration für eine **Invasion im Irak** wich die Solidarität vieler Freunde Amerikas einer kritischen Distanz. Gleich am Abend des 11. September wurde im Weißen Haus als Reaktion auf die Attentate der Einmarsch in den Irak angestrebt – 2003 wurde er durchgeführt. Und das, obwohl sich die Geheimdienste sicher waren, dass *Saddam Hussein* nicht mit Al Qaida kooperierte und ihm der islamische Fundamentalismus fremd war. Auch der Vorwurf, der Irak sei im Besitz von Massenvernichtungswaffen, schien laut Berichten der UN-Inspektoren nicht auf Tatsachen zu beruhen und hat sich nach der Invasion dann auch als falsch erwiesen. Schon im Jahr 2004 führte *Richard A. Clarke* in seinem Buch „Against All Enemies" aus, dass der Irak-Krieg dem Kampf gegen den Terrorismus einen Bärendienst erwiesen hat. Im Jahr 2006 widersprachen schließlich selbst die US-Geheimdienste einstimmig dem damaligen Präsidenten *George W. Bush*, der immer noch behauptete, der Krieg hätte die USA sicherer gemacht.

Nach der amerikanischen Invasion nahm das Chaos im Irak von Monat zu Monat zu. Das Land wurde zunehmend destabilisiert, es gab unkontrollierbare Anschläge auf Alliierte und Zivilisten, dann den **Folterskandal,** der nicht mehr *Saddam Hussein* und seine Schergen, sondern US-Amerikaner in der Rolle von Folterknechten zeigte. Es herrschten bürgerkriegsähnliche Zustände. Das Land wurde zu einer Brutstätte für Terroristen. Diese Entwicklung trieb Al Qaida und den fundamentalistischen Terrorzellen den Nachwuchs in die Hände. Regierungen mit großen islamischen Bevölkerungsgruppen, die bisher mit den USA sympathisierten, hatten Schwierigkeiten, die antiamerikanischen Mehrheiten in ihren Ländern zu beruhigen. Erst 2008 gab es erste Hoffnungen darauf, dass der Irak langsam zur Ruhe kommt.

Offensichtlich gibt es viele Fehlentwicklungen und Verlierer im Zusammenhang mit dem Irakkonflikt. Es gibt aber auch Gewinner: Außer Al Qaida und den fundamentalistischen Terrorzellen kann sich eine weitere Gruppe bei der Bush-Administration bedanken: der militärisch-industrielle Komplex. Die Rüstungsindustrie der USA profitiert von dem größten Militäretat seit dem Ende des Kalten Krieges – für 2009 sind es 55 Milliarden Dollar.

Aus der Ferne gesehen, war es zunächst unerklärlich, warum eine demokratische Nation wie die **USA und ihre Medien** unisono und kritiklos ihrer Regierung in das Abenteuer Irak-Krieg folgten und sie trotz aller Warnungen mehrheitlich gegen die Völkergemeinschaft unterstützten. Vielleicht waren auch das die Folgen des 11. September – eine Art **Massenhysterie** gegen alles, was mit Terrorismus in Verbindung gebracht werden konnte – und die USA bedrohen könnte. Vielleicht hat die Bush-Regierung auch gerade diese besondere Disposition der Amerikaner, in der Not und bei drohender Gefahr in Einigkeit zusammenzustehen, gnadenlos für ihre Kriegspläne missbraucht. Jeder, der gegen den Irak-Krieg Position bezog, wurde als Anti-Amerikaner und Volksfeind angesehen.

Die inneramerikanische **Protestbewegung** hatte zunächst einen schweren Stand. Die Aufdeckungen und Proteste einiger Mutiger wie *Richard A. Clarke* oder der Sängerin *Natalie Maines* von der US-Country-Band Dixie Chicks, die Desillusionierung über den Verlauf des Irak-Krieges und das Bewusstsein über den Schaden, der Amerika dadurch finanziell und ideell entstanden ist, ließ die kritischen Stimmen jedoch zunehmen. Generell herrschte das Gefühl vor, dass *George W. Bush* Amerika in die falsche Richtung führte.

Wie viel Terrorismus verträgt die Demokratie?

Eine weitere Folge der Ereignisse des 11. September war eine zunehmende Beschneidung der Grundrechte in den USA. Die US-Heimatschutzbehörde wurde eingerichtet und im Patriot Act (342 Seiten langes, kompliziertes Gesetzeswerk zur Bekämpfung des Terrorismus) schränkte man zur Sicherung gegen weitere Anschläge viele Bürgerrechte ein. Zum Beispiel ist die Überwachung von elektronischen Kommunikationsmedien wie E-Mails, Internet und Mobiltelefonen ohne konkreten Verdacht erleichtert worden – sogar Bücherausleihen in Bibliotheken wurden und werden bis heute überprüft. Das Bankgeheimnis wurde zur Kontrolle von Geldwaschaktionen eingeschränkt und die Liste der unter Terrorismus fallenden Taten erweitert.

Erinnerungsstücke zum Gedenken an die Opfer des 11. September

017us Foto: ih

Auch das Alltagsleben hat sich verändert: **scharfe Gepäckkontrollen** auf den Flughäfen, Verbot von Nagelscheren, Feilen und Rasierapparaten im Handgepäck bei Flugreisen, Flight Marshalls als Flugbegleiter … Nach der im August 2006 in London aufgedeckten Verschwörung dürfen Flüssigkeiten, Gels und Cremes nur noch eingeschränkt im Handgepäck mitgenommen werden, verpackt in einen durchsichtigen, wieder verschließbaren Plastikbeutel.

Zur **visumfreien Einreise in die USA** (für einen Touristenaufenthalt bis zu 90 Tagen) im Rahmen des „Visa Waiver"-Programms berechtigen alle regulären (bordeauxroten) deutschen Reisepässe (sowohl die vor dem 1.11.2005 ausgestellten maschinenlesbaren als auch die nach dem 1.11.2005 ausgestellten Reisepässe – die sogenannten E-Pässe, die einen Chip enthalten).

Ab Januar 2009 müssen sich USA-Besucher aus insgesamt 27 Ländern, die visumfrei einreisen können, spätestens drei Tage vor der Einreise per Internet bei den US-Behörden anmelden, einen Fragebogen ausfüllen und damit eine Einreisegenehmigung beantragen. Das neue Prüfungsverfahren trägt den Namen ESTA *Electronic System for Travel Authorization* und ersetzt das Einreisedokument I-94, das erst im Flugzeug ausgefüllt werden musste. Eine derartige elektronische Einreiseerlaubnis gilt für zwei Jahre, kann aber immer noch von den US-Grenzbeamten vor Ort außer Kraft gesetzt werden. Weitere angedachte Sicherheitsmaßnahmen sind die bisher heftig umstrittenen Ganzkörper-Scans, wobei die Reisenden bis auf die Haut ausgeleuchtet werden, das Scannen aller zehn Finger bei der Einreise und das Scannen der Fingerabdrücke bei der Ausreise.

Auch **das alltägliche Leben** der US-Amerikaner hat sich verändert: An öffentlichen Plätzen ist mehr Sicherheitspersonal postiert und beim Besuch von Sehenswürdigkeiten werden Taschenkontrollen durchgeführt. Die Freiheitsstatue darf nur noch im unteren Bereich betreten werden. Die Besuchergalerie in der New Yorker Börse ist geschlossen.

Ein tiefgreifender Effekt der Terroranschläge ist die **eigene Angst.** Im Hotel, im Nahverkehrszug, auf der Straße an symbolträchtigen Gebäuden – überall auf der Welt könnte uns ein terroristisches Attentat treffen. Lassen wir uns dadurch unsere Bewegungsfreiheit eingrenzen? Und verzichten wir deshalb auf unsere demokratischen Rechte?

Aus der Traum vom Eigenheim –
von der Immobilienkrise in den USA zur weltweiten Finanzkrise

Bis im Jahre 2006 die ersten schwarzen Wolken den Immobilienmarkt überschatteten, ermöglichten billige Kredite zur Ankurbelung der Wirtschaft nach dem 11. September vielen Amerikanern die Erfüllung ihres Traums vom eigenen Heim. Die starke Nachfrage führte zu ständigen Wertsteigerungen im Immobiliensektor und veranlasste viele Banken dazu, auch diejenigen zu Hausbesitzern zu machen, die es sich eigentlich gar nicht leisten konnten und über keinerlei Eigenkapital verfügten. Die Banker kreierten dafür spezielle **teurere Hypothekendarlehen,** die sogenannten *Subprime Loans.*

Als allmählich die Zinsen wieder stiegen, konnten viele Eigentümer ihre Schulden nicht mehr bezahlen und mussten ihr Haus räumen. Parallel dazu zeigte der jahrelang anhaltende Bauboom Resultate. Das Angebot an Immobilien überstieg die Nachfrage, die Preise fielen. Ende 2006 kletterte die Zahl der **Zwangsvollstreckungen** auf den höchsten Stand seit 40 Jahren. Im Herbst 2008 standen 18 Mio. Einfamilienhäuser und Wohnungen in den USA leer.

Das Leben auf Pump brach zusammen. Viele amerikanische Familien waren pleite und landeten ungeschützt durch soziale Sicherungssysteme auf der Straße. Immobilienkredite im Wert von 11 Billionen Dollar konnten nicht beglichen werden. Doch die Immobilienfinanzierer hatten die ungedeckten Kredite inzwischen an Banken und Hedgefonds abgetreten. Die fügten ein paar „gute" Kredite hinzu, mischten alles neu und verkauften diese Pakete wie faule Eier in edlem Geschenkpapier weiter, bis es völlig unüberschaubar geworden war, wer in welchem Maße im Besitz der ungedeckten Kredite war. Renommierte Banken, Branchenriesen wie Citygroup und Merill Lynch mussten milliardenschwere Abschreibungen bekannt machen. Im Herbst 2008 ging mit Lehman Brothers die viertgrößte Investmentbank Amerikas bankrott. Weitere Großbanken und der weltgrößte Versicherer AIG standen ebenfalls vor dem Aus. Trotz allem uramerikanischen Widerwillen gegen **staatliche Eingriffe** wurde von der Bush-Regierung noch schnell ein Rettungsprogramm beschlossen, um den Bankrott der Banken und Versicherer zu verhindern.

Durch die Verflechtung des internationalen Finanzwesens waren weltweit fast alle großen Banken angeschlagen. Regierungen auf der ganzen Welt, auch in Deutschland, beschlossen Rettungspakete und übernahmen Bürgschaften. Börsenwerte brachen ein. Gesunde Unternehmen verzeichneten immense Wertverluste an der Börse und Auftragsrückgänge. Angst kam auf, die „Psychologie der Massen" trug zum kontinuierlichen Abwärtstrend bei. Eine Kettenreaktion begann, die weltweit von Woche zu Woche größere Schäden anrichtete, bis hin zur Pleite kleiner Staaten wie Island und zur globalen Rezession. Angesichts dieser schweren Wirtschaftskrise arbeiten die wichtigsten Industrie- und Schwellenländer, zusammengefasst in den G20, an einer **Reform des internationalen Finanzsystems** mit der Tendenz zur stärkeren Regulierung. Ein erstes Treffen der G20 fand im November 2008 in Washington statt.

Yes we can – Aufbruchsstimmung in Amerika

Schon der **Vorwahlkampf** der Demokraten zur Präsidentschaftswahl 2008 war außergewöhnlich. Über Monate hinweg lieferten sich die demokratischen Kandidaten *Hillary Clinton* und *Barack Obama* einen harten Kampf um die Wählergunst – den der Afroamerikaner schließlich gewann. Mit seinem Motto *Yes we can* setzte *Barack Obama* von Anfang an auf Wandel, Versöhnung, Integration und Optimismus. Er wollte **Präsident aller Amerikaner** werden und hat seine Hautfarbe bewusst *nicht* zum Programm erhoben, obwohl gerade der Fakt, dass er als Afroamerikaner kandidiert und gesiegt hat, das Historische und Zukunftsweisende dieser Wahl ist.

Sein republikanischer Kontrahent *John McCain* hingegen pochte auf seine altersbedingte Erfahrung und wollte mit der Nominierung der erzkonservativen *Sarah Palin* zur Vizepräsidentin die Wählerstimmen der religiösen Rechten sichern. Doch dieses Mal entschieden die kleinen Leute, die Jungen, die Afroamerikaner, die Latinos und die klassischen Nichtwähler die Präsidentschaftswahl.

Auch durch seine **neue Wahlkampfstrategie,** den verstärkten Einsatz des Internets, hatte *Obama* diese Menschen erreicht. Sogenannte „Support Groups" organisierten sich über seine Website. Zeitweise waren mehr als eine Million Menschen gleichzeitig auf dieser Seite registriert. Eine neue **Demokratisierungswelle** nahm hier ihren Anfang. Sein erfolgreicher Internetauftritt bescherte ihm zusätzlich die größte Wahlkampfkasse in der amerikanischen Geschichte, mehr denn je finanziert durch private Kleinspender. Am Wahltag erhielt *Barack Obama* den Lohn für seinen innovativen Wahlkampf: Eine satte Mehrheit von 364 Wahlmännerstimmen gegenüber 163 für *McCain*, erreicht durch die **höchste Wahlbeteiligung der letzten 100 Jahre** (66 % der wahlberechtigten Amerikaner).

Barack Obama wurde zum **ersten afroamerikanischen Präsidenten** der USA gewählt. Die desaströse Politik der Bush-Regierung stand ihm Pate: 4775 tote Soldaten im Irak und in Afghanistan, der Abu-Ghraib-Folterskandal, Rechtsmissbrauch in Guantánamo, enorm hohe Militärausgaben, die Unfähigkeit, der Naturkatastrophe Hurrikan Katrina zu begegnen, marode Infrastruktur, halbherziges Engagement im Umweltschutz, Immobilienkrise, Bankencrash, Finanzkrise, Rezession, Verdoppelung der Staatsschulden seit Amtsübernahme, sinkendes Ansehen in der Welt. Gerade die Krisen der letzten Jahre führten zu dem Wunsch nach radikalem Wandel, den *Barack Obama* durch seine Person und sein Programm verkörpert.

Obama wird vermutlich nicht alle seine Pläne umsetzen können. Die Probleme, die ihn bei seinem Amtsantritt erwarten, sind historisch so einmalig wie seine Wahl zum Präsidenten. Aber der psychologische Faktor, die **Aufbruchstimmung** im Land, der Optimismus, die Tatkraft, der Versuch, Gräben zu überwinden und divergierende Gruppen im eigenen Land und weltweit zu versöhnen, die intelligente Regierungsbildung, die auf Kompetenz setzt – all das sind positive Signale, die Amerika in die Welt sendet. Man freut sich wieder mit den Amerikanern und bewundert ihren engagierten Einsatz, ihr Zusammenstehen, ihr nach vorne gerichtetes, optimistisches Handeln in einer kritischen Situation – die amerikanischen Tugenden – und hofft, dass es uns gemeinsam mit ihnen gelingt, die massiven Probleme dieser Welt zu lösen.

Verhaltenstendenzen der Amerikaner

Die Widerspiegelung der Geschichte in heutigen Verhaltensweisen

Die spezifische Prägung, die den Amerikanern zuteil wurde und von Generation zu Generation weitergegeben wird, schlägt sich in ihrer Psychologie nieder, das heißt in ihren mentalen und emotionalen Prozessen.

Patrick L. Schmidt leitet in seinem Buch „Die amerikanische und die deutsche Wirtschaftskultur im Vergleich" wichtige Unterschiede zwischen Deutschen und Amerikanern ab.

Amerika als das Land der Freien hat trotz der vielfältigen Einflüsse aus aller Welt durch Einwanderer aus Europa, Afrika, Südamerika, Asien und den arabischen Ländern die stärkste **Prägung durch die angelsächsische Kultur** erhalten. Die Engländer, die vor religiöser Unterdrückung in ihrem Vaterland flohen, waren voller Enthusiasmus für neue Ideen und lehnten viele alte Traditionen ab. Sie hielten sich an die Philosophie von *Jean Jacques Rousseau,* an das Gute im Menschen zu glauben, um eine positive Entwicklung der Gesellschaft zu fördern. **Vertrauen in sich und andere** ermöglichte schnelle Entscheidungen beim Aufbau eines neuen Staatsgefüges. Diese positive Grundhaltung charakterisiert die Amerikaner bis heute.

Sie hatten weniger Blutvergießen im eigenen Land erlebt als die europäischen Staaten, die im Laufe ihrer Geschichte in vielen Auseinandersetzungen und Kriegen extreme Zerstörungen hinnehmen mussten.

Ausgestattet mit dem Glauben an das Gute im Menschen, ohne erdrückende Erblast von jahrhundertealten Traditionen, mit dem Glück vor Augen und in einem Land, das über alle Rohstoffe und Ressourcen im Überfluss und jede Menge Platz verfügte, machten die Amerikaner ihr Land zum mächtigsten in der Welt, zur einzigen verbliebenen Supermacht.

Das spiegelt sich im Denkschema einiger Amerikaner wider: Wie in vielen Hollywood-Filmen vorgeführt, gibt es **die Guten und die Bösen.** Und letzten Endes gewinnen immer die Guten. Komplexere Vorgänge und Probleme werden häufig nicht wahrgenommen oder einfach verdrängt. Eine gesunde Skepsis und tief schürfendere Analysen bleiben aus. Unser klassisches Klischee vom Amerikaner nimmt Gestalt an: Der oberflächliche, optimistische, etwas naive, freundliche Packen-wir's-an-Typ.

Selbstvertrauen, Eigenverantwortlichkeit und Individualismus

Aus deutscher Sicht fällt die amerikanische Leichtigkeit des Seins besonders auf. Sind die **Deutschen** doch mit einem großen **Sicherheits-**

bedürfnis ausgestattet und wollen, um keine unangenehmen Überraschungen zu erleben, möglichst alles genau vorausplanen und organisieren. Bevor wir Deutschen eine Sache beginnen, spielen wir jede Frage durch und bis keine befriedigende Antwort darauf gefunden wurde, fangen wir gar nicht erst an. Das macht uns zu Meistern der Organisation und kein Lebensbereich bleibt unserem Regelsystem verschlossen. Wir nehmen alle Dinge ernst und üben notfalls die nötige Kontrolle aus, damit die Ordnung, die wir etabliert haben, erhalten bleibt. Wenn etwas nicht klappt, sind die anderen schuld, die anderen aus der Gruppe, das Unternehmen, der Staat, die Organisation, die Ehefrau, der Ehemann, die Familie. In gewissem Sinn sind wir – wenn etwas schief läuft – alle Opfer. Eigenverantwortlichkeit nimmt einen geringeren Stellenwert ein.

Dieses starre deutsche aber auch stabile System trifft **in Amerika** auf eine überraschende Leichtigkeit, Offenheit und Freundlichkeit. Hier gelten Optimismus, Spontaneität, Pragmatismus und Improvisation.

Auch das Recht, die **eigene Individualität auszudrücken,** unabhängig zu handeln, wird in Amerika eisern verteidigt. Schon die Weitläufigkeit des Landes erlaubt es, einen Platz zu finden, wo man nach seinen Vorstellungen leben kann, ohne anzuecken. Man möchte möglichst wenige Eingriffe von institutioneller und staatlicher Seite, ist im Gegenzug jedoch auch bereit, die Verantwortung für das eigene Leben und Glück selbst zu übernehmen. Im Krisenfall gibt es allerdings auch hier Ausnahmen: Im Herbst 2008 billigte eine Mehrheit der Amerikaner das staatliche Unterstützungsprogramm zur Eindämmung der Finanzkrise und zur Stützung der angeschlagenen Automobilhersteller. Wer in Zeiten der *Frontier,* im Kampf gegen die Wildnis, darauf gewartet hätte, dass von irgendeiner Seite Hilfe naht, wäre schnell umgekommen. Heute ist enorme soziale und geografische Mobilität die Folge des eigenverantwortlichen Handels. Das Ziel, materiellen Erfolg zu erlangen und Karriere zu machen, bestimmt das gesellschaftliche Handeln. Geld stinkt in Amerika nicht. Wenige Verpflichtungen gegenüber der Familie und dem Gemeinwesen bestimmen bisher das Bild. Das Solidarsystem, das in Deutschland zu einer hervorragenden Gesundheitsversorgung geführt hat, ist in den USA unbekannt. Jedoch zeigen sich erste Ansätze eines Umdenkens: Die Demokraten propagierten bei ihrer Wahlkampagne 2008 die allgemeine Krankenversicherung. Generell gilt aber, selbstverantwortlich und eigenverantwortlich seine Zukunft zu bestimmen und für sich zu sorgen. Wer hart arbeitet, sein Ziel immer vor Augen hat, seine Zeit effektiv nutzt und risikobereit agiert, kann seine Träume wahr werden lassen.

Hoffentlich lässt die **Finanzkrise** diesen amerikanischen Traum vieler nicht wie eine Seifenblase platzen. Da Gier und maßlose, unverantwortliche Finanzpolitik eine weltweite Krise auslösten, reift selbst in den USA die Einsicht, dass ein globales Regelsystem notwendig wird und der Markt doch nicht alles richtet. Der Schutz und die Absicherung der Bürger auch durch staatliche Systeme, wie eine allgemeine Krankenversicherung, wird verstärkt diskutiert.

Amerikanische Weite – geografisch und mental

Deutschland ist eines der am dichtesten besiedelten Länder Europas; auf 355.744 km² leben ca. 82 Millionen Einwohner. Das sind 228 Einwohner pro Quadratkilometer gegenüber 29 Einwohnern pro Quadratkilometer in den USA. Diese **relative Enge in Deutschland** führt zwangsläufig dazu, dass mehr Regeln notwendig sind, um ein reibungsloses Zusammenleben zu ermöglichen. Sie führt auch zu einer Kleinst-Parzellierung: Zäune, Mauern, Hecken, Eingrenzungen – Einteilen ist allgegenwärtig, auch im übertragenen Sinne. Die Verhaltensweisen im privaten Bereich sind deutlich anders als in der Öffentlichkeit und im Berufsleben: formal und korrekt im öffentlichen Bereich, locker und liebenswürdig im privaten Umfeld. Das Heim wird als Zufluchtsort gesehen.

Bei Reisen in den Vereinigten Staaten per Auto wird die **Weitläufigkeit des Landes** schnell sichtbar. Man kann endlos fahren und trifft nur ab und zu auf Tankstellen mit Kettenrestaurants. Es gibt keine Grenzen. Landesgrenzen, die in Europa trotz Europäischer Union immer noch trennen und den Reisefluss unterbrechen, sind in den Vereinigten Staaten nur Informationsschilder am Straßenrand. Die *Frontier* im Bewusstsein der Amerikaner, eben keine räumlichen Grenzen zu haben, sondern eine Grenzverschiebung und Erweiterung zu realisieren, stehen in Verbindung mit **grenzenlosem Optimismus** und geistiger Expansion.

Im *Manifest Destiny* konnte sich das auserwählte Volk neues Land aneignen. Kaum in Kontakt mit anderen Menschen, waren nur wenige Regeln notwendig. Man konnte fast alles machen, was man wollte. Man lebte **unbegrenzte Freiheit und Informalität.**

Die Weite und Unbegrenztheit an Raum und Rohstoffen führten teilweise zu **verschwenderischem Umgang.** Für das hohe (Individual-)Verkehrsaufkommen brauchte man viele große Straßen und billige Energie. Amerikaner, die im Bewusstsein schier unendlicher Ressourcen lebten, sahen darin kein Problem. Erst Verknappung und steigende Preise führen langsam zu einem Umdenken.

Time is Money

Deutsche und Amerikaner haben ein unterschiedliches Verhältnis zur Zeit. In Deutschland ist Zeit ein wichtiges Element bei der Planung – alles

zu seiner Zeit, das heißt zur richtigen Zeit. Und die deutsche Pünktlichkeit ist sprichwörtlich. Unpünktlichkeit wird als Desinteresse, Rücksichtslosigkeit oder Disziplinlosigkeit interpretiert.

Die Vorstellung von Zeit in Amerika geht auf die Puritaner zurück. Eine nützliche Tätigkeit ist wertvoll, bedeutungsvoll und moralisch einwandfrei. Ein anderer Zeitvertreib ist nutzlos und unmoralisch. Es ist Zeitverschwendung. Hier wird auch im Amerikanischen gern das Wort Verschwendung gebraucht: Waste of Time. Zeit kann wie Geld gut angewendet, nützlich eingesetzt oder verschwendet werden. Schnelles Handeln, schnelle Entscheidungen, schnelle Lösungen, kurz **Schnelligkeit,** ist in Amerika nutzvoll eingesetzte Zeit. Es wird immer wieder versucht eine Aufgabe schneller zu erledigen. Die Entwicklung des Fließbandes oder die Einführung von Fastfood (Schnell-Essen) Restaurants ist ein eindrucksvolles Ergebnis der Zeitoptimierung.

Selbst im Freizeitbereich führt die Zeiteffizienz zur schnellen Erledigung von Vorhaben: Europa in sieben Tagen. Alles muss schnell und effizient gemacht werden. Muße wird zum Fremdwort. Die Seele baumeln lassen gilt nicht.

Freundlichkeit statt Freundschaft

Die Deutschen gelten nicht als besonders extrovertiert. Freundschaft und Nähe sind daher wenigen vorbehalten. Wenn man in Deutschland von einem **Freund** spricht, ist das eine qualitative Auszeichnung, die nur für wenige gilt, meist über einen längeren Zeitraum entstanden ist und über eine oberflächliche Bekanntschaft hinausgeht. Die **amerikanische Vokabel Friend** entspricht dem nicht. Man würde es im Deutschen korrekterweise als „gute/r Bekannte/r" übersetzen. Die Trennung, die in Deutschland zwischen Arbeits- und Privatleben gezogen wird, gilt auch für Freunde und Bekannte.

Die Freundlichkeit der Amerikaner wird von anderen Kulturen oft für Freundschaft gehalten und führt zu Erwartungen, dass man sich besucht, gemeinsame Unternehmungen verabredet, den Kontakt pflegt. Wenn es sich zeigt, dass dies nicht der Fall ist, die Erwartungen enttäuscht werden, wird den Amerikanern vorgeworfen, sie seien oberflächlich.

Tatsächlich ist in den USA Freundschaft nicht so klar definiert wie in Deutschland. Die **Aufgeschlossenheit** und Freundlichkeit der Amerikaner allen Menschen gegenüber basiert auf einem eher **egalitären Grundgedanken.** Keiner ist besser oder schlechter als der andere. Die Begrüßung „*Hi*" – ich bin zugänglich – drückt diese unverbindliche Offenheit sehr gut aus. Freundschaften sind zwangsläufig oft weniger tief, da die Amerikaner in mehrfacher Hinsicht mobil sind, geografisch durch häufige Ortswechsel, sozial und wirtschaftlich. Die Inhalte von Freundschaft wie Verantwortung und feste Bindung stehen der Mobilität und dem amerikanischen Glauben von Freiheit und Unabhängigkeit im Wege.

Daher wurden Strategien entwickeln, um oberflächlich mit vielen Menschen kommunizieren zu können.

03 Bus Foto: ih

Effizienz statt Gründlichkeit

Was schon beim Umgang mit Zeit in Amerika sichtbar wurde, gilt erweitert für die Art, wie man generell handelt. Ziel ist es, effizient zu handeln, das heißt in möglichst kurzer Zeit mit dem geringsten Einsatz einen gewünschten Effekt zu produzieren. Ein Beispiel, von einem deutsch-amerikanischen Paar, sie Deutsche, er Amerikaner, vermittelt den Unterschied zwischen deutscher Gründlichkeit und amerikanischer Effizienz gut: Sie wünscht sich von ihm ein Regal im Eingangsbereich zur Ablage von Hüten und Schachteln und erwartet, dass er sich eine gute Lösung ausdenkt und sie umsetzt. Der Mann, möchte ihr zeigen, dass er ihre Wünsche ernst nimmt und keine Zeit verschwendet. Er baut das Regal, während sie einkaufen geht. Sie kommt nach Hause und wird freudig überrascht. Das Regal ist schon fertig. Sie stellt ihre Schachteln darauf ab, doch das Regal bricht zusammen. Der Ehemann hat effizient gehandelt, aber nicht effektiv.

In diesem Beispiel wird der Unterschied zwischen dem effizienten amerikanischen Handeln und der Erwartungshaltung bei Deutschen sichtbar. Was die Frau haben wollte, hätte wahrscheinlich viel länger gedauert und wäre mit viel mehr Aufwand verbunden gewesen. Eventuell hätte man erst Dübel kaufen müssen, man bräuchte eine Bohrmaschine. Das ist es, was die Amerikaner oft an der deutschen Handlungsweise stört: Die Deutschen brauchen zu viel Zeit, um eine Lösung zu finden. Für Amerikaner macht es keinen Sinn, fundamentale Fragen zu stellen oder die perfekte Lösung zu suchen – *Let's get the job done.*

Unkonventionelles Handeln und Denken

Patrick L. Schmidt stellt in seinem Buch „Die amerikanische und die deutsche Wirtschaftskultur im Vergleich" die **deutsche Kultur** als ein Symphonieorchester dar: Ein Klang wie mit *einer* Stimme, Gleichklang, Einklang und Konformität ist gefordert. Es gelten viele Regeln, die alle Orchestermitglieder gewissenhaft einhalten. Zusammen tragen sie mit ihren Talenten zum Wohle des Ganzen bei und ordnen sich dem komponierten Gesamtgefüge unter. In deutschen Firmen wird immer langfristig und sehr detailliert geplant, auch bei der Ausführung von Aufgaben ist vor allem Genauigkeit und Präzision aber kaum Risikosbereitschaft gefragt.

Die **amerikanischen Qualitäten** sind dagegen Risikobereitschaft, Initiative, Wagemut, Pragmatismus, Aktion ergreifen. Man sagt den Amerikanern eine *Frontier Mentality* nach; sie sind immer auf der Suche nach neuen Herausforderungen und setzen ihr unkonventionelles Denken ein.

Ein lockerer und freundlicher Kontakt im Bus

Amerikaner können **mit einem Football-Team verglichen** werden: Agressivität und Individualität sind wichtig. Das Spiel besteht darin, durch Taktik und Kraft Linien zu durchbrechen bis ein *Goal* (Tor/Ziel) erreicht wird. Es ist tatsächlich eine Art Fortführung der Eroberung des Wilden Westens. Die Spieler agieren als Individuen, arrangieren sich punktuell und, falls notwendig, als Team. Amerikaner schließen sich zusammen, wenn es ein Problem gibt, und verteilen sich dann wieder in alle Winde.

Ihre Individualität ist eine kontinuierliche Ablehnung von Autorität. Man erinnere sich: Unkonventionalität und Widerstand gegen die Vorgabe und Autorität führte zum Entstehen der Vereinigten Staaten und der Ablösung der englischen Regierung.

Schließt die Reihen dichter

Das Wechselspiel zwischen Individualität und gemeinsamem Handeln tritt auch hervor, wenn die Amerikaner oder ihr Staat tatsächlich oder vermeintlich bedroht werden. Das zeigte sich eindrucksvoll nach den Anschlägen auf das World Trade Center, als eine große eine Welle gegenseitiger Unterstützung im Land einsetzte. In solchen Situationen weicht der Individualismus der nationalen Grundüberzeugung, dass sich durch Kompetenz und Teamgeist **jede Katastrophe meistern** lässt. Der Überlebenswille ist der Motor zur Bewältigung aller Probleme. Das zeigte sich auch im Herbst 2008 beim Ausbruch der Bankenkrise. Innerhalb weniger Tage änderte sich die fast sprichwörtliche Abneigung der Amerikaner und insbesondere der Mitglieder der republikanischen Partei gegen staatliche Eingriffe. Ein staatliches Hilfspaket für die angeschlagenen US-Banken wurde noch von der Bush-Regierung aus dem Boden gestampft und relativ widerstandslos durchgesetzt. Pragmatismus nennt sich dieser Paradigmenwechsel im Land der unbegrenzten Möglichkeiten.

Auf **militärische Aktionen** übertragen, steht die große Masse dem Militär zwar skeptisch gegenüber, doch wenn das Gefühl der Bedrohung von außen besteht, ist die Bereitschaft zum Kampf mit der Waffe vorhanden. Zu beachten ist hier auch, dass die Amerikaner keine schlechten Erfahrungen mit dem Militär im eigenen Land gemacht haben, daher ist die Unterstützung relativ einstimmig. Das war bei der Mobilisierung für den Irak-Krieg deutlich zu sehen. Zum einen wurde der irakische Despot *Sadam Hussein* – gegen alle Fakten – als Verbündeter von *Osama Bin Laden* und Al Qaida dargestellt und seine Entmachtung in den Kampf gegen den Terrorismus eingereiht. Zum anderen wurde die Bedrohung durch irakische Massenvernichtungsmittel hochgespielt – auch gegen alle Gutach-

God bless America – dieses Motto liest man überall

ten der Inspekteure. Im Angesicht einer solchen Bedrohung folgte die amerikanische Öffentlichkeit ihrem Präsidenten mehrheitlich in ein riskantes militärisches Abenteuer gegen den erklärten Widerstand der Mehrheit der internationalen Völkergemeinschaft.

In Krisenzeiten kann das bedeuten, dass jede noch so sachliche **Kritik** als antiamerikanisch und damit amerikafeindlich eingestuft wird.

God bless America – Spezifisch amerikanischer Patriotismus

Im Alltagsleben hat sich eine ganz eigene Art von Patriotismus entwickelt. Der Stolz der Amerikaner auf ihre nationale Identität zeigt sich darin, wie häufig und zu welchen Gelegenheiten die amerikanische **Flagge** und die **Nationalhymne** eingesetzt werden. In Amerika findet man bei vielen Gelegenheiten amerikanische Flaggen und die Aufschrift *God bless America* (Gott segne Amerika). Der **Patriotismus** wird beinahe zur **Religion.** Das *Manifest Destiny* kommt hier wieder zum Tragen: Das auserwählte Volk erbittet den Segen Gottes nicht für die Menschen im Allgemeinen, sondern im Besonderen für die Amerikaner.

Im Wahlkampf 1988 beschlossen die Mitglieder des Repräsentantenhauses, als Zeichen ihres Patriotismus jeden Morgen die Flagge zu salutieren. Nur wenige Mitglieder sind dieser Pflichtübung nicht nachgekommen. In vielen Schulen beginnt der Tag mit dem **Gruß der amerikanischen Flagge.** Auch der Refrain der amerikanischen Nationalhymne *The land of the free and the home of the brave* („Das Land der Freien und die Heimat der Mutigen") fügt sich zu einem patriotischen Bekenntnis.

019us Foto: ih

DIE AMERIKANISCHE
GESELLSCHAFT

Amerika – Das Land der ethnischen Vielfalt

Inbegriff der Diversity, der ethnischen Vielfalt Amerikas, ist und bleibt
New York City. Ganz selbstverständlich leben hier Menschen aller Rassen, Ethnien, Nationalitäten und Religionen auf engstem Raum zusammen
und behalten doch ein Stück weit ihre Eigenheiten, Traditionen und ihren
Zusammenhalt. In einem Fotogeschäft bemerken Sie, dass alle Mitarbeiter
südamerikanisch sind und mit Ihnen englisch, untereinander jedoch spanisch sprechen. Daneben das Geschäft mit Elektroartikeln ist fest in indischer Hand.

Ganze *Neighborhoods* (Nachbarschaften, Umgebung) sind geprägt von
ethnischen Gruppen und ihren Eigenarten. Gerade für **neu ankommende Einwanderer** sind die Angehörigen derselben ethnischen Gruppe
wichtige Anlaufstellen. Sie sprechen dieselbe Sprache, sind bei der Jobsuche behilflich, können eine Unterkunft verschaffen und die ersten Hin-

weise für die neue Umgebung geben. Als Einstiegsjobs arbeiten viele Neuankömmlinge als Taxifahrer. Fahren Sie in New York öfters Taxi und Sie lernen Menschen aus allen Ecken dieser Welt kennen.

Je länger die Ankunft in den USA zurück liegt, von Generation zu Generation findet bei den meisten eine **Loslösung von der ethnischen Gruppe** des Herkunftslandes statt, ein Prozess der Amerikanisierung und eine stärkere Verbindung mit dem *American Way of Life*. Zumeist sagt sich schon die zweite Generation vom Herkunftsland los und fühlt sich als Amerikaner.

Alles ist im Fluss. Auch die Prägung bestimmter Bezirke durch Nationaliäten und ethnische Gruppen verändert sich. Inzwischen wird *Little Italy* in Manhattan mehr und mehr chinesisch geprägt. *Black and Spanish Harlem* reichen sich die Hand.

Volkszählung und neue Bevölkerungskategorien

Im November 2008 hatten die USA ca. 305,6 Mio Einwohner. Die Bevölkerungszuwachsrate beträgt hier ein Prozent – und ist höher als in jedem anderen Industrieland. Die Trends des Zensus aus dem Jahr 2000 setzen sich fort (der nächste Zensus findet 2010 statt). Sie betreffen die Altersstruktur, die große Bandbreite der Lebensverhältnisse und die ethnische Vielfalt der amerikanischen Einwohner. Die erstmalig angewendeten **Fragestellungen beim Zensus 2000** haben sie sichtbar gemacht. War früher hauptsächlich die demografische Unterscheidung der Bevölkerung in schwarz oder weiß üblich, konnten nun mehrere ethnische oder rassische Herkunftslinien angekreuzt werden, um der bestehenden Vielfalt einen Ausdruck zu verleihen. Dabei entstanden neue Klassifizierungen.

Im Jahr 2000 setzte sich die amerikanische Gesamtbevölkerung von ca. 280 Millionen Menschen anteilig aus folgenden **Rassen** zusammen:

• Weiße	ca. 211 Mio.	75,1 %
• Schwarze oder Afroamerikaner	ca. 43 Mio.	12,3 %
• Asiaten	ca. 10 Mio.	3,6 %
• Indianer und Eingeborene von Alaska	2,5 Mio.	ca. 0,9 %
• Eingeborene von Hawaii und andere Eingeborene der pazifischen amerikanischen Inseln	0,4 Mio.	0,1 %
• weitere Rassen	ca. 15,4 Mio.	5,5 %
• zuzüglich einer Gruppe, die sich als Angehörige zweier oder mehrerer Rassen klassifiziert hat	ca. 6,8 Mio.	2,4 %

Als weitere Gruppe ausgewiesen sind die **Hispanics,** die ohne Berücksichtigung ihrer Zugehörigkeit zu unterschiedlichen Rassen ca. 35 Mio. bzw. 12,5 % der Gesamtbevölkerung ausmachen. Vor dreißig Jahren wurden Einwanderer aus Süd- oder Mittelamerika nach ihren Herkunftsländern bezeichnet: kubanischer Amerikaner, mexikanischer Amerikaner ... Heute hat die Einwanderungswelle aus Süd- und Mittelamerika sich immens verstärkt und alle Neuankömmlinge werden als *Hispanics* zusammengefasst, da seit dem Zensus von 1980 bei der Fragestellung nicht mehr zwischen Einwanderern verschiedener süd- und mittelamerikanischer Länder unterschieden wird, sondern nach *Spanish or Hispanic Origin or Descent.*

Dazu kommt eine hohe Geburtenrate dieser Gruppe, was ihren Anteil an der Gesamtbevölkerung weiter vergrößert. *Hispanics* sind in Spanien oder den Spanisch sprechenden Ländern Mittel- und Südamerikas geborene Amerikaner und Menschen, die ihre Herkunft dorther ableiten. Die Bezeichnung **Latino/Latina** legt den Schwerpunkt auf die Herkunft aus Lateinamerika und steht für ethnisches Selbstbewusstsein und Stolz. Die Begriffe *Hispanics* und *Chicanos* für in USA lebende oder geborene Mexikaner werden teilweise als abwertend empfunden. Sie klassifizieren sich selbst größtenteils als *White* oder *Some Other Race* und widersetzen sich dem Trend der Medien, aus ihnen eine eigene Gruppe zu generieren.

Den größten Teil der *Hispanics* stellen die **Mexikaner.** Auch viele Einwanderer aus Mittel- und Südamerika kommen über Mexiko in die USA. Die 3000 Kilometer lange Grenze zwischen Mexiko und USA macht diesen Bereich gerade auch für illegale Einwanderer interessant. Egal welche politische Variante gerade favorisiert wird: militärische Verstärkung der Grenzanlagen, Anti-Migrationslager oder Amnestieversprechen –, auf Grund des Wohlstandsgefälles versuchen jährlich ca. eine Million Menschen, über die grüne Grenze in die USA zu kommen. Man schätzt die Zahl der illegal in den USA lebenden Mexikaner auf ca. 4–8 Millionen.

Bei den **asiatischen Einwanderern** stammen die meisten aus China.

Die Art der Fragestellung bei der Volkszählung spiegelt die aktuelle gesellschaftliche Sichtweise wider und generiert abhängig davon Resultate: Das heißt zum Beispiel, die Zusammenfassung aller Einwanderer aus spanischsprachigen Ländern zu einer ethnischen Gruppe der *Hispanics* führt dazu, dass viele kleine nationale Einwanderungsgruppen als große Einwanderungsgruppe gesehen werden. Dadurch werden teilweise Ängste geschürt und die Konkurrenz anderer Einwanderungsgruppen provoziert. Andererseits ermuntert es die *Hispanics,* ihre Interessen gemeinsam zu vertreten und in vielen Regionen Spanisch als Zweitsprache durchzusetzen. Die Möglichkeit, dass jeder mehrere rassische und nationale Herkunftslinien ankreuzen kann, zeigt eine **größere Toleranz** und ist realitätsnäher. Viele Amerikaner haben durch Vorfahren und gemischtrassige Ehe-schließungen mehrere Herkunftslinien und fühlten sich durch die Zuord-nung zu einer Rasse diskriminiert. Die Trennungslinien zwischen den Ras-sen und Nationalitäten sind fließender, offener, nicht mehr so scharf um-rissen und werden unwichtiger.

Minderheiten und Mainstream

In den letzten Jahrzehnten wurden Begriffe wichtig wie *Diversity* (Vielfalt), *Rainbow Society* (Regenbogengesellschaft), *Bilingual Education* (zweispra-chige Erziehung) und *Affirmative-Action* (etwa: Fördermaßnahmen).

Affirmative-Action-Maßnahmen waren ursprünglich in den 1960er-Jahren als Konsequenz der *Civil Rights Acts* von 1964 zur Herstellung von mehr Chancengleichheit hauptsächlich für **Afroamerikaner** eingeführt worden. Es sind spezielle Förderungsmaßnahmen, wie Quotenregelungen im Bildungssektor, bei Stellenausschreibungen und Wohnungsvergabe. In-zwischen gehören *Hispanics,* Schwarze aus Afrika, der Karibik und ande-ren Herkunftsländern, Asiaten und pazifische Inselbewohner und bei man-chen Programmen auch Frauen zu den Nutznießern.

Das Programm hat bei der primären Zielgruppe Erfolge gezeigt: 35 % der erwachsenen männlichen Afroamerikaner gehören heute der **Mittel-**

klasse an und leben und arbeiten harmonisch mit Weißen und anderen ethnischen Gruppen zusammen.

Das Einkommen von intakten schwarzen Familien nähert sich dem vergleichbarer weißer Familien (jedoch sind ca. 43 % der schwarzen Frauen allein erziehend). Die **Einkommenskluft** zwischen Schwarzen und Weißen geht zurück und die Benachteiligung beim Einkommen für schwarze Frauen verringert sich. In der amerikanischen Pop-Kultur, in den Bereichen Musik und Sport sind Afroamerikaner sehr erfolgreich. Doch trotz aller Erfolge gehört die große Mehrheit der Afroamerikaner immer noch der Gruppe der sozial Schwachen an und befindet sich in einer sozial ausweglosen Situation. Die Schere zwischen Arm und Reich innerhalb der Gruppe der Afroamerikaner geht parallel zu der Entwicklung bei den Weißen immer weiter auseinander. In vielen wichtigen gesellschaftlichen Bastionen sind Afroamerikaner unterrepräsentiert. Die **Arbeitslosigkeit** bei jungen schwarzen Männern ist besonders hoch, sodass sich viele in Gettos mit hoher Kriminalität und Drogenmissbrauch wieder finden. Das hat zur Folge, dass in den Gefängnissen der USA die Hälfte aller Inhaftierten Schwarze sind, obwohl sie nur 12 % der Gesamtbevölkerung ausmachen. Von den schwarzen Männern im Alter von 20 bis 34 Jahren sitzen über 10 % ein.

Die gesellschaftliche Anteilnahme und Bedeutung der ethnischen Gruppen hat sich verlagert. Der **Einfluss der Minderheiten** auf den kulturellen Mainstream ist größer geworden.

Für die **Hispanics** gilt das auch für die Verbreitung ihrer Sprache: Viele Regionen Amerikas sind spanischsprachig, sichtbar an der Straßenbeschilderung, an Schildern in öffentlichen Verkehrsmitteln, an spanischsprachigen Formularen bei Behörden, an dem großen Angebot spanischsprachiger Radio- und Fernsehsender und in der Popmusik, wo immer mehr Latino-Hits und Latino-Pop Stars berühmt werden.

Viele weiße US-Bürger, aber auch Angehörige von Minderheiten, insbesondere schwarze, fühlen sich durch die neue Entwicklung bedroht und reagieren eher mit Konkurrenzdenken als mit Solidarität auf die neue Situation.

Eine neue **Gettoisierung** führt zu sozialen Problemen mit allen bekannten Konsequenzen. Viele hispanische Jugendliche (ca. 30 %) haben Probleme in der Schule, schaffen keinen Schulabschluss oder brechen die Schule ab. 71 % der *Hispanics* arbeiten in Aushilfsjobs. Viele sind arbeitslos. Das wiederum führt zu erhöhter Kriminalität.

Eine freundliche afroamerikanische Mom

Die **asiatischen Einwanderer** haben sich besser integriert. Sie sind heute eine der erfolgreichsten Einwanderergruppen, obwohl die meisten Asiaten noch gar nicht so lange im Land sind. Sie haben die höchsten Einkommen und ihre Kinder studieren an den besten Universitäten Amerikas. Sie scheinen sich leichter anzupassen und teilen ähnliche Werte wie die Weißen.

Mit einem Amerikaner chinesischen Ursprungs der zweiten Generation entstand folgendes Gespräch: „Do you feel American?" – „I am American." – „What does that mean to you?" – „There's a certain sense of patriotism, certain political freedoms, stability in the country, given the constitution, certain economic freedoms and certain social freedoms as well." („Fühlst du dich als Amerikaner?" „Ich bin Amerikaner." „Was bedeutet das für dich?" „Es ist ein gewisses Gefühl von Patriotismus, gewisse politische Freiheiten, Stabilität im Land, gegeben durch die Verfassung, gewisse wirtschaftliche Freiheiten und auch gewisse soziale Freiheiten.")

Fast die Hälfte der Asiaten hatte 1999 einen College- oder Universitätsabschluss, dies schafften nur 15 % der Afroamerikaner und 11 % der *Hispanics.* Viele Asiaten sind erfolgreich im Beruf, haben hohe Positionen erreicht und leben meist in intakten Familienverhältnissen. Kein Wunder, dass das Zusammenleben zwischen Asiaten und Weißen relativ einfach klappt. Doch ihr Erfolg wird ihnen von den anderen Minderheiten häufig nicht gegönnt.

Vielfalt und Konflikt

Die ethnische Vielfalt bringt eine Menge Konfliktpotenzial mit sich. Was tun, wenn man die Sprache seiner Nachbarn nicht versteht? Wenn eine Nachbarschaft so bunt ist, dass sie fast nicht zu organisieren ist und unkontrollierbar wird, nichts mehr funktioniert?

Typische Probleme und Erkenntnisse, die aufgrund der Diversität und Multikulturalität entstehen, sind:
- Die sprachliche Kommunikation untereinander funktioniert nicht.
- Verhaltensregeln unterscheiden sich. Menschen fühlen sich von dem anderen Verhalten gestört.
- Bezirke können nicht organisiert und gesichert werden, auch nicht gegen Kriminalität.
- Eine politische Organisation herzustellen, z. B. für soziale Reformen oder Interessensvertretungen am Arbeitsplatz von Beschäftigten und Arbeitern, ist sehr schwierig.
- Die Zusammenarbeit von Angehörigen verschiedener Gruppen klappt schlecht bei kurzzeitigen Jobs, besser bei längerfristigen Projekten.

- Menschen fühlen sich zu gleichartigen Individuen hingezogen. Das führt zu Gruppenbildung von gleichen Ethnien und Konflikten zwischen den andersartigen Gruppen.
- Mehrheiten dominieren Minderheiten und unterdrücken sie. Das führt zu Konflikten.

In der Praxis führte die **Multikuluraliät auch in den Schulen** zu enormen Problemen. Wie kann ein gemeinsamer Bildungsstandard gewährleistet werden, wenn jeder ethnischen oder rassischen Gruppe andere Lehrinhalte vermittelt werden. Was passiert in Schulen mit Kindern verschiedener ethnischer Gruppen? Besteht die Gefahr zur Intoleranz gegenüber der kleineren Gruppe?

Egal wie positiv und aufgeschlossen man *Diversity* sieht. Jahrzehntelange Forschung zeigt, dass ethnische Vielfalt in der Regel gemeinsames Agieren erschwert und zu Konflikten aller Art führt, wenn nicht bewusst etwas dagegen unternommen wird. Um die Vielfalt der ethnischen Gruppen in den USA positiv zu leben, gehört dazu, die Konflikte zu sehen, zu lösen und Hindernisse zu überwinden.

Gerade nach dem 11. September entwickelt sich langsam wieder ein Bedürfnis vieler Amerikaner – egal welcher ethnischen oder rassischen Herkunft – sich mehr um eine **amerikanische Leitkultur** zu sammeln, eine gemeinsame Sprache zu erhalten und gleichzeitig die Vielfalt, die andere Herkunft, die andere Religion auf der Basis eines gemeinsamen amerikanischen Nenners zu achten.

Arabische und muslimische Amerikaner nach dem 11. September

Die arabischen und muslimischen Amerikaner haben nach dem 11. September einen schweren Stand. In einem Artikel der New York Times eine Woche nach dem Angriff auf das World Trade Center beschreibt eine Moslemfrau ihre Schwierigkeiten: „Ich bin so daran gewöhnt, mich als New Yorkerin zu sehen, dass es einige Tage brauchte, bis ich begann mich so zu sehen, wie ich auf Fremde wirken könnte. Als eine Moslemfrau, eine Außenseiterin, vielleicht als Feind der Stadt. Vor letzter Woche hatte ich mich als Juristin wahrgenommen, als Feministin, Ehefrau, Schwester, Freundin, eine Frau auf der Straße. Jetzt beginne ich mich als eine braune Frau zu sehen, die eine vage Ähnlichkeit hat mit den Bildern von Terroristen, die wir im Fernsehen und in Zeitungen sehen. Ich kann mir nur vorstellen, wie viel schwerer es für Männer ist, die aussehen wie *Mohamed Atta* oder *Osama bin Laden*."

Die arabischen Amerikaner waren von den Terroranschlägen doppelt betroffen – zum einen als potenzielle Opfer weiterer terroristischer Anschläge, zum anderen als **Sündenböcke** für Aktivitäten einer Gruppe fundamentalistischer Araber, die den Koran für ihre politischen Zwecke missbraucht.

Es gibt viele **Missverständnisse über Araber und Muslime** in den USA. Entgegen einem weit verbreiteten Vorurteil sind die meisten Araber nicht muslimisch und die meisten Muslime nicht arabischer Herkunft. Die meisten Araber kamen in Einwanderungswellen seit Anfang des 20. Jahrhunderts, hauptsächlich aus Libanon und Syrien. Die meisten Muslime sind Afroamerikaner oder kommen aus dem südlichen Asien. Viele der arabischen Einwanderer haben sich gut eingelebt und berühmte Persönlichkeiten hervorgebracht. Auch *Frank Zappa* hat arabische Wurzeln. Heute leben 3 Millionen **Amerikaner arabischen Ursprungs** in den USA.

Einkommensmäßig stehen sie im Vergleich mit anderen ethnischen Gruppen an zweiter Stelle nach den Juden. Sie sind politisch sehr engagiert und organisiert und wurden in den letzten Jahren mehr honoriert.

Im Jahr 2006 wurde erstmals ein Muslim in den amerikanischen Kongress gewählt. Der zum Islam übergetretene schwarze Kandidat der Demokraten stammte aus einem zu drei Vierteln weißen, kleinbürgerlichen Wahlkreis.

Nach dem 11. September haben arabische und muslimische Verbände die Anschläge sofort verurteilt und klar gemacht, dass sie zwar die Politik der USA im Mittleren Osten kritisieren, aber deswegen nicht die fundamentalistischen Gruppen unterstützen, die terroristische Aktivitäten

durchführen. Trotzdem ist und bleibt es für viele arabischstämmige und muslimische Amerikaner eine **Zerreißprobe,** die Folgen des 11. Septembers durchzustehen. Viele werden **diskriminiert.** Den Terroristen ähnlich sehende Menschen und ähnlich gekleidete Menschen wie zum Beispiel Sikhs werden angegriffen. Selbst die eindeutigen Schutzhandlungen von offizieller Seite konnten das nicht verhindern.

Tatsächlich sind trotz Angst vor Diskriminierung laut Umfragen immer noch 88 % der arabischen Amerikaner stolz auf ihre Herkunft. Trotz aller divergierenden Positionen sehen sie eine **Lösung des Konflikts zwischen Israel und Palästinensern** als Kernpunkt im Kampf gegen den Terrorismus.

Politische Einflussnahme – Lobbyismus

In Amerika ist globale Politik lokale Politik und umgekehrt. Um Amerikas Politik zu verstehen, gilt es auch den **Einfluss ethnischer Gruppen** zu berücksichtigen. Schon immer haben ihre Lobbyisten die Politik, insbesondere die Außenpolitik beeinflusst. Wie stark sie die Politik beeinflussen, hängt weniger von der Quantität ihrer Gruppe ab, sondern von ihrem **Einwanderungsstatus.** Kubaner zum Beispiel, die als politische Exilanten nach Amerika kamen, versuchen viel stärker die Politik Amerikas gegenüber ihrem Heimatland zu beeinflussen als Einwanderer, die einfach ein besseres Leben in Amerika suchen.

Einwanderer aus Ländern, in denen große Konflikte im Land oder mit Nachbarländern durchgestanden wurden oder noch bestehen wie in Kuba, Armenien, Israel und Griechenland möchten mehr politischen Einfluss ausüben. Sie repräsentieren auch die ökonomisch erfolgreichen ethnischen Gruppen.

In Zukunft wird wahrscheinlich die **indische Lobby** erstarken. Indien ist sowohl von Pakistan als auch China militärisch bedroht und die indischen Amerikaner sind eine der einflussreichsten ethnischen Gruppen Amerikas und haben begonnen, sich politisch zu engagieren.

Der Einfluss der ethnischen Lobbys hängt zum einen ab von der Größe der Gruppe, dem Einsatz, der Einigkeit, den materiellen Mitteln und der Fähigkeit, die genannten Voraussetzungen politisch geschickt einzusetzen. Die jüdisch-amerikanische Gruppe ist darin sehr erfolgreich, die arabisch-amerikanische ist wegen ihrer Zersplitterung sehr ineffektiv.

Südliches Flair in der U-Bahn – eine Familie aus der Dominikanischen Republik

Aber der politische Einfluss der ethnischen Lobbys wird begrenzt durch die übergeordneten, zum Beispiel auch wirtschaftlichen, Interessen der USA. So hat beispielsweise die **jüdisch-amerikanische Lobby** zwar Einfluss auf die amerikanische Politik im Nahen Osten, aber kann die USA nicht daran hindern, auch Israels Nachbarländern Hightech-Rüstungsgüter zu verkaufen.

Die Einflussnahme einer ethnischen Gruppe ist einfacher, wenn sie den **Status quo erhalten** möchte, als wenn sie etwas verändern möchte und hängt sehr stark von dem Verhältnis Amerikas zu dem entsprechenden Land ab. Am Beispiel China: Wenn sich das politische Verhältnis der USA zu China verschlechtert, besteht die Gefahr, dass die Vorurteile gegenüber chinesischen Einwanderern – sie seien nicht loyal – zunehmen würden. Die Chancen, politischen Einfluss auf amerikanische Politik auszuüben, sind für die Chinesen dann sehr gering.

Die hispanische Lobby besteht aus Menschen vieler unterschiedlicher Herkunftsländer. Um entsprechend ihrer großen Bevölkerungsgruppe Einfluss ausüben zu können, müsste sie geeint handeln. Wenn es um die Einflussnahme auf nur ein südamerikanisches Land geht, ist das aber kaum möglich.

Der Vorwurf gegenüber ethnischen Lobbys lautet häufig, dass sie **das Wohl des Herkunftslandes vor das Wohl der USA** stellen. Allerdings lässt sich der Vorwurf, den eigenen Vorteil vor den Vorteil der Gesamtheit stellen, allen Lobbys entgegenbringen.

Insgesamt bewirken die ethnischen Gruppen in Amerika eine **Annäherung ihres Herkunftslandes an Amerika** und an amerikanische Standards, angefangen bei den Menschenrechten bis hin zu wirtschaftlichen Praktiken. Insofern können die *Hispanics* auf der einen Seite genauso zur teilweisen „Amerikanisierung" Südamerikas beitragen wie auf der anderen Seite zur „Hispanisierung" der USA.

Die Regionen und ihre Besonderheiten

Gleich nach der Ankunft in Amerika, meistens am Flughafen, spürt man die Veränderung. Nicht nur die Sprache ist anders. Der Umgang der Menschen miteinander ist von mehr Leichtigkeit und Freundlichkeit gekennzeichnet. Das Gefühl, das man zunächst nur unbewusst wahrnimmt, lässt sich spätestens beim Reisen durch Amerika wenigstens ein wenig erklären.

Amerika ist lange nicht so dicht besiedelt wie Europa und schon gar nicht so dicht wie Deutschland. Dieses Gefühl der **Weitläufigkeit,** des Raumes hat sich im Verhalten der Menschen, in ihrer Kultur manifestiert.

Fährt man zum Beispiel von der Ostküste durch das Land zur Westküste, legt man ca. 4500 Kilometer zurück und passiert nicht eine einzige Grenzkontrolle. Es gibt Abschnitte, in denen man durch endlose Weiten fährt. Nur ab und zu trifft man auf eine Tankstelle mit einigen Kettenrestaurants zur Verpflegung der Durchreisenden. Ausgedehnte Wälder, Getreidefelder, Prärien, Berge und Täler durchstreift man und trifft kaum auf Menschen oder Siedlungen.

Bald wird klar, warum in amerikanischen Spielfilmen das **Auto eine so zentrale Rolle** spielt. Es ist das Transportmittel, um sich das Land zu erschließen; teilweise lebt man fast darin.

Die Vereinigten Staaten von Amerika setzen sich aus den **50 Bundesstaaten** zusammen, die als Verwaltungs- und politische Einheiten mit teilweise eigenen Gesetzen agieren. Bei der Durchreise sollte man sich deshalb bewusst machen, dass in jedem Bundesstaat, den man betritt, andere Gesetze und Verkehrsregeln gelten können und andere Vorlieben bestehen.

Darüber hinaus wird man nicht nur unterschiedliche geografische **Landschaftsgürtel** erkennen, sondern auch noch andere spezifische Merkmale der Regionen: Die **Sprache** wird sich etwas ändern, in den Südstaaten wird breiteres Amerikanisch und meist langsamer gesprochen; in manchen Gegenden des Südwesten wird man häufig Spanisch hören, sogar die Straßenbeschilderung kann Spanisch sein. Die **Bauweise** der Häuser zeugt von einer unterschiedlichen geschichtlichen Entwicklung. In den ländlichen Gegenden der Südstaaten findet man teilweise noch die großen *Mansions* (Villen) auf Grundstücken mit riesigen alten Bäumen aus der Zeit der Sklaverei mit Plantagenhaltung. In manchen Landstrichen ziehen sich endlose Getreidefelder an der Straße entlang, andere sind eher industriell und dichter besiedelt. Die Regionen zeichnen sich durch kulturelle Gemeinsamkeiten, eine ähnliche geschichtliche Prägung, eine einheitliche wirtschaftliche und literarische Entwicklung, gemeinsame Traditionen, kulinarische Spezialitäten, multikulturelles Erbe, demografische Besonderheiten, wie ethnische Zugehörigkeiten, Alters- und Beschäftigungsstruktur, geografische und klimatische Faktoren, Sprache und Dialekte aus.

Man unterscheidet sechs Regionen:
- **New England (Neuengland)** mit den Bundesstaaten Maine, New Hampshire, Vermont, Massachusetts, Connecticut und Rhode Island
- **Middle Atlantic (Die Mittleren Atlantikstaaten)** mit den Bundesstaaten Delaware, Maryland, New Jersey, New York, Pennsylvania und Washington D.C.

- **The South (Der Süden)** mit den Bundesstaaten Alabama, Arkansas, Florida, Georgia, Kentucky, Louisiana, Mississippi, North Carolina, South Carolina, Tennessee, Virginia, und West Virginia
- **The Midwest (Der Mittlere Westen)** mit den Bundesstaaten Illinois, Indiana, Iowa, Kansas, Michigan, Minnesota, Missouri, Nebraska, North Dakota, Ohio, South Dakota und Wisconsin
- **The Southwest (Der Südwesten)** mit den Bundesstaaten Arizona, New Mexico, Oklahoma und Texas
- **The West (Der Westen)** mit den Bundesstaaten Alaska, Colorado, Hawaii, Idaho, Kalifornien, Montana, Nevada, Oregon, Washington, Utah, Wyoming

New England – Neuengland

New England/Neuengland ist die kleinste der Regionen und wurde schon sehr früh besiedelt. Hier ließen sich die englischen Protestanten nieder. Und getreu des **protestantischen Arbeitsethos** haben die Neuengländer bis heute den Ruf, hart zu arbeiten, einfallsreich und sparsam zu leben und selbstbewusst zu sein. Sie sind sozusagen die amerikanischen Schwaben. Das karge Land und ausgeprägte Jahreszeiten mit langen, kalten Wintern machten die Landwirtschaft in dieser Region zu einem harten Geschäft. Schon um 1750 wendeten sich viele Siedler anderen Tätigkeiten zu: Schiffsbau, Fischerei und Handel wurden die Haupterwerbszweige.

Als in der ersten Hälfte des 19. Jahrhunderts die industrielle Revolution Amerika erreichte, brachten die Menschen optimale Voraussetzungen mit, um **gut funktionierende Fabriken** aufzubauen. Textilien, Kleidung, Gewehre und Uhren wurden hier produziert. Boston entwickelte sich zum finanziellen Zentrum der Nation. Im 20. Jahrhundert wurden die meisten traditionsreichen Industriezweige aus Neuengland in Billiglohnländer verlagert. Teilweise konnte dieses Vakuum durch die Ansiedlung von Mikroelektronik und Computerindustrie gefüllt werden.

Lange Zeit, wenn nicht sogar bis heute, setzte diese Region die **Maßstäbe für das kulturelle Leben** im ganzen Land, lieferte die Ideen und das Geld. Eine eigenständige amerikanische Literatur entstand hier um die Mitte des 19. Jahrhunderts. Neuengland ist berühmt für sein Bildungswesen. Hier wurden und werden die Eliten Amerikas ausgebildet. Das erste College Amerikas wurde hier 1636 in Cambridge/Massachusetts gegründet: das berühmte Harvard. Und hier befinden sich die **renommiertesten Universitäten** und **Colleges Amerikas:** neben Harvard, Yale, Brown, Dartmouth, Wesley, Smith, Mt. Hollyhock, William's, Amherst und Wesley.

Obwohl im Lauf der Zeit auch Siedler aus Irland, Italien und Osteuropa in die Region zuwanderten, hat sich bis heute der ursprüngliche Charakter der englisch geprägten Dörfer erhalten: kleine Holzhäuser, weiße Kirchtürme und die traditionellen Leuchttürme an der Küste.

Middle Atlantic – Die Mittleren Atlantikstaaten

Die Mittleren Atlantikstaaten wurden von Beginn an von Einwanderern verschiedener Herkunftsländer besiedelt: Holländer zogen in das Lower Hudson River Valley, was heute dem Staat New York entspricht, Schweden kamen nach Delaware, englische Katholiken gründeten Maryland und eine englische Sekte, die Quäker, ließen sich in Pennsylvania nieder. Diese Besiedlung durch unterschiedliche Nationalitäten blieb über den Lauf der Zeit erhalten und machte die Region zum **Melting Pot der Nation.**

Die ersten Siedler waren zumeist Bauern und Händler. Die Gegend hatte Brückenfunktion zwischen den nördlichen und südlichen Kolonien. Philadelphia in Pennsylvania war **Sitz des Continental Congress** mit den Delegierten der ursprünglichen Kolonien. Hier entstand 1776 die Unabhängigkeitserklärung und 1787 die Verfassung der USA.

Herbststimmung am East River

Später erlangte diese Region mit den größten Staaten New York und Pennsylvania Bedeutung als industrielles Zentrum der **Schwerindustrie** (Eisen, Glas, Stahl). Millionen von Einwanderern versorgten die Industrieregion mit den nötigen Arbeitskräften. Natürliche Transportwege, die Flüsse Hudson mit der Stadt New York, Delaware mit Philadelphia und Chesapeake Bay mit Baltimore gaben die idealen Voraussetzungen für das Entstehen eines riesigen Wirtschaftszentrums. Nach der Abwanderung vieler Industriezweige in kostengünstigere Länder hat sich hier die Pharmaindustrie und Kommunikationsbranche angesiedelt.

Bis heute ist **New York** die größte und bunteste Stadt Amerikas, Finanzzentrum und kulturelles Mekka mit Bewohnern aus aller Welt. Doch kaum verlässt man die städtischen Ballungszentren, kommt man an idyllische Strände oder fährt durch riesige Wälder, Wiesen und Felder mit einsam stehenden Farmhäusern.

The South – Der Süden

Der Charakter des Südens ist am deutlichsten ausgeprägt. Wie in Neuengland waren die ersten Siedler im Süden **Protestanten aus England,** die sich eher loyal gegenüber ihrem Herkunftsland verhielten. In der amerikanischen Revolution waren allerdings viele Südstaatler prominente Anführer und vier von den fünf ersten Präsidenten stammten aus Virginia.

Das milde Klima in den Küstenregionen war gut geeignet für den Anbau von **Baumwolle und Tabak,** die am effizientesten auf Plantagen angebaut wurden. Die Bewirtschaftung dieser großen Flächen war sehr arbeitsintensiv. Die Farmer kauften sich dafür Sklaven aus Afrika und verbreiteten damit die **Sklavenhaltung** im ganzen Süden. Das führte im 19. Jahrhundert zu der großen Kontroverse zwischen den Nord- und den Südstaaten, und nach dem Austritt der 11 Südstaaten aus der Union begann der **Civil War** (1861–1865). Die Südstaaten verloren im Bürgerkrieg und brauchten einige Zeit, um sich von der Niederlage zu erholen. Die Rassenprobleme waren nach Aufhebung der Sklaverei noch lange nicht gelöst. Erst im *Civil Right's Movement* im 20. Jahrhundert wurde die Rassentrennung aufgehoben und die Nachfolger der Sklaven konnten substanzielle Rechte durchsetzen. Im 20. Jahrhundert konnten sich die Südstaaten mit **literarischen Erfolgen** einen Namen machen. *William Faulkner, Thomas Wolfe, Katherine Anne Porter, Tennessee Williams* sind einige der bekannten Südstaaten-Schriftsteller.

Die ehemaligen Sklavenhalterstaaten sind bis heute zumeist konservativ. Inzwischen ist aus dem landwirtschaftlichen Süden eine **Industrieregion** geworden mit Hochhausstädten wie Atlanta und Little Rock in Arkansas.

Doch auch hier zeigt sich, dass Amerika ein weites Land ist. Das milde Klima zieht gepaart mit der Gastfreundschaft der Südstaatler viele reiche und ältere Menschen an, die hier ein entspanntes Leben verbringen möchten. Florida wird daher auch als **Altersheim Amerikas** bezeichnet.

The Midwest – Der Mittlere Westen

Der Mittlere Westen war eine kulturelle Durchgangsstation. Auf der Suche nach besserem Farmland kamen im frühen 19. Jahrhundert erste Siedler aus den östlichen amerikanischen Gebieten und Europäer in dieses **fruchtbare Land.** Deutsche siedelten im östlichen Missouri, Schweden und Norweger in Wisconsin und Minnesota. Hohe Erträge an Weizen, Hafer und Mais brachten der Region bald den Namen **Bread Basket – Brotkorb** Amerikas ein.

Mais ist die wichtigste Nutzpflanze Amerikas und übersteigt sogar die Erträge von Weizen, daher auch der Begriff **Corn Belt – Maisgürtel.** Die Farmen in dieser Gegend sind sehr weitläufig, umgeben von riesigen Ländereien; oft außerhalb der Sichtweite ihrer Nachbarn.

Die Bewohner des Mittleren Westen gelten als offene, freundliche, ausgeglichene und direkte Menschen. In der Politik sind sie eher vorsichtig und politisch konservativ, aber wenn es sein muss auch kritisch und zu Protest bereit. Die Partei der Republikaner ist hier in den 1850er-Jahren aus Protest gegen die Ausbreitung der Sklaverei in den neuen Staaten gegründet worden. Die folgende Jahrhundertwende brachte dort das *Progressive Movement* hervor. Bauern und Händler schlossen sich zusammen gegen Korruption auf Regierungsseite und für die Durchsetzung von mehr Bürgerinteressen. Vielleicht bedingt durch die geografische Lage im eigenen Land – umgeben von anderen amerikanischen Bundesstaaten – vertraten die *Midwesterners* im Verhältnis zum Ausland eher **isolationistische Positionen,** das heißt, sie wollten, dass Amerika sich nicht in Angelegenheiten anderer Länder einmischt, sondern sich mehr um das eigene Land kümmert.

Chicago, Illinois ist das Zentrum der Region, die drittgrößte Stadt Amerikas und ein Zentrum aller modernen Transportmittel: als Hafenstadt an den Great Lakes, Luftkreuz im internationalen Flugverkehr und Knotenpunkt im Eisenbahnverkehr.

The Southwest – Der Südwesten

Im Südwesten ist der starke **mexikanische, hispanische Einfluss** sichtbar und in dieser Region sind in großen Reservaten auch noch die Ureinwohner Amerikas, die **Indianer,** anzutreffen. Große Gebiete im Südwesten gehörten bis zur Beendigung des mexikanisch-amerikanischen Krieges (1846–1848) zu Mexiko.

Das **trocken-heiße Wetter** steht einer extensiven landwirtschaftlichen Nutzung entgegen. Erst durch den Bau von Dämmen am Colorado und anderen Flüssen und Wasserführung in Aquädukten und **Bewässerungssystemen** konnten die großen Wüstenflächen eingegrenzt werden und Städte wie Las Vegas in Nevada, Phoenix in Arizona und Albuquerque in New Mexiko konnten entstehen. Auch die Entwicklung von Air Condition (Klimaanlagen) machte das Leben in diesen Breiten erträglicher. Große **Ölvorkommen** in Texas trugen zur finanziellen Blüte bei. Trotzdem ist diese Region dünner besiedelt als andere. Hier treffen Reisende auf unvergessliche Naturphänomene – die Landschaften des Grand Canyon und des Monument Valley im Navaho-Reservat.

The West – Der Westen

Lange Zeit wurde der Westen als letzter Teil und Abschluss der Frontier-Erfahrung gesehen. Tatsächlich wurde diese Region jedoch schon vor einigen Staaten des Mittleren Westens von Europäern besiedelt. Spanische Priester hatten bereits vor Ausbruch der amerikanischen Revolution Missionsstationen entlang der kalifornischen Küste gegründet. Und Kalifornien und Oregon traten der Union schon vor einigen östlichen Staaten bei.

Alle der 11 Staaten sind in Teilen bergig, und diese **Bergzüge** sind verantwortlich für klimatische Kontraste. Der Westen der Bergzüge ist dem Pazifik zugewandt und dort bringen westliche Winde Feuchtigkeit und Regen und sorgen für eine angenehmes Klima. An den Osthängen der Berge und in den Landstreifen östlich der Bergzüge ist es trocken und teilweise trifft man auf Wüsten. Durch Bewässerungssysteme wird das Central Valley of California **für Obst- und Gemüseanbau** genutzt. Kalifornien ist das Hauptweinanbaugebiet der USA (4/5 der Rebfläche der USA liegt in Kalifornien). So gehört Kalifornien zu den Mischstaaten, die sowohl landwirtschaftlich als auch industriell entwickelt sind.

Viele Gegenden des Westens sind **dünn besiedelt.** Große Landstriche sind im Besitz der föderalen Regierung. Sie dürfen zu Erholungszwecken und auch zu kommerziellen Zwecken genutzt werden: zum Fischen, zum Wandern, zum Boot fahren, zur Holzgewinnung und zum Bergbau. Allerdings muss sich das im ökologisch vertretbaren Rahmen abspielen, was anscheinend in den letzten Jahren nicht immer der Fall war.

Kirche von St. Andrew aus dem Jahr 1872, Staten Island

Südkalifornien und die Gegend von **Los Angeles** werden von sehr vielen Amerikanern mexikanischen Ursprungs bewohnt. Die zweitgrößte Stadt Amerikas ist als Basis der amerikanischen Filmindustrie in Hollywood bekannt geworden. Der IT-Markt im Silicon Valley gruppiert sich um San Jose. San Fransisco und Los Angeles sind ein El Dorado für Schwule. In Kalifornien hat das Oberste Gericht im Mai 2008 die Eheschließung von gleichgeschlechtlichen Partnern für zulässig befunden, jedoch wurde bei der Volksabstimmung im November dagegen gestimmt.

Der nördlichste Bundesstaat Amerikas, **Alaska,** ist ein weites, urwüchsiges Land, das von wenigen abgehärteten Leuten besiedelt ist. Viele Landstriche stehen unter Naturschutz. In **Hawaii,** dem westlichsten Staat der USA, ist die Mehrheit der Bevölkerung asiatischen Ursprungs.

Religionen und Konfessionen heute – One Nation Under God

Aus europäischer Sicht ist man immer wieder verblüfft über religiöse Rhetorik und religiöse Symbole in der Politik der USA. Als Tourist staunt man nicht weniger über die allgegenwärtig leuchtende Formel *God bless Ame-*

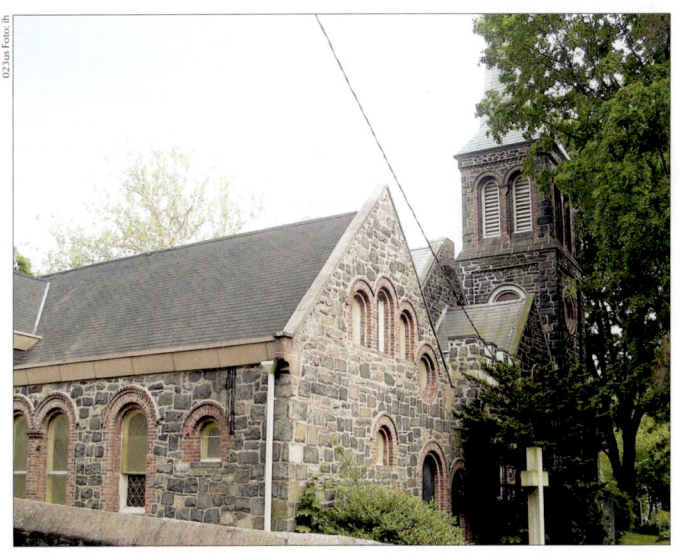

02 Jus Fotoc ih

69

rica, verbunden mit amerikanischer Flagge und patriotischen Bekenntnissen. Auch die teilweise aggressive religiöse Werbung für Kirchen und Glaubensbekenntnisse im Fernsehen und Radio ist ungewohnt. Doch scheint das eine Konstante der amerikanischen Kultur zu sein, denn *Alexis de Tocqueville,* der berühmte französische Schriftsteller, bemerkte bereits in seinem Amerika-Klassiker „Über die Demokratie in Amerika" (1835), dass in Amerika „die Religion [...] mit allen nationalen Gewohnheiten und mit fast allen vaterländischen Gefühlen" verbunden ist. Das führte zu dem Begriff der amerikanischen **Zivilreligion,** was heißen soll, die Bevölkerung Amerikas identifiziert sich als *One Nation Under God* – als eine Nation unter Gott.

Doch wie in Deutschland, so ist auch in den USA die **Trennung von Staat und Kirche** in der Verfassung festgeschrieben und die **Religionsfreiheit** wird garantiert. Der erste Verfassungszusatz verbietet nicht nur die Errichtung einer Staatskirche, sondern auch, dass sich der Gesetzgeber auf eine religiöse Wahrheit beruft. Die Finanzierung der Gemeinden läuft unabhängig vom Staat über Spenden. Bereitwillig zahlen die Amerikaner ihre Beiträge. Der Zwangseinzug via Kirchensteuer wie in Deutschland würde als Verstoß gegen die Neutralität des Staates empfunden werden.

Vielfalt der Religionen und Konfessionen

Heute ist Amerika das Land mit der größten Religionsvielfalt. Los Angeles ist die größte buddhistische Stadt der Welt, mindestens 1200 Moscheen gibt es in den USA und es ist inzwischen sogar möglich, als Hexe anerkannt zu werden. Amerika ist das Land der **Religionsfreiheit** und der **spirituellen Freiheit.** Religiöse Gruppen und Sekten, die bei uns nicht gern gesehen sind, wie die von Bagwhan Shri Rajneesh oder die Church of Scientology konnten sich in den USA entfalten, trotz aller Zweifel an ihrem kirchlichen Charakter.

Der Traum der ersten Siedler, die nach Amerika kamen, um ihren Glauben frei zu leben, hat sich erfüllt. Religiöse Freiheit für alle Glaubensrichtungen charakterisiert noch heute die USA. Allerdings bedeutete für die Siedler Religionsfreiheit damals, ihre Vorstellung von Christentum ohne staatliche Einmischung leben zu dürfen. Der Gedanke an andere Religionen war ihnen fremd. Auch der Staatsmann *Thomas Jefferson* dachte bei der *Virgina Statute for Religious Freedom* (Garantie religiöser Freiheit für den Staat Virginia) an die freie Entfaltung des christlichen Glaubens, jedoch nicht an andere Weltreligionen. Heutzutage leben in den USA ca. 6 Mio. Muslime, 4 Mio. Juden und 1,2 Mio. Hindus, Buddhisten und Sikhs.

Doch der **christliche Glaube** ist in den USA immer noch am weitesten verbreitet. Und das in einer unendlichen Vielfalt. Es gibt mehr als 250 Kirchen und Sekten – und es werden immer mehr. Ungefähr 150 Gruppen haben mehr als 5000 Mitglieder. Die meisten Amerikaner sind einer **bibeltreuen Form des Christentums** zugeneigt.

Zu Beginn des 20. Jahrhunderts entstand die Bewegung des **protestantischen Fundamentalismus,** die gegen modernistische Tendenzen in der Kirche protestierten. In einer Schriftenreihe wurden wesentliche Grundhaltungen, die *Fundamentals* (1909–1912) für die Gläubigen festgehalten: Dazu gehören die jungfräuliche Empfängnis, die leibhaftige Auferstehung Jesus und die buchstäbliche Unfehlbarkeit der Heiligen Schrift, gerade auch gegenüber Erkenntnissen der modernen Theologie und der Wissenschaften. Wer von den *Fundamentals* abweicht, kann kein wahrer Christ sein. Bei unterschiedlichen Positionen zwischen Kirche und staatlichen Institutionen soll zugunsten der Religion entschieden werden, falls das Politische mit fundamentalen religiösen Überzeugungen kollidiert.

Einige der fundamentalistischen Gruppen kämpfen gegen Homosexualität, Sexualkundeunterricht in den Schulen und Abtreibung. Sie schrecken teilweise nicht davor zurück, Gewalt gegen Ärzte anzuwenden, die Abtreibungen durchführen und drohen ihnen sogar mit dem Tod. Die **fundamentalistischen Kreationisten** möchten *Darwins* Evolutionslehre in den Schulen verbieten. Heute sind ca. 40 % der protestantischen Gläubigen fundamentalistisch.

Andere wie die **Amischen** führen ihr Leben noch nach altväterlicher Sitte und arbeiten in der Landwirtschaft ohne moderne technische Geräte.

Die größte christliche Einzelgruppe ist die **römisch-katholische Kirche.** Sie ist mit ca. 62 Millionen Mitgliedern die größte Einzelkirche und wird durch das Bevölkerungswachstum und den Zustrom der *Hispanics* ständig erweitert. Im Vergleich zu dem protestantischen Einfluss ist sie aber eher unbedeutend, da sie im Verhältnis zu der Gesamtheit der stark aufgesplitterten protestantischen Gruppen doch wieder eine Minderheit ist und die starke anfängliche Prägung durch protestantische Siedlerströme nie aufbrechen konnte.

Nach einer Gallup-Umfrage von 2007 bezeichneten sich 82 % aller Amerikaner als Christen, 5 % als Anhänger anderer Religionen, 11 % als Atheisten und 2 % machten keine Angaben. Die Toleranz gegenüber anderen Religionen als dem Christentum, selbst gegenüber dem Islam ist groß. Das heißt aber nicht, dass es keine Konflikte zwischen den einzelnen Glaubensbekenntnissen, selbst gleicher Prägung gibt. Die orthodoxen Christen streiten sich mit den Katholiken, die orthodoxen Juden mit den Reformisten, fundamentalistische Protestanten mit den Gemäßigten ...

Laut einer Umfrage des Instituts für Demoskopie in Allensbach aus dem Jahr 2001 sehen die Glaubensbekenntnisse der Menschen aus Ost- und Westdeutschland im Vergleich zu Amerikanern wie folgt aus:

Glauben Sie an ...	D-West	D-Ost	USA
... die Seele	77 %	43 %	90 %
... Gott	71 %	25 %	94 %
... ein Leben nach dem Tod	46 %	15 %	71 %
... den Himmel	38 %	18 %	84 %
... Engel	37 %	16 %	76 %
... die Auferstehung der Toten	33 %	10 %	58 %
... eine Wiedergeburt	21 %	10 %	28 %
... die Hölle	13 %	6 %	71 %
... den Teufel	19 %	7 %	68 %

Am unbeliebtesten sind in Amerika die **Atheisten.** Bei einer Umfrage gaben die meisten Amerikaner an, sie hätten kein Problem damit, wenn ein engeres Familienmitglied einen Menschen anderer Rasse heiraten würde, aber 70 % würden einer Hochzeit mit einem Atheisten nicht zustimmen.

Atheismus ist unpopulär und wird häufig mit Antiamerikanismus und mangelndem Patriotismus gleichgesetzt. Die Trennungslinie in Amerika verläuft also nicht zwischen den unterschiedlichen Religionen, sondern zwischen Gläubigen und Ungläubigen oder, genauer gesagt, zwischen denjenigen, die im weitesten Sinn an etwas wie Gott glauben oder nicht.

Seien Sie also nicht erstaunt, wenn Sie mit einer amerikanischen Familie gemeinsam essen, und die Dame des Hauses ein Tischgebet anstimmt oder Sie angehalten werden, mit zum Sonntagsgottesdienst zu kommen. Ungefähr 57 % der Amerikaner sagen, dass sie regelmäßig einen **Gottesdienst besuchen,** in Deutschland sind das nur 15 %.

Kreationisten kontra Brights – Adam und Eva oder Darwin?

Obwohl auch in Europa Versuche unternommen werden, die Evolutionstheorie aus den Schulen zu entfernen, hat die Auseinandersetzung um die Entstehung des Universums in den USA schon eine lange Tradition. Inzwischen ist es Anhängern der Anti-Evolutionsbewegung, den Kreationisten, gelungen, in fast der Hälfte aller Bundesstaaten wieder Einfluss auf die Gestaltung von Unterrichtsfächern auszuüben.

Die Anhänger des **Kreationismus** beantworten die Frage nach dem Ursprung des Universums, des Planeten Erde und die Entstehung des Menschen eindeutig: Am 23. Oktober 4004 v. Chr. hat Gott mit der Erschaffung der Welt begonnen und sechs Tage später war alles, so wie es in der Bibel steht, vollendet.

Die **Flat-Earthers,** die radikalsten Kreationisten, gehen noch weiter. Für sie ist die Erde immer noch eine Scheibe. Alle anderen Darstellungen unseres Planeten sind für sie Fälschungen.

Der Konflikt zwischen den Kreationisten und den Verfechtern naturwissenschaftlich begründeter Theorien währt schon seit den Anfängen des 20. Jahrhunderts. 1928 verbot das Anti-Evolutions-Gesetz – durchgesetzt von den Kreationisten – in Arkansas die Erwähnung des Darwinismus in Schulen. So ging es immer wieder hin und her. **Entscheidungen pro oder kontra Kreationismus.** 1987 traf der *US Supreme Court* eine maßgebliche Entscheidung. In öffentlichen Schulen sollte der Kreationismus als religiöses Gedankengut nicht verbreitet werden.

Daraufhin änderten die religiösen Fundamentalisten ihre Strategie und argumentieren, dass die Evolutionstheorie nur eine von vielen Theorien sei. Die Kreationisten selbst haben unterschiedliche Deutungsmuster für die Schöpfung der Welt durch Gott und bilden keine homogene Gruppe. Nur die Ablehnung Darwins Theorie einigt sie. Einige interpretieren die biblischen Schöpfungstage als unermesslich lange Zeiteinheiten.

Die modernsten Kreationisten, die Verfechter der **Theorie des Intelligent Design** (ID), halten nicht mehr an einer wörtlichen Interpretation der Bibel fest. Sie argumentieren, dass die Wunder der Natur, die Perfektion, nicht allein durch Zufall, sondern durch einen göttlichen Plan entstanden sind. Und die Vorstellung, dass die Evolutionstheorie Gott nicht ausschließt, ist selbst für viele Wissenschaftler in den USA durchaus nachvollziehbar.

Religiöse Freiheit in Amerika – ein Buddhist auf der Straße

Einige Naturwissenschaftler wie der Evolutionsgenetiker *Massimo Pigliucci* und *Michael Shermer,* der Herausgeber des kalifornischen *Skeptic Magazine* sowie der Erfinder des egoistischen Gens, *Richard Dawkin,* outen sich als **Atheisten** und setzen sich mit pseudowissenschaftlichen Trends und gesellschaftlichen Phänomenen kritisch und witzig auseinander: Glauben an Außerirdische, Alternativ-Medizin, Okkultismus, aber auch Fundamentalismus, Anti-Intellektualismus ...

Sie bezeichnen sich als **Brights** (die Hellen, Gescheiten) und sind Naturalisten im Sinne von Anhängern einer naturwissenschaftlichen Weltanschauung. Häufig treten sie kämpferisch, manchmal auch albern auf, sodass man sie nicht immer ernst nehmen kann. Jeder kann mitmachen und sich unter www.the-brights.net oder www.brights-deutschland.de als *Bright* registrieren lassen, einen Button oder ein T-Shirt bestellen und andere *Brights* kennenlernen. Auch in anderen Sprachen (Spanisch, Französisch, Niederländisch, Japanisch) gibt es solche Webseiten. Die *Brights* sind ein großes Sammelbecken und relativ großzügig in Fragen der Wissenschaft.

Scharf definiertes Ziel der Bewegung ist es, vorzugehen gegen die immer stärker auftretende religiös-fundamentalistische Sprache in der amerikanischen Politik und Kultur. Sie setzt sich ein für die Rechte der gottlosen Minderheit, der 60 % aller amerikanischen Wissenschaftler angehören und sogar 93 % aller Mitglieder der *National Academy of Sciences.*

Wie einst die Schwulen versuchen sie, gegen den amerikanischen Trend Stimmung zu machen. Ein **erster Etappensieg** ist erzielt. Die religiöse Rechte war bei der Präsidentenwahl 2008 nicht mehr wahlentscheidend. Das Regierungsprogramm *Obamas* sieht vor, die Wissenschaften wieder zu stärken, und das neue Regierungsteam steht für Kompetenz.

Religiosität als Ausdruck einer spirituellen Grundhaltung

Rainer Prätorius leitet das andere Verhältnis der Amerikaner zur Religion im Vergleich zu Europa in seinem Buch „In God We Trust" schon aus den Anfängen der europäischen Besiedlung Amerikas her: Obwohl sowohl die USA als auch Europa in den letzten beiden Jahrhunderten durch Industrialisierung, Massenkonsum, Ausbreitung moderner Kommunikationsmedien und Modernisierung geprägt wurden, führte das in Europa zu einer Verweltlichung und geringeren gesellschaftlichen Rolle der Religion, während es in den USA im Gegenteil zu einer stärkeren Religiosität führte.

Als Ursache dafür nennt *Prätorius* ein anderes Verhältnis der Amerikaner zu ihrer Religion: Religion fungiert für sie nicht als Organisation und ge-

Christus ist auferstanden – auch für Schauspieler!

meinschaftliche Durchführung von Glaubenssätzen und Ritualen in einer konfessionellen Gemeinschaft, also einer definierten Glaubensrichtung, sondern als eine „allgemeine religiöse Grundhaltung" als „Glauben an Gott", an „bestimmte überzeitliche Prinzipien, die für das Christentum charakteristisch" sind. Und die **Förderung dieser religiösen Grundhaltung** ist bis heute gemeinsames Ziel der Mehrheit der Bevölkerung und ihrer politischen Repräsentanten. Insofern klingt der religiöse Unterton in politischen Reden, das allgegenwärtige *God bless America* und *In God We Trust* oder *Pledge of Allegiance* (die Huldigung der amerikanischen Fahne im Fahneneid) mit dem Hinweis *One Nation Under God* nicht als Widerspruch zu der Trennung von Staat und Kirche. Genauso wenig wie die Tatsache, dass der Supreme Court seine förmlichen Beratungen eröffnet mit *God Save the United States and this Honorable Court,* oder der Eröffnung der Sitzungstage des Parlaments mit Hausgeistlichen, dem Aufdruck auf dem Dollar *In God We Trust* und viele weitere religiöse Traditionen im öffentlichen Leben. Sie werden als allgemeine religiöse Grundhaltung und nicht als Ausübung einer spezifischen Religion verstanden und daher auch nicht als Widerspruch zu der Trennung von Kirche und Staat empfunden.

Doch was **nicht erlaubt** ist, ist das Beten in der Schule, eine Entscheidung eines US-Bundesgerichts 2002 besagt, dass der Fahneneid mit dem Zusatz *One Nation Under God* verfassungswidrig ist, wenn das Bekenntnis in Schulen geleistet werden muss – allerdings scheint dies oft ignoriert zu werden.

Einwanderung, Erweckungsbewegungen und neue Kulte

Die starke **Pluralisierung der Religionen** in Amerika begann schon in der amerikanischen Gründungsgeschichte und verstärkte sich dann durch die kontinuierliche Einwanderung neuer religiöser Gruppen und die *Awakenings,* die immer wiederkehrenden Erweckungs- und Erneuerungsbewegungen.

Zu Beginn siedelten sich Puritaner in Massachusetts an, Anglikaner in Virginia, Quäker in Pennsylvania, Baptisten in Rhode Island, Katholiken, Anglikaner, Puritaner, Lutheraner, Mennoniten und Juden im späteren New York.

Auch die wirtschaftliche und politische Situation der Menschen hatte Einfluss auf ihre Wahl und Auslegung der Konfessionen. Reiche Sklavenhalter sammelten sich in „Herrenkirchen", die die Segregation von Schwarzen befürworteten. Ärmere Weiße, die sich Sklaven nicht leisten konnten, waren in methodistischen oder baptistischen Gemeinden, die die Sklaverei verurteilten. Später entwickelten sich unterschiedliche Glaubensrichtungen im Nord-Süd-Konflikt eben wegen der jeweiligen Haltung zur Sklaverei.

Die ersten **Juden,** die Sephardim, kamen bis ca. 1840 aus dem Iran über Spanien, dann folgten die Aschkenasim in der Mitte des 19. Jahrhunderts größtenteils aus Deutschland. Seit 1880 bis heute wandern viele jüdische Einwanderer aus Osteuropa ein, wie z.B. die Chassidim.

Im 19. Jahrhundert immigrierten viele Katholiken. Lange Zeit galten sie als unangepasst an angelsächsische Traditionen und unamerikanisch. Es waren hauptsächlich Iren, Deutsche, Süd- und Osteuropäer aus ärmsten Verhältnissen. Vertreter des angelsächsischen Lebensstils waren **Anglikaner, Presbyterianer und Congregationalisten** von den britischen Inseln. Zu Beginn des 19. Jahrhunderts bestimmten sie die Lehre des Protestantismus. Durch die Einwanderung von deutschen und skandinavischen Lutheranern kamen neue protestantische Einflüsse hinzu.

Auch inneramerikanische Sektenbildung, wie die **Mormonen,** erweiterte das religiöse Spektrum.

Die weiteren enormen Aufsplitterungen entstanden durch die im Lauf der Jahrhunderte immer wiederkehrenden Auseinandersetzungen zwischen Modernisierern und konservativen Kräften, hauptsächlich innerhalb der anglo-amerikanischen Protestanten, die sich in **Awakenings** (Erweckungs und Erneuerungsbewegungen) äußerten. Häufig war Ziel dieser

Die Loretto Kapelle in Santa Fé, Texas, mit berühmter Treppe im Inneren

Erneuerung, den Glauben von klerikalen Verkrustungen zu lösen oder gegen neue Theorien zu schützen, die durch Wissenschaft und Technik alte Bibelauslegungen zweifelhaft machten. **Laienprediger** spielten bei der Verbreitung eine wichtige Rolle. Falls sich eine Gruppe in einer Gemeinde nicht mehr repräsentiert fühlte, wurde eine neue Teilkirche gegründet. So gibt es von jeder protestantischen Richtung mehrere Untergruppen, die sich als eigenständige Kirchen sehen. Keine dieser Gruppen hat starken Einfluss. Alle zusammen jedoch prägten sie den gemeinsamen Nenner der amerikanischen religiösen Grundhaltung.

WASP (White Anglo Saxon Protestants) waren bis zur Wende des 20. Jahrhunderts die tragende Schicht der amerikanischen Politik, Kultur und Wirtschaft. In der Zeit vor dem Ersten Weltkrieg hatten die protestantischen Mainline-Kirchen sehr starken Einfluss und waren aktiv im **Social Gospel.** Man glaubte, dass soziale Missstände durch individuelle Veränderung der Betroffenen, rechten Glauben und spirituelle und moralische Erziehung überwunden werden könnten. Im Gegensatz dazu wurde in Europa eher eine gesellschaftliche Ursache für Missstände ausgemacht und die Veränderung gesellschaftlicher Strukturen angestrebt. Die Social-Gospel-Bewegung schaffte es 1919 mit dem 18. Verfassungszusatz die **Prohibition** durchzusetzen, die für die gesamte Nation die Herstellung, den Verkauf und Transport von Alkohol untersagte.

Darin zeigte sich zum einen die **Hoffnung auf Besserungsfähigkeit durch den rechten Glauben** im Ansatz beim Individuum, zum anderen aber auch der Wunsch per Verordnung dem Rest der Nation – vor allem den nicht-protestantischen Neuankömmlingen wie den Iren, Slawen und Italienern – den rechten Weg der angelsächsischen Protestanten zu weisen. Auch den deutschen Brauereibetreibern blies zum Ende des Ersten Weltkrieges der Hass auf die Deutschen, gepaart mit der Prohibitionsmaschinerie entgegen.

Die amerikanische Gesellschaft war aber schon zu pluralistisch, um sich einen Lebensstil vorschreiben zu lassen und 1933 wurde die Prohibition durch den 21. Verfassungszusatz wieder aufgehoben.

Auch im **Konflikt um die Darwinsche Evolutionstheorie** zog die protestantische konservative Position, die die Evolutionstheorie ablehnte, gegen die Liberalen den Kürzeren. Nach und nach verlor der Glaube an das uneingeschränkt Gute im Menschen an Bedeutung. Die Glaubenspraxis wurde akademisiert und verlor für viele an Lebendigkeit und Attraktivität. Schon vor dem Zweiten Weltkrieg war der Protestantismus kein einheitlicher Block mehr, immer uneinheitlicher und auseinanderstrebender konnte er nicht mehr die Mainline-Funktion erfüllen. Die Welt der Ostküsten-Eliten war nicht länger das Vorbild für die Nation. Durch die gesellschaftliche Mitwirkung neuer Gruppen bedingt durch das Frauenwahlrecht, *Civil Rights* und die Zuwanderung immer neuer ethnischer Gruppen veränderten sich die Mehrheiten.

Trotzdem hat der Protestantismus den politischen Institutionen und dem gesellschaftlichen Leben in Amerika seinen Stempel aufgedrückt.

Eine andere wichtige Funktion der christlichen Gemeinden ist das **Prinzip der Charity** (Hilfswerk, Nächstenliebe). Da die staatliche soziale Absicherung in vielen Bereichen mangelhaft ist, übernehmen die kirchlichen Hilfswerke in ihren Gemeinden eine Auffangfunktion. Nachbarschaftstreffpunkte, Armenspeisungen, Krankenhäuser, Obdachlosenheime, Behindertenzentren, Schulen, Drogenberatung, tausende sozialer kirchlicher Projekte werden ohne großes religiöses Brimborium angeboten. Die **Spendenbereitschaft der Amerikaner** dafür ist groß.

Im 20. Jahrhundert nutzten Prediger wie der Baptist *Billy Graham* erstmalig die modernen Massenmedien zur Agitation der Gläubigen und zur Missionierung.

In den 1980er-Jahren begann die Zeit der **Electronic Church** mit den sogenannten Fernsehevangelisten, die eigene Sender besitzen und hauptsächlich in den Südstaaten damit auch politischen Einfluss ausüben. Ein neuer Trend ist, Gottesdienste als Riesen-Event mit Tausenden von Teilnehmern in speziellen **Mega Churches** mit angegliedertem Einkaufszentrum, Fitness-Studio, Wellness- und Betreuungsraum zu organisieren. Dies zeigt, wie stark Religion ins Alltagsleben der Amerikaner integriert ist, sich mit kommerziellen Praktiken verbindet und auch in unseren hektischen Zeiten frei nach dem Motte „alles aus einer Hand" praktikabel bleibt. Zumeist sind diese religiösen Zentren in evangelikaler Hand, agieren jedoch oft nicht-konfessionell, um möglichst viele Menschen anzuziehen.

In den letzten Jahrzehnten, beginnend in den 1960er-Jahren, sind aus der gesellschaftskritischen *Counterculture,* der Gegenkultur, neue Bewegungen und Kulte entstanden. So zum Beispiel die Lehren des **New Age,** die sich stark auf östliche Religionen beziehen und von jüngeren Menschen vertreten werden. Sie vereinigen Elemente ganzheitlicher holistischer Ansätze aus der Physik *(Bohm, F. Capra),* der Biologie *(K. H. Pribram)* und der Esoterik *(Castañeda).* Das *New Age* entwickelte gegen den Rationalismus der Gegenwart die Vorstellung des Neuen Zeitalters, in dem die Menschen ein erweitertes Bewusstsein mithilfe von Drogen, Meditation und Psychotechniken anstreben, um die Einheit zwischen Mensch und Kosmos herzustellen. Traumvisionen, Engelbegeisterung, Nah-Tod-Erfahrungen, heidnische Kulte, indianische Traditionen, Astrologie, Okkultismus und sexuelle Befreiung sind einige der Zutaten, aus denen sich eine neue amerikanische Spiritualität nährt und sich damit gegen die protestantische Mäßigung und Prüderie stellt. Kurz vor dem Jahrtausendwechsel machten sich Endzeitströmungen breit, die vor einer erhöhten Gefahr von Katastrophen im Jahr 2000 und 2001 warnten.

Die katholische Konfession hat in den USA in den letzten Jahren durch Fälle von Kindesmissbrauch und sexuelle Übergriffe von Priestern eher negative Schlagzeilen gemacht. Der Papstbesuch 2008 hat erstmals wieder ein positives Zeichen gesetzt.

Doch auch die protestantische Fraktion hat in der jüngsten Vergangenheit Minuspunkte gesammelt: Der republikanische Kongressabgeordnete *Mark Foley* wurde 2006 beim Internet-Sex mit einem minderjährigen Kongressboten erwischt. Sein Verhalten zeugte von besonderer **Scheinheiligkeit,** weil Foley sich selbst stets als Sittenwächter aufspielte und härtere Gesetze gegen Kinderschänder initiiert hatte. Ein weiteres Beispiel ist der Evangelist *Ted Haggert,* der gegen Homosexuelle und die Homosexuellenehe wütete, sich aber regelmäßig zu Schäferstündchen mit einem schwulen Freund traf.

Die wichtigsten christlichen Konfessionen

Die in der folgenden Aufführung zuerst genannten sechs großen Kirchen *(United Methodist Church, Evangelical Lutheran Church in America, Presbyterian Church, Episcopal Church, American Baptist Churches in the USA , United Church of Christ),* die nationübergreifend wirken und den größten Teil der Menschen der christlichen protestantischen Glaubensrichtungen vertreten, haben ca. 22 Millionen Mitglieder. Sie sind der protestantische, moderate Kern, teilweise auch als *Mainline* bezeichnet. Allerdings gibt es noch viele kleine Untergruppen und Ausprägungen oder unabhängige Traditionen wie die der Quäker, die der Reformierten oder die *Disciples of Christ.*

Anhand der Religionsangehörigkeit der Präsidenten lässt sich erkennen, ob eine religiöse Gruppe gesellschaftlich anerkannt war. *John F. Kennedy* war der erste katholische Präsident. Zu dieser Zeit war der Katholizismus endlich salonfähig.

United Methodist Church

Methodisten, „methodisch Lebende". Abspaltung von den Anglikanern im 18. Jahrhundert. Mitglieder stammen hauptsächlich aus der liberalen Mittelschicht des Nordostens.

Evangelical Lutheran Church in America

Lutheraner. Vorwiegend Nachkommen deutscher und skandinavischer Einwanderer. Galten früher als konservativ, heute kann man sie jedoch in keine spezifische gesellschaftliche Gruppe mehr einordnen; ca. 9 Millionen Mitglieder. Aus dieser Gruppe stammte bisher kein Präsident.

Presbyterian Church

Ursprung der **Presbyterianer** im 17. Jahrhundert in Schottland. Auswanderung nach Amerika, um sich der englischen Staatskirche zu entziehen. Presbyterianer bedeutet Gemeindeälteste. Die Gemeindeältesten leiten die Gemeinde und vermitteln zwischen der Gemeinde und Jesus. Lehre

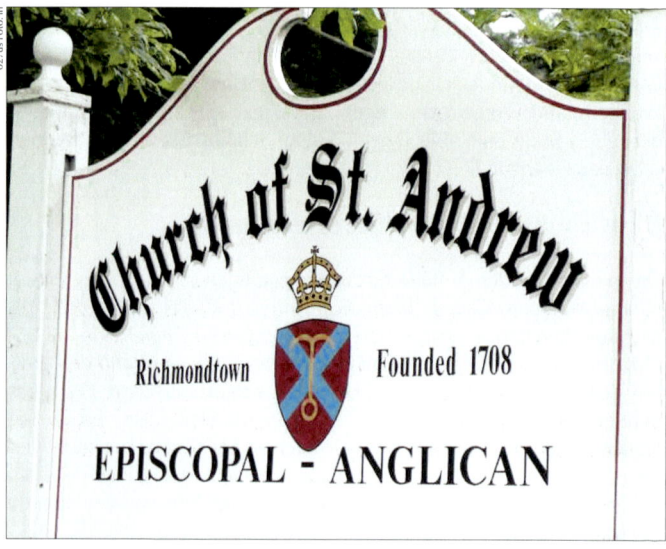

der Auserwähltheit, hohe Arbeitsmoral, starke Bedeutung von Bildung und Wohltätigkeit. Mitglieder stammen hauptsächlich aus der Oberschicht. Prominentes Mitglied war der US-Präsident *Woodrow Wilson* (1913–1921).

Episcopal Church

Anglikaner. Ursprünglich die von *Heinrich VIII.* gegründete englische, anglikanische Staatskirche. Im Jahre 1787 Abspaltung von der anglikanischen Kirche; kein Loyalitätseid mehr auf die englische Krone, sondern der US-Verfassung verpflichtet. Aufspaltung in *High Church* (nahezu katholischer Ritus mit Weihen, durchgeführt vom Priesteramt) und *Low Church* (Laienfrömmigkeit, Gemeindeautonomie). Die Mitglieder entstammen hauptsächlich der Oberschicht angelsächsischer Herkunft. Primärer Wirkungskreis war zunächst in Virginia. Prominente Mitglieder dieser Glaubensrichtung waren die Präsidenten *Thomas Jefferson* und *George Washington*.

American Baptist Churches in the USA

Baptisten = Täufer. Die größte protestantische Glaubensgemeinschaft der USA. Die Taufe findet erst im Erwachsenenalter statt. Mitglieder leben hauptsächlich in den Südstaaten, im *Bible Belt*. Dort findet man auch die *Black Baptists* mit eigenen Gemeinden schwarzer Gläubiger. Prominenter Pfarrer der Baptisten war *Martin Luther King*.

United Church of Christ

Neugründungen im frühen 19. Jahrhundert. Die Aktivisten wollten das ursprüngliche, frühe Christentum stärken, vom Ballast der Kirchengeschichte befreien und den authentischen reinen Glauben in freien Gemeinden praktizieren. Teilweise evangelikal oder fundamentalistisch.

Puritans

Puritanismus = gereinigter Glaube. Abspaltung von der anglikanischen Staatskirche in England. 1620 Landung von puritanischen Gläubigen mit der „Mayflower" in Amerika. Von Massachusetts aus übten sie starken Einfluss auf die Entwicklung der Neuengland-Staaten aus. Jeder Christ hat das Recht und die Pflicht, in allen Gemeindefragen mit zu entscheiden. Tendenz zu Radikalität, Unterdrückung und Intoleranz gegenüber Andersdenkenden. Aus Protest gegen die puritanische Radikalität gründe-

Anglikanische St.-Andrew-Kirche

te *Roger Williams* die Kolonie Rhode Island und war Begründer des Baptismus.

Amish People

Die **Amischen** sind deutschstämmig und außerordentlich konservativ. Sie sprechen untereinander deutsch. Ihr Name ist abgeleitet von ihrem Vorbild, dem Schweizer Bischof *Jakob Amman,* der im 18. Jahrhundert wirkte. Sie lehnen jegliche moderne Technik ab, leben im Osten Pennsylvanias und arbeiten in der Landwirtschaft. Ihre Kleidung ist die des 18. Jahrhunderts: Männer mit schwarzem Hut, Vollbart, knopflosem Gewand. Frauen mit langen Kleidern und Häubchen im Haar. Die Kinder sind von der Schulpflicht befreit. Gemäß ihrer Religion dürfen sie sich nicht fotografieren lassen.

Quäker

Quaker = Zitterer. So genannt wegen ihres Pazifismus (sie lehnen Militärdienst ab) und ihrer Friedfertigkeit. Sie gestalteten unter ihrem Führer *William Penn* das Staatswesen Pennsylvanias nach ihren Vorstellungen. Besonderes engagierten sie sich bei der Abschaffung der Sklaverei. Sie gaben und geben großzügige Spenden für Hilfsbedürftige wie z.B. der vom Krieg betroffenen Zivilbevölkerung, so auch den Deutschen nach 1945.

Church of Jesus Christ of Latter-Day Saints

Mormonen. Sie bezeichnen sich selbst als Angehörige der „Kirche Jesu Christi der Heiligen der Letzten Tage". Sie wurden früher wegen ihrer Vielweiberei bekämpft und zogen dann westwärts und gründeten den Staat Utah. Der Name Mormonen entstand nach dem Buch Mormon, von dem Begründer *Joseph Smith* angeblich nach einer göttlichen Vision verfasst. Heute gelten sie als konservativ und frönen der Enthaltsamkeit, auch die Vielweiberei haben sie aufgegeben. Die Frau ist dem Mann, Schwarze und Indianer sind den Weißen untergeordnet. Viele Mormonen sind fundamentalistisch eingestellt. Aus ihren Reihen holen sich die amerikanischen Geheimdienste bevorzugt ihre Leute.

Evangelicals

Evangelikale. Für sie gilt die Bibel als einzige anerkannte religiöse Quelle. Sie glauben daran, Gott persönlich zu begegnen. Sehr missionarisch. Der Fernsehprediger *Billy Graham,* „das Maschinengewehr Gottes", stammt aus ihren Reihen.

Aushang an der Kirche einer Pfingstgemeinde

Pentecostals

Anhänger der Pfingstgemeinden. Sie vertreten einen biblischen Fundamentalismus und lehnen Darwins Evolutionslehre strikt ab. Sie gehören zu den *Creationists* (Kreationisten) und nehmen die Bibel wörtlich. Sie stehen den Evangelikalen sehr nah, allerdings ist für sie die Begegnung mit dem Heiligen Geist zentraler Glaubenssatz und im Gottesdienst ekstatisch erlebbar. Sie glauben, dass Gott die Welt vor 6000 Jahren erschaffen hat wie im Schöpfungsbericht geschildert.

Reformierte

Nachfahren holländischer Einwanderer und französischer Hugenotten.

Catholic Church

Katholiken. Durch die Einwanderung von Iren, Polen und Italienern im 19. Jh. begann das Einsickern der von den WASPs nicht gern gesehenen, meist sehr armen Angehörigen der katholischen Religionsgruppe.

Die Katholiken stellen heute die größte christliche Gruppe in den USA, obwohl sie anfänglich nur sehr schwach vertreten waren, diskriminiert wurden und ihre Einwanderung bis zum Jahr 1965 stark eingeschränkt war. Durch die *Hispanics* nimmt die katholische Glaubensgruppe kontinuierlich zu.

Die jüdischen Schtetl in Williamsburg und Crown Heights/Brooklyn

Die Mehrheit der jüdischen Immigranten aus Osteuropa, die jüdisch-orthodoxen **Chassidim,** haben nach 1945 in Brooklyn eine neue Heimat gefunden. Von ihnen gibt es zehn Gruppen weltweit. Sie nennen sich „Gottergebene", leben streng nach den Gesetzen der Tora und des Talmuds und warten auf die Rückkehr des Messias. Schon allein durch ihre Kleidung fallen sie auf. Die Männer und Jungen tragen schwarze, lange Mäntel, schwarze Hüte, unter denen zwei längere Haarsträhnen *(Pejssen)* links und rechts das Gesicht einrahmen, und, sobald der Bart wächst, Vollbart. Das geht zurück auf jüdische Gesetze, die es den Männern untersagen, ihre Bärte zu schneiden oder den Kopf unbedeckt zu lassen. Die Frauen müssen Arme und Beine verhüllen und tragen lange Kleider.

Die **Satmar,** eine Gruppe orthodoxer Juden, ursprünglich aus Ungarn kommend, leben in Isolation in ihrer Gruppe in tiefer Frömmigkeit, in absolutem Vertrauen zu ihren Glaubensbrüdern. Es interessiert sie nicht, was andere Menschen von ihrer ungewöhnlichen Kleidung und Lebensweise halten. Meist suchen die Eltern vor dem 18. Geburtstag ihrer Töchter einen geeigneten jungen Mann für die Heirat aus. Es soll eine gute, erfolgreiche Ehe mit vielen Kindern geben, ohne Seitensprünge, in Treue und Hingabe. Nach der Hochzeit, scheren sich die Frauen den Kopf und tragen Perücken oder Tücher, um keinem anderen mehr zu gefallen.

Bei den Chassidim leben männliche und weibliche Glaubensangehörige, selbst innerhalb der Familie, häufig getrennt. Auch die Hochzeit feiern Frauen und Männer in verschiedenen Teilen des Saales, getrennt voneinander durch einen Vorhang, mit eigener Band und von anderem Servicepersonal bedient. Auf der Straße begegnen einem am Schabbat die Männer in Festtagskleidung mit den kleinen Jungs an der Hand, die Frauen zusammen mit den Töchtern.

Frauen und Männer dürfen sich 14 Tage lang nicht anfassen, nicht einmal mit den Fingerspitzen berühren, da Frauen in der Zeit während und nach der Menstruation als unrein gelten. Dann, wenn die fruchtbaren Tage kommen, so um den 14. Tag des Zyklus, dürfen sie wieder zusammen kommen. Kein Wunder, dass die Familien groß sind. Familien mit acht Kindern und mehr sind keine Seltenheit. Das Interesse der meisten Chassidim, andere zu Ihrer Glaubensform zu bekehren, ist gering, sie sorgen selbst für die Vergrößerung ihrer Gemeinde.

Viele fromme Juden leben in Isolation zu anderen Menschen

Familie orthodoxer Juden

Anders ist es bei den **Lubawitschern.** Ihre Bewegung, gegründet 1750 in dem kleinen belorussischen Städtchen Lubawitsch, versucht auch unter weniger strenggläubigen Juden Anhänger zu finden. Während immer mehr amerikanische Juden Nichtjuden heiraten und ihre religiöse Identität verwässern, betreiben sie eine Politik der Missionierung. Über 90 % der Mitglieder der Lubawitscher sind in Amerika nicht als solche geboren.

Es wäre falsch, die Chassidim als arme Schtetl-Juden zu sehen. Sie leben in modernen Häusern und sind wirtschaftlich erfolgreich. Sie haben eigene Krankenhäuser, Seniorenheime, Banken, Badehäuser, Veranstaltungsorte und sogar ihren eigenen Reggae-Star: *Matisyahu,* ein chassidischer Jude aus New York, sorgt im Musikgeschäft für Furore. Traditionell gekleidet, mit langem Bart, randloser Brille und breitkrempigem Hut, erobert er das Publikum mit einem Mix aus Reggae, HipHop und religiös-lyrischen Texten.

Die Chassidim sind im alten New Yorker Diamantenviertel aktiv, in der 47. Straße zwischen Fifth und Sixth Avenue in Manhattan, kurz The Street genannt. Dort ist der Umschlagplatz von fast 50 % aller weltweit gehandelten Diamanten. Die *Sirtuk,* die traditionellen schwarzen Mäntel der Chassidim sind nicht nur traditionsgemäß, sondern kugelsicher. Darunter werden in Geheimtaschen oft große Schätze bewegt.

Doch auch in Brooklyn herrscht nicht nur eitler Sonnenschein. **Konflikte** mit ihren schwarzen und hispanischen Nachbarn und Auseinandersetzungen unter den chassidischen Gemeinden, insbesondere zwischen den Satmar und den Lubawitschern, um den richtigen und wahren Glauben sorgen immer wieder für Unruhe.

Die Familie als Rückzugsort –
Amerikanische Familienwerte

Beziehung, Hochzeit und Ehe

Vielen Amerikanern reicht die Tatsache, dass der Partner Tennis spielt, katholisch ist, aus Boston stammt und gern ins Kino geht, um zusammen zu kommen. Das **Well-matched Couple** (das miteinander harmonierende Paar) ist eine typisch amerikanische Vorstellung. Beide Partner sollten sich um den anderen kümmern, ihn unterstützen, sollten gleiche Interessen haben und die Wochenenden und Ferien zusammen verbringen.

Zwar tauchte mit den **Roaring Twenties** erstmals auch vorehelicher Geschlechtverkehr und Dating ohne feste Bindung in den Beziehungen junger Erwachsener auf, dennoch ist die Ehe in den USA bis heute die am meisten akzeptierte Form des Zusammenlebens geblieben. Den 1950er-Jahren – vielfach als **Golden Age of Marriage** (in dem Unverheiratetsein als unnormaler Zustand empfunden wurde) bezeichnet – folgten die **Swinging Sixties**, eine Epoche, in der die negativ gefärbten Begriffe des *Bachelor* (Junggeselle) und der *Spinster* oder der *Old Maid* (alte Jungfer) durch den des **Singles** abgelöst wurden. Dem Single, oft jung, erfolgreich und attraktiv, wurde nun mehr Toleranz entgegengebracht. In den 1980er-Jahren bezeichnete man ihn auch als **Yuppie** *(Jung Urban Professional)* und bewunderte ihn für seinen ausschweifenden und ausgelassenen Lebensstil.

Seit den 1980ern wird auch das Problem des **Heiratsengpasses** für junge, heiratswillige Frauen immer mehr diskutiert. Heute ist die Ehe vielfach ein unerfüllter Wunschtraum derer, die entweder keinen Partner finden oder ihr Leben der Karriere widmen.

Wenn aber der „richtige Partner" gefunden ist, wird meist recht schnell geheiratet und eine Familie gegründet. Zunächst wird im Kreise gleichgeschlechtlicher Freunde oder Freundinnen die **Bachelor Party** (Junggesellenparty) und die **Bachelorette Party** oder **Bridal Shower** (Jungesellinnenparty) zur Einführung in die Ehe gefeiert, mit Geschenken und manchmal einer Stripperin oder einem Stripper als Überraschungsgast.

Dann findet die eigentliche **Hochzeitszeremonie** statt, für die man sich alles vom Mund abspart, damit sie besonders schön wird. Ein amerikanisches Sprichwort sagt, dass die Braut zur Hochzeit vier Glücksbringer mitbringen soll: etwas Altes, Neues, Geliehenes und Blaues. Die Hochzeitsfeier wird, wenn man es sich leisten kann, in einem sehr guten Hotel oder Restaurant veranstaltet. Aber auch **Wedding Chapels** wie in Las Vegas sind sehr beliebt – vor allem bei Menschen, die spontan heiraten wollen. Hochzeiten sind gute Gelegenheiten, um neue Leute kennen zu lernen, da nicht selten über hundert Gäste geladen sind. Es gibt einen **Best Man** und eine **Bride's Maid** oder **Matron of Honor** (die Trauzeugen), die Bräutigam und Braut bei den Vorbereitungen helfen.

Nach der Hochzeit fliegt das Paar idealerweise in den **Honeymoon** (Flitterwochen), zieht kurz darauf in ein Einfamilienhaus mit Garten – falls die finanziellen Voraussetzungen das zulassen – und bekommt irgendwann Nachwuchs. Für werdende Mütter geben Freundinnen einen **Baby Shower,** eine etwas kitschige Baby-Party, bei der die Schwangere mit Babysachen ausgestattet wird.

Trotz des pompösen Aufwandes ist nicht gesagt, dass die Ehe glücklich wird. Amerikaner heiraten nicht nur viel früher als in anderen westlichen Ländern üblich, sie haben auch weltweit die **höchste Scheidungsrate.**

Dies liegt zum einen daran, dass sie zwischen **Individualismus** und **Gemeinsinn** schwanken; also zwischen dem Hang, sich von der Masse abzusetzen und sich in einer kleinen Kerngemeinschaft abzukapseln einerseits und andererseits dem Bedürfnis des Zusammenstehens und Für-die-Gesellschaft-da-Seins, das tief in den Nationalcharakter eingebettet ist. Gerade in der Familie als der kleinsten Kerngemeinschaft wird dieser Zwiespalt deutlich sichtbar. Trotz eines stark ausgeprägten Zusammengehörigkeitsgefühl hört der Einzelne nie auf, nach der Erfüllung seines persönlichen Glücks zu streben.

Wenn eine Ehe unglücklich ist, dann bestehen viele Amerikaner heute nicht mehr darauf, zusammen zu bleiben (es sei denn der Kinder zuliebe). Bleibt eine Partnerschaftstherapie erfolglos, lässt man sich scheiden. Mit einem neuen Partner geben sich viele aber noch einmal das Jawort. Selbst wenn eine Ehe zerbricht, heißt das noch lange nicht, dass der Familiensinn verloren geht. Man sieht sich schlichtweg nach einem neuen Partner um.

Nichteheliche Lebensgemeinschaften und Sex außerhalb der Ehe sind in der US-Gesellschaft deutlich weniger akzeptiert als in Deutschland, deshalb aber nicht weniger häufig. Viele „wilde Ehen" landen jedoch schlussendlich vor dem Traualtar.

Noch weniger gesellschaftliche Toleranz finden Ehen oder **Partnerschaften zwischen verschiedenen Hautfarben** oder gleichgeschlechtliche Partnerschaften. Auch im Hollywood-Film sind Paare mit unterschiedlichen Hautfarben die große Ausnahme, was ein Beweis dafür ist, dass dieses Thema bei vielen Menschen noch immer „gemischte Gefühle" hervorruft. Etwa vier Prozent der Amerikaner heiraten gemischtrassig. Mit steigender Tendenz. Dies zeigt, dass in der jungen Generation immer mehr Vorurteile abgebaut werden.

Das familiäre Zusammenleben

In den USA gilt ebenso wie in Deutschland noch immer die **Kernfamilie** als Idealbild. Sie besteht aus Vater, Mutter und durchschnittlich zwei Kindern. Der Kontakt zu anderen Familienmitgliedern, die nicht zu diesem kleinen Zirkel gehören, ist weniger intensiv. Man isoliert sich als kleine Lebensgemeinschaft, außerhalb derer nicht viel Platz bleibt für starke Familienbande. Man trifft sich mit dem Rest der Familie an Weihnachten, *Thanksgiving* sowie zu Hochzeiten und Partys – sonst sieht man sich eher selten. Daran ist häufig die große räumliche Distanz schuld. Man fühlt aber auch wenig Pflichtbewusstsein gegenüber entfernten Verwandten. In Krisenzeiten ist man aber füreinander da und die Familie wächst wieder zusammen.

Da jede **Kleinfamilie** so selbstständig agiert, werden die Familienmitglieder untereinander natürlich auch sehr eng zusammengeschweißt. Dies hat mehrere Auswirkungen: Zum einen hat man nur den Partner oder die Kinder, auf die man sich verlassen kann, zum anderen entstehen so auch leicht Spannungen in der Ehe oder Gefühle der sozialen Isolierung.

Die Familie ist in den USA ein **Rückzugsort aus der Gesellschaft.** Zwar gibt sich der Amerikaner auch im öffentlichen Leben stets locker und freundlich, aber er ist häufig nur innerhalb seines intimsten Umfelds wirklich er selbst.

Bei der **Aufgabenverteilung im Haushalt** dominiert in vielen amerikanischen Familien noch die alte Rollenverteilung zwischen Mann und Frau: Während er sich um Garten und Reparaturen kümmert, erledigt die Frau Einkaufen, Putzen und versorgt die Kinder. Trotz der gesellschaftlichen Gleichstellung der Frau und obwohl sich viele Männer vom traditionellen Geschlechterbild distanzieren, helfen viele von ihnen noch immer kaum im Haushalt mit, da dies bei einigen als ein **Verlust der Männlichkeit** empfunden wird. Gerade bei jüngeren Paaren weichen sich diese konservativen Ansichten mehr und mehr auf.

Das Prinzip von *Keeping up with the Jones* spielt auch in der Familie eine nicht zu unterschätzende Rolle: Man möchte nach außen eine **perfekte Familie** darstellen und mit den Nachbarn gleichziehen. Wenn die sich einen Minivan kaufen, dann muss bei einem selbst auch ein neuer her. Leider kümmern sich heute viele Menschen nur noch darum, wie sie auf andere wirken und vergessen dabei völlig, miteinander wirklich zu kommunizieren.

Pets (Haustiere) – insbesondere Hunde und Katzen – sind in den USA beliebte Familienmitglieder. Kinder haben neue Spielgefährten, für Singles ersetzen sie Familienangehörige und nehmen das Gefühl der Einsamkeit.

Neben den Haustieren sind **Freunde** für viele Alleinstehende (wegen der großen räumlichen Entfernung zu Blutsverwandten) vielfach zur Familie geworden. Die Feiertage werden miteinander verbracht, man amüsiert sich und in schwierigen Lebenslagen steht man einander bei. Wenn es aber hart auf hart kommt, belastet man Freunde und Bekannte nicht gern mit seinen Problemen, sondern wendet sich lieber an die eigene Familie. Wenn diese nicht beansprucht werden kann, geht man zum Psychologen.

Unter Mitzwanzigern, die es sich leisten können, entsteht offenbar derzeit ein Trend zu einem **Lifecoach,** der als Berater für berufliche und private Probleme immer öfter den klassischen Psychologen (und manchmal auch Familie und Freunde) ersetzt.

Kinder und Erziehung

In den letzten Jahrzehnten wurden Männer immer mehr in den **Geburtsprozess** eingebunden, nehmen heute vermehrt an Geburtsvorbereitungskursen teil. Die meisten Eltern bevorzugen eine natürliche Entbindung, meistens im Krankenhaus. Auch eine Geburtsparty mit Freunden im Krankenhaus ist beliebt. Viele Paare warten wegen der Karriere und dem **finanziellen Aspekt** mit dem Kinderkriegen, bis sie über dreißig sind. Denn gerade in großen Städten wie New York sind Kinder sehr teuer: eine gute Kindertagesstätte kostet mancherorts ca. 700 Dollar monatlich, *Pre-Schools* (Kindergärten) bis zu 20.000 Dollar jährlich, von den Ausgaben für den Collegebesuch ganz zu schweigen.

Die Kostenfrage und die Tatsache, dass öffentliche Schulen schlecht und oft gefährlich sind, bringt viele Eltern in Gewissenskonflikte. Viele verlassen die Metropolen, um ihre Kinder in einer finanziell und sozial günstigeren Umgebung großzuziehen.

Sobald ein Kind da ist, wollen sich Mom und Dad auch Zeit dafür nehmen – aus beruflichen Gründen ist dies aber leider manchmal nicht möglich. Der **Mangel an staatlicher Kinderbetreuung** (es gibt aber mehr Kindertagesstätten als in Deutschland) führt schließlich dazu, dass man erfinderisch wird. Wer es sich leisten kann, nimmt sich eine *Nanny* (Tagesmutter). Einwanderinnen, die keine *Green Card* haben, füllen diese Lücke und jobben als Kinderfrau – teilweise für sehr schlechte Bezahlung.

Daycare Centres (Kindertagesstätten) oder *Nursery Schools* sind häufig gut, aber teuer. Weil nicht immer ein Verwandter die Kinder hüten kann, gibt es in den USA wie bei uns viele **Babysitter.** Die meisten Familien vertrauen dem Babysitter sofort, zumindest, wenn sie ihn schon von Bekannten empfohlen bekommen haben – außerdem sollen amerikanische Kinder lernen, mit fremden Menschen auszukommen. Die Familie fühlt sich meist verantwortlich für die Sicherheit des Babysitters, da dieser vielleicht minderjährig ist oder nachts nicht allein unterwegs sein sollte. Man wird ihn gegebenenfalls nach Hause fahren oder ihm die Taxifahrt bezahlen.

Das Kinderkriegen wirft Frauen in der Karriere weniger zurück als hierzulande, wo lange Babypausen die Regel sind. Da kein Erziehungsurlaub existiert, kehren Mütter häufig schon sechs Wochen nach der Entbindung in den Beruf zurück. Ist das Kind erst einmal in der Schule, ist die Kinderbetreuung einfacher als in Deutschland. In der **Ganztagesschule** sind die Kinder tagsüber versorgt.

In den letzten Jahren wird die Entscheidung von ledigen Frauen, mithilfe einer **Samenspende** Mütter zu werden, immer mehr akzeptiert und die Zahl der künstlichen Befruchtungen steigt. Als geeignete Spender gelten vor allem Männer ohne Erbkrankheiten, mit hohem Schulabschluss und gutem Aussehen. Laut Statistiken gab es im Jahr 2004 150.000 unverheiratete, den Haushalt allein führende Hochschulabsolventinnen mit Kindern unter 18 Jahren.

Der **Vater** hat in der amerikanischen Familie einen schwachen Stand, hier trifft die Frau viele Entscheidungen. Väter, die viel arbeiten, bereuen zwar meist, wenig Zeit für ihre Familie zu haben, stehen aber anders als die berufstätige Frau kaum im Verdacht, ein „Rabenvater" zu sein, und würden trotz aller Liebe selten den Beruf für Frau und Kinder opfern. Der „ideale" amerikanische Vater ist ein Freizeitdaddy, er spielt mit dem Sohn Baseball, geht mit ihm Angeln und ist besorgt, wenn seine Tochter die ersten *Dates* hat.

Die Kinder werden **zur Selbstständigkeit erzogen,** sollen sich durchboxen, sich nur auf sich selbst verlassen und immer wieder aufstehen. **Gehorsam** (aber nicht blinder) ist neben der Selbstständigkeit ein weiteres Erziehungsziel. Dennoch sind Eltern oft sehr streng, gerade wenn ihr minderjähriger Nachwuchs abends in die Disco gehen will, denn sie haben Angst, es könnte etwas passieren. Stets besorgt um die Sicherheit der Kinder holt man sie lieber mit dem Auto von der Schule ab, als sie mit dem Bus nach Hause fahren zu lassen.

Auf der anderen Seite soll das Kind aber lernen, für sich selbst **Verantwortung zu übernehmen** und sich gleichzeitig als wichtig und fähig zu fühlen. Denn schon Kinder sind selbst verantwortlich für ihr Leben, haben Rechte, Pflichten und Aufgaben im familiären Zusammenleben. In Deutschland haben Kinder und vor allem Jugendliche mehr Freiräume und Eltern sind weniger besorgt.

Viele amerikanische Kinder aus normal bis besser verdienenden Familien sind sehr **verwöhnt,** haben sehr viele Spielsachen, ein eigenes, riesiges Zimmer, PC und Fernseher, die den ganzen Tag laufen und bekommen ein Auto zum sechzehnten Geburtstag. Eltern richten sich stark nach den Wünschen ihrer Kinder, was oft zu Egoismus und Selbstsucht beim Nachwuchs führt.

In einer Umfrage von 2005 empfanden 70 Prozent der Teilnehmer die heutige Gesellschaft und besonders die Kinder als sehr **unhöflich.** Und 2002 konnten nur 7 Prozent der Befragten erklären, Kinder benähmen sich in der Öffentlichkeit respektvoll gegenüber Erwachsenen.

In ihrer **Freizeit** verbringen die Kids einen Großteil ihrer Zeit vor dem TV-Gerät, spielen Computerspiele, hören Musik oder surfen im Internet. Viele Kinder machen Sport. Jugendliche haben oft schon einen kleinen Nebenjob – sehr viele ehrenamtlich im Altenheim oder Krankenhaus – manche babysitten.

Im TV sehen die Kleinen Werbung und entwickeln oft schon mit drei Jahren ein **Markenbewusstsein.** Was aber von vielen Eltern als nicht weiter beunruhigend angesehen wird, denn das Kind wird nicht auf einen bestimmten Weg gepuscht, sondern soll seine eigene Nische finden, seine Individualität entfalten und den Glauben an sich selbst entwickeln. Gemeinschaftsgefühl wird durch **Sport** gefördert und entwickelt. *Don't take No as an Answer* und „Wer nichts wagt, der nichts gewinnt" sind Lebensweisheiten, die man seinen Kindern mit auf den Weg gibt.

Selbstbewusstsein, Leistungsbereitschaft und Durchsetzungskraft sind amerikanische **Erziehungsgrundsätze,** denn Eltern wollen die Talente, die das Kind hat, fördern. Jedes Kind soll sich als etwas Besonderes fühlen, unabhängig sein, eigene Gedanken und Gefühle äußern. Die Bildung ihrer Kinder ist amerikanischen Eltern sehr wichtig. Jahrelang sparen sie, um ihnen später den Besuch von College und Universität zu ermöglichen. Da Erziehung und Wissen immer noch einen sehr hohen Stellenwert in der Gesellschaft genießen und Eltern möchten, dass ihr Kind zu einem höheren Status und mehr Geld gelangt, sind selbst horrende Schulgelder kein Hindernis für sie. Aber Kinder lernen auch sehr früh den Druck kennen, nicht versagen zu dürfen.

Trotz des Ideals der heterosexuellen, monogamen Ehe wird heute ein Viertel aller US-Haushalte mit Kindern von einem **Alleinerziehenden** bestritten. Kinder von solchen Eltern wachsen in der Regel viel ärmer auf und können deshalb auch seltener das College besuchen, haben weniger Chancen auf eine erfüllte Beziehung in ihrem Erwachsenenleben und geraten leichter auf die schiefe Bahn.

Integrationsprobleme bei Einwandererkindern sind keine Seltenheit. Da diese oftmals zu Hause in ihrer Muttersprache sprechen, können sie kaum Englisch, fallen dadurch in der Schule zurück und geraten oft auf die schiefe Bahn.

Die amerikanische Frau hat durchschnittlich zwei Kinder. Seit 1990 verzeichnet das Statistische Bundesamt einen starken **Rückgang von männlichen Babys,** sodass Frauen mit 51 Prozent Bevölkerungsanteil in der Überzahl sind. Und diese Tendenz wird sich, laut Prognosen, in Zukunft noch verstärken. Die USA haben, anders als die Bundesrepublik, keine schrumpfende Bevölkerung.

Obwohl auch in Deutschland **Teenagermütter** immer „normaler" werden, gibt es in den USA noch viel häufiger junge Mädchen (4,8 % der Mädchen zwischen 15 und 19 haben Kinder), die schwanger werden. Viele von ihnen sind afroamerikanisch, 43 % davon allein erziehend. In Deutschland gibt es immerhin noch „nur" 1,1 % minderjährige Mütter (Stand 2003).

Home, sweet home! – Housing in den USA

Der Traum der meisten amerikanischen Familien ist ein **Haus in den Randbezirken** der Städte, den sogenannten *Suburbs,* davor eine Allee, dahinter ein Garten mit Veranda, um Barbecues zu geben, zwei Garagen für die beiden Autos, mehrere Fernseher und Computer mit Internetanschluss. Ein Traum, der nicht unerfüllt bleiben muss. Und so reihen sich in den Vororten Millionen beinahe identische, gepflegte One-storey-Holzeinfamilienhäuser aneinander.

Hier lebt die **Mittelschicht,** hier ist es größtenteils *safe, clean and white,* (sicher, sauber und weiß) hier liebt man ein gepflegtes Heim mit allen erdenklichen Annehmlichkeiten: vielen Elektrogeräten, einer schönen Möblierung *(furniture)* und mehr Zimmern und Bädern als Hausbewohnern. Doch für viele endete diese Idylle durch die im Jahr 2006 beginnende Immobilienkrise im Bankrott, siehe den Exkurs „Einschneidende Ereignisse im 21. Jahrhundert".

Die „Gettos", in denen die zum Großteil ethnischen Minderheiten angehörende **Unterschicht** lebt, sind manchmal nur ein paar Blocks entfernt, was den Unterschied zwischen Arm und Reich sehr auffällig macht.

Das Heim ist für die meisten US-Amerikaner der Rückzugsort für die Familie und soll deshalb besonders sicher sein. **My home is my castle** denkt sich der Besitzer und lässt sein Haus einem Hochsicherheitstrakt ähneln mit Alarmanlagen, Sicherheitsschlössern und -türen und natürlich der Waffe in der Nachttischschublade.

Lofts in stillgelegten Fabrikgebäuden sind vor allem unter jungen Leuten gefragt

Das Leben in den Großstädten verlagert sich – je nach sozialem Hinter-grund – auf die verschiedenen Wohngebiete. Der **Single** mit gutem Ein-kommen wohnt in einem schicken Appartementhaus oder Loft in der City (es gibt seit den 1960er-Jahren spezielle Singlewohnanlagen). **Yuppies** und ihr attraktiver, konsumorientierter Lebensstil sollten seit den 1980ern zur Aufwertung innenstadtnaher Gebiete beitragen.

Wohlhabendere Mittelklassefamilien siedeln sich neben den Vororten (Suburbanisierung) auch in gepflegten, stadtnahen Wohnungen an, Stu-denten leben meist auf dem Campus ihrer Universität und **ärmere Bevöl-kerungsschichten** (darunter viele Angehörige ethnischer Minderheiten) in gettoisierten Bezirken – nicht selten wie in New Yorks *Chinatown* oder *Little Italy* nach Nationalitäten getrennt.

Held oder Loser, Barbie oder Superfrau? – Männer und Frauen in der Gesellschaft

Die amerikanische Gesellschaft ist wie die meisten westlichen Länder aus einer patriarchalischen Tradition entstanden. Alte Rollenbilder sind bis heute noch nicht ganz abgelegt worden. Noch immer sind die USA ein **Land mit maskulinen Werten:** Materieller Erfolg, Karriere, Geld, Prestigeobjekte, Leistung und Wettbewerb spielen eine äußerst wichtige Rolle. Es gilt: das Leben ist zum Arbeiten da – Verlieren ist verpönt. Vor allem der Mann darf der traditionellen Ansicht zufolge nicht versagen.

Blieb der familiäre Wirkungsbereich des Mannes jahrhundertelang auf die Versorgung von Frau und Kindern und der der Frau lange Zeit auf die Rolle der Mutter und Ehefrau beschränkt, so haben sich im 20. Jahrhundert die herkömmlichen Geschlechterrollen auch in den USA mehr und mehr verwischt.

Die Frau ist durch ihre Erwerbstätigkeit in den Einflussbereich des Mannes vorgedrungen. Im Gegensatz zu Deutschland, wo bereits 1949 die **Gleichheit von Mann und Frau** im Grundgesetz verankert worden war, gab es in der amerikanischen Verfassung lange kein Gesetz zur Gleichberechtigung der Geschlechter. Erst mit Beginn der **Bürgerrechtsbewegung** in den 1950er- und 1960er-Jahren begannen Amerikanerinnen – angespornt durch die Erfolge der Afroamerikaner – für ihre Rechte zu streiten und erkämpften im Jahr 1964 das Bürgerrechtsgesetz, das die Diskriminierung von Frauen und anderen unterdrückten Bevölkerungsgruppen verbot.

Trotz des 1963 verabschiedeten *Equal Pay Act,* welcher vorschreibt, dass Frauen im gleichen Beruf nicht weniger verdienen dürfen als Männer, lag der **Verdienst der Frau** im Jahr 2000 noch immer bei etwa 75 Prozent vom Gehalt des Mannes mit gleichen Qualifikationen. Dennoch gibt es in den USA mehr Frauen in Führungspositionen als in anderen Ländern. 46 Prozent aller Beschäftigten sind heute weiblich. Um die gleichen **beruflichen Aufstiegsmöglichkeiten** wie der Mann zu haben, muss sich die Frau aber vielfach dem männlichen Erwerbsmodell anpassen und häufig auf Familie verzichten.

Der Staat bietet kaum Unterstützung für **Alleinerziehende** mit kleinen Kindern und Schwangere (kaum Mutterschutz), weshalb viele *Single Parents* zwei oder mehr Jobs brauchen, um ihre Kinder ernähren zu können. Aufgrund des schnellen Wiedereinstiegs in den Beruf nach der Geburt wird die Karriere kaum unterbrochen, erfordert jedoch Erfindungsreichtum bei der Kinderbetreuung.

Trotz der vielfachen Karrierechancen für Frauen sind die Aufstiegschancen für sie in den Unternehmen immer noch geringer als für Männer. Deshalb entscheiden sich viele Frauen für die **Selbstständigkeit,** was zu dem relativ hohen Anteil weiblicher Unternehmerinnen in den USA führt.

Wandlung der Rollenklischees

Verfolgt man die Veränderung der Rollen von Mann und Frau in der amerikanischen Geschichte, so erkennt man, dass Stereotypen die Geschlechterbeziehungen seit langem dominieren.

Die Puritaner hielten das Musterbild der **„geordneten Familie"** sehr hoch, in der die Frau dem Mann gehorchen musste. Andererseits boten sie Frauen aber mehr Schutz vor Gewalt in der Ehe und vor Nicht-Versorgung durch den Ehemann. Sah man die Familie gefährdet, so war zum Schutz von Frau und Kindern eine Scheidung möglich. Aber Frauen hatten keine Besitzrechte außerhalb derer ihres Ehemannes und keine Bürgerrechte. Im religiösen Bereich konnten puritanische Frauen sich aber verstärkt einbringen. Galt die Frau längere Zeit als Verführerin (zum Beispiel in der Genesis bei der Geschichte von Eva und der Schlange oder den Hexenverfolgungen der *Salem Witch Trials* aus dem Jahr 1692, bei denen Jungfrauen ältere, allein stehende Frauen der Hexerei bezichtigt hatten), so wurden Frauen im 17./18. Jahrhundert beinahe als asexuell betrachtet.

Mit dem Beginn des 19. Jahrhunderts begann die Ehe sich mehr zu einer gleichberechtigten Beziehung, allerdings mit klar **getrennten Aufgabenbereichen** für Mann und Frau *(Doctrine of Separate Spheres),* zu entwickeln. Nach dem Prinzip *Separate but Equal* (getrennt, aber gleich) war der Mann zuständig für das Geldverdienen und das Regieren des Landes; der häusliche Bereich wurde von der Frau verwaltet. War es ursprünglich die Aufgabe des Mannes, den Kindern Moral und Anstand beizubringen, so waren nun die Ehefrauen dafür verantwortlich. Das Heim wurde, dem *Cult of Domesticity* (Häuslichkeitskult) zufolge zum Rückzugsort der Frau. Durch getrennte Bereiche für die Ehepartner erlangten Frauen mehr Freiraum und nahmen Einfluss auf Bereiche wie zum Beispiel Geburtenkontrolle. Jedoch sahen die Befürworter der *Doctrine of Separate Spheres* den neu erlangten Freiraum der Frau auch als einen Ersatz für die rechtliche Gleichstellung der Frau an.

Zwischen 1860 und 1900 änderte sich das Selbstverständnis der amerikanischen Frau grundlegend. Die weibliche Sphäre wurde ausgedehnt und Frauen begannen sich außerhalb des Haushalts politisch und sozial zu engagieren; so beispielsweise in den *Settlement Houses,* einer Einrichtung für Bedürftige, dem *Freedmen's Bureau,* das sich für befreite Sklaven einsetzte oder in der Prohibitions- oder Suffragettenbewegung.

1920 wurde das Frauenwahlrecht eingeführt. Die **Flappers** („Backfische", „Teenager" – junge, selbstbewusste, wilde und feierfreudige junge Frauen, die durch ihr unkonventionelles Verhalten und Äußeres auffielen) der *Roaring Twenties* (1920er-Jahre), die ihre Haare kurz als modischen Bob trugen, rauchten, Alkohol konsumierten und ein wildes Leben führten, eroberten sich Freiheiten und provozierten durch ihre Aufmachung. Frauen hatten nun erstmals die Möglichkeit, Universitäten zu besuchen und durch ihre Bildung in von Männern dominierte Bereiche vorzustoßen. Während des Progressivismus (Ende der 1890er-Jahre bis zum Beginn des Ersten Weltkriegs), einer Zeit der wirtschaftlichen, politischen und sozialen Reformbewegungen und in der Zeit des **Zweiten Weltkriegs** begannen Frauen immer wichtigere Rollen in der Gesellschaft zu übernehmen, sowohl in der traditionellen Rolle der Krankenschwester, als auch als sogenannte *Rosie the Riveter*, eine Art Kriegsarbeiterin. Leider waren Frauen in der Weltkriegsindustrie nur als „temporärer Ersatz" für die Männer gedacht und die wirkliche Emanzipation ließ noch auf sich warten.

Nach Kriegsende, in der konservativ geprägten **Cold War Culture** (Kultur des Kalten Kriegs), fielen sie in ihr etabliertes Rollenbild zurück. Wenige Frauen konnten oder wollten dauerhaft Familie gegen Berufsleben tauschen. In einer 1945 durchgeführten Umfrage gaben nur 18 % der weiblichen und männlichen Amerikaner an, dass sie Frauenarbeit unterstützen.

Auch der Staat tat wenig für die Förderung von berufstätigen Frauen, insbesondere von arbeitenden Müttern.

Marilyn Monroe, die in den 1950er-Jahren eine Ikone der Weiblichkeit wurde, entspricht noch immer dem **weiblichen Wunschbild** vieler Amerikaner. Sie ist die unschuldige Verführerin, die zugleich kindlich und sinnlich, geheimnisvoll und voller versteckter Höhen und Tiefen ist. *Doris Day* verkörperte ein anderes Ideal: das immer lächelnde, naive, mütterlich-weibliche (heute aber etwas verstaubte) Bild der amerikanischen Frau. Und auch *Jackie Kennedy* prägte Stil und Werte für eine ganze Generation. Treu, aber betrogen, fügte sie sich ihrem Schicksal aus Rücksicht auf ihren Mann, wahrte den Schein und fiel nie aus der Rolle. Die ideale Ehefrau sollte damals zurückhaltend, sittsam und anständig sein, sich nie beklagen und hinter ihrem Mann stehen, egal, was passierte.

Dieses Frauenbild hat sich heute zunehmend geändert. Die Frau zwischen **Beat-Generation** und **Rock'n'Roll** war sportlich, albern, niedlich, aber auch irgendwie frech, extrem naiv, aber dadurch sexy. Mit den 1960ern kam die Pille, der Pillenknick und schließlich der Babyboom und Frauen begannen parallel zur Bürgerrechts- und Studentenbewegung der 1960er- und 1970er-Jahre sich zu emanzipieren, riefen die **Frauenbewegung** ins Leben. Die sexuelle Revolution der 1960er und das mit ihr verbundene Klischee des **Swinging Single,** brachten auch das Image des **Cosmo Girls** (geprägt durch das Frauenmagazin *Cosmopolitan*), einer sexuell aktiven, unverheirateten und erfolgreichen jungen Frau hervor. Auch *Helen Gurley Browns* Erfolgsbuch „Sex and the Single Girl" von 1962, förderte die Vorstellung, dass junge, ledige Frauen ihr Leben nun ohne Reue und soziale Nachteile genießen könnten.

Konnte diese Epoche viel für die Frauen erreichen, so hielt die (finanzielle) **Abhängigkeit der Frau vom Mann** doch bis Mitte der 1960er-Jahre und zum Teil bis in die Gegenwart an.

Die USA haben heute ein größeres Spektrum an **Akzeptanz für Frauen,** die aus der geschichtlich überlieferten Rolle ausbrechen, als noch vor einigen Jahren. Viel mehr Amerikanerinnen sind heute in typischen „Männerberufen" wie z. B. in der Army oder bei der Feuerwehr etabliert.

Nicht nur das Frauenbild hat sich in den letzten Jahrzehnten sehr geöffnet, auch hat sich seit den 1970er-Jahren ein **neuer Männer-Typ** herausgebildet. Gab es zuvor größtenteils den herausfordernden Macho, so sind die neuen Männer zwar selbstbewusst, aber auch sensibel. Der Mann darf sich heute auch mal Fehler eingestehen, aber Loser werden noch immer nicht akzeptiert. Die Aufteilung von Haushaltsaufgaben und Kinder-erziehung klappt inzwischen viel reibungsloser – vor allem bei jüngeren Paaren – und es gibt immer mehr Hausmänner und allein erziehende Vä-ter. Laut einer Umfrage empfanden Mitte der 1990er-Jahre die meisten der Befragten Aussagen wie „Frauen sollten sich um Familie und Haushalt kümmern" als veraltet und 91 Prozent akzeptierten die Erwerbstätigkeit von Müttern mit Kindern im Schulalter.

Das Frauenbild heute

Die amerikanische Frau hat heute viele Gesichter: ob als unschuldiger und verführerischer Männertraum à la *Marilyn Monroe,* als Powerfrau, die Fa-milie und Karriere unter einen Hut bringt, als Singlefrau, Vamp, als die gu-te Hausfrau und Mutter, als Feministin, Lesbe oder als (aufgrund ihrer Hautfarbe doppelt diskriminierte) Afroamerikanerin.

Ist die Frau dem Mann zwar heute rechtlich und innerhalb der Familie weitgehend gleichgestellt, so glauben dennoch viele Amerikaner noch in-stinktiv, dass einige Aufgabenbereiche speziell dem weiblichen Charakter entsprechen. So z.B. im häuslichen Umfeld oder in typischen **„Frauen-berufen".** Die Frau soll freundlich, häuslich und fürsorglich sein. Sie arbei-tet zwar, aber vernachlässigt ihre Kinder nicht. Sie ist gläubig, anständig, gesellig, eher unpolitisch, moralisch, sittsam, intelligent, eher naiv, kind-lich, unschuldig, aber auch sexuell attraktiv und nie verklemmt. Ihr äußeres Erscheinungsbild soll in der Regel schlank, gepflegt, sportlich und weib-lich sein. **Attraktiv zu bleiben,** ist wichtig. Dazu gehören Sport und Schönheitsoperationen und da sich die Hälfte der Frauen für übergewich-tig hält, sind viele ständig auf Diät. Als besonders wichtig gilt eine ge-pflegte Frisur.

Viele Frauen lassen sich zwar von ihren Männern nicht alles sagen, res-pektieren aber das Geldverdienen als primär „männliches Einflussgebiet" und stärken ihnen den Rücken. Die Frau muss **stark sein,** damit der Mann stark erscheint. Will sie selbst in die „Männerwelt" eintreten, so muss sie oft zweimal so hart arbeiten, sich nicht selten (äußerlich) an den Mann an-passen und oft ihren Wunsch nach Kindern und Partnerschaft opfern. Auch aus diesem Grund steigt die Zahl der Abtreibungen kontinuierlich. Wenn die Frau bereits eine Familie hat, so befürchtet sie, diese durch ihren Beruf zu vernachlässigen.

Ist eine Frau aber einmal in eine Führungsposition aufgerückt, so macht sie schnell **Karriere.** Oftmals bekommt sie aber noch immer nicht die glei-che Anerkennung wie ein Mann in der gleichen Position. Frauen zahlen höhere Versicherungspauschalen und haben kaum Mutterschutz. Viel zu wenig Kinderbetreuung und niedrigere Löhne bringen gerade junge Frauen aus ethnischen Minderheiten in die Verlegenheit, mehrere Jobs gleichzeitig anzunehmen, um sich den Lebensunterhalt zu finanzieren. Insgesamt besteht in den USA aber eine zunehmende Tendenz, weibliche und männliche Qualitäten im Berufsleben zu integrieren und den Bedürfnissen beider Geschlechter gerecht zu werden.

Anstelle der totalen Solidarität mit dem Mann ist vielfach die **Selbstverwirklichung** der Frau getreten. Wie im Fall *Hillary Clinton*. Sie hatte gute Chancen, die erste Präsidentin der USA zu werden. Doch im dramatischen Vorwahlkampf der Demokraten holte überraschend der afroamerikanische Kandidat *Barack Obama* auf und wurde schließlich zum Präsidenten gewählt. Was laut Umfragen das Empfinden der meisten Amerikaner widerspiegelt, die einen Afroamerikaner als Präsident einer Frau vorziehen.

Die **neuen amerikanischen Superfrauen** managen Familie und Beruf spielend, bleiben weiblich und verwirklichen sich selbst. Sie bereichern das Berufsleben um weibliche Werte. Softskills wie Sensibilität, Menschlichkeit, die Fähigkeit auf andere einzugehen, ihnen zuzuhören sowie Organisationstalent, das beim Managen einer Familie erworben wird, zeigen Führungsqualitäten auf und mindern den Drang nach Konkurrenz- und Profitstreben. Familie und Berufsleben lassen sich in den USA relativ leicht vereinbaren und amerikanische Frauen erfahren mehr Gleichberechtigung als Frauen in Deutschland. Dies ergab jedenfalls der Gleichberechtigungsindex für 2003 des *Human Development Reports*.

Das traditionelle Männerbild

Das Bild des amerikanischen Mannes ist eng verbunden mit der patriarchalischen Gesellschaftstradition und der Leistungsorientierung. **Der ideale Mann** ist fleißig, unabhängig, sportlich, darf sich in der Jugend „die Hörner abstoßen", wird dann aber von der Frau „gezähmt" und „familientauglich" gemacht. Er ist jungenhaft, humorvoll, zugleich aber auch verantwortungsbewusst und hat Erfolg im Beruf. Amerikanische Frauen wollen einen Mann, der zuverlässig, liebevoll, familiär, treu, religiös, vielseitig, erfolgreich und kreativ ist – mehr als die meisten erfüllen können. Er soll auf dem College gewesen sein, hart für sein Geld arbeiten, großzügig, politisch, aber nie radikal sein – ein Lebemann und nebenbei Künstler. Er bietet der Frau (finanzielle) Sicherheit und sollte auch ein guter Ehemann und Vater sein. Da aber kaum einer diesem Idealbild des äußerlich starken Helden und des innerlichen *Nice Guy from next Door* (der nette Typ von nebenan) entspricht, wächst der **Erfolgsdruck** auf Männer und die Enttäuschung bei den Frauen. Es ist auffällig, wie oft der Mann in amerikanischen Filmen und Medien als **Held** dargestellt wird, der die schwache Frau beschützt und den Naturgewalten trotzt. Oder als **Selfmademan,** der entschlossen, zielgerichtet und kämpferisch seinen American Dream von Geld und Erfolg lebt. Er ist kein Schwächling, sondern schlau, smart, flexibel und extrovertiert; fällt er hin, so steht er immer wieder auf, denn das hat man ihm schon von Kindesbeinen an eingebläut.

Weil aber die meisten Männer diesem idealisierten Stereotyp nicht entsprechen, spielt auch der **Loser** eine große Rolle im Gesellschaftsbild der USA. Verkappte Helden, die Doppelrollen spielen, begegnen uns oft in der amerikanischen Medienwelt. Im normalen Leben ein Feigling, zwar intellektuell, aber irgendwie unmännlich, schwächlich und unscheinbar, entwickelt sich **Superman** *Clark Kent* in seinem *Alter Ego* zum Superhelden und gewinnt das Herz von Lois Lane. Auch *Spiderman* ist in der Realität ein Loser. Von einer radioaktiv mutierten Spinne gebissen, wird der eher langweilige, unauffällige und wenig beliebte Teenager *Peter Parker* zu *Spiderman,* einem Wesen mit übermenschlichen Kräften und Fähigkeiten.

Viele amerikanische Helden versuchen, ihre Loser-Seite zu überdecken. Das andere Ich kompensiert den eigentlichen Charakter: *Superman, Spiderman, Batman* und wie sie alle heißen, sind also keine wirklichen Helden, sondern können durch die Superkräfte ihre Unvollkommenheit kurzweilig überspielen. Loser und Held hängen also sehr eng zusammen; sind zwei Seiten einer Medaille.

Einer dieser ambivalenten männlichen Idole, der bis heute sehr verehrt wird, ist **James Dean.** Er gilt als ewig junger Rebell – von keinem verstanden. Äußerlich sehr männlich wirkend, innerlich ein unsicheres, einzelgängerisches, oftmals verstörtes Kind, plagten ihn Selbstzweifel und Minderwertigkeitskomplexe. Nach außen aber erschien er cooler und lässig: ein Draufgänger und charmanter Flegel. *James Deans* weiche, sensible Art hat seinem Erfolg aber nicht geschadet, denn er wusste diese Wesenszüge zu kompensieren, indem er männliche Hobbys wie Autorennen pflegte. Ein anderer „Verlierer", **John F. Kennedy,** durfte nicht schwach und sanft sein. Nach außen hin sollte er stark auftreten, dabei aber auch mal politische Milde und privaten Familiensinn zeigen. Schwächen (wie z. B. *Kennedys* Addison-Krankheit, die öffentlich als Sportunfall dargestellt wurde) sind in der amerikanischen Gesellschaft verpönt. „Wir wollen keine Verlierer" sagte schon *Kennedys* Vater und puschte den eher mittelmäßig talentierten Sohn mithilfe seines Geldes und seines politischen Einflusses zum Präsidenten.

Der Selfmademan in action

Es gibt auch andere Arten von Helden in Amerika. Die *Tough Guys* oder Möchtegernhelden, Rambos, die körperlich stark wirken wollen. Das Prinzip der *Toughness,* der Härte und Zähheit, hat das Selbstverständnis vieler amerikanischer Männer geprägt und muss, wenn es nicht erfüllt wird, zumindest vorgetäuscht oder kompensiert werden.

Söhne dürfen vielfach noch immer keine Schwächen zeigen, sollen was aushalten können, sportlich und auf jeden Fall keine Memme sein. Leistung und Belohnung spielen hierbei eine große Rolle, denn Leistung wird gleichgestellt mit Härte, Geld und Erfolg.

Eng verbunden mit dem Leistungsprinzip ist auch der **Sohnkomplex,** bei dem der Sohn (z. B. auch im Fall von *George W. Bush*) versucht, genauso viel darzustellen, wie der Vater. **Loser** wie *Homer Simpson, Al Bundy* oder der *King of Queens* sind neue Erscheinungen im US-Fernsehen, mit dem sich auch der Durchschnittsamerikaner identifizieren kann. Sie entsprechen aber nicht der leistungsorientierten Gesellschaft. Ob *James Stewart,* der in vielen seiner Filme den Loser darstellt, der sich aber für den Helden hält und entweder an seinen Rollstuhl gefesselt nicht am Leben draußen teilnehmen kann („Das Fenster zum Hof") oder durch seine Höhenangst in seinem Heldentum gelähmt ist („Vertigo"), oder *Kevin Spacey* in „American Beauty", der als Ehemann und Vater versagt, seinen Job hinschmeißt und sich gesellschaftlich isoliert. Der Loser ist gefühlsbetont (daher eher weiblich) und sein Dilemma besteht darin, dass er seine

Unsicherheiten und Schwächen nach außen hin verstecken oder kompensieren muss. Gelingt ihm das nicht, kann er nie zum Helden werden.

In seinen Filmen verkörpert *Woody Allen* den **Anti-Helden.** Typisch für diese Art Mann ist der weiche, intellektuelle, frustrierte Großstädter, Jude und Single, aber mit Selbstbewusstsein, sodass Schwächen zu Stärken werden, weil das Publikum mit ihm sympathisiert.

Deshalb stellt sich die Frage nach dem **wahren Helden.** Ist der Held eigentlich der Verlierer und der Loser der Starke, weil er seinen Gefühlen und seiner Persönlichkeit treu bleibt? Aber auch der Held kann sich weiter entwickeln. Ein Beispiel hierfür ist *Arnold „Terminator" Schwarzenegger,* erfolgreicher Bodybuilder und Filmstar, dem Aussehen und Erfolg nicht mehr reichten, sodass er schließlich Politiker wurde. Um Gesellschaftsidealen näher zu kommen, gehen amerikanische Männer sehr weit. Hohe Ansprüche *(Winning is Everything)* und männlicher Schönheitswahn haben unter anderem zur **Sinnkrise des Mannes** in den 1990er-Jahren geführt. Besonders Homosexuelle und Schwarze fühlten sich lange Zeit nicht als vollwertige Männer.

Die **amerikanischen Medien** sind heute die wichtigsten Verbreiter typischer Rollenklischees. Und obwohl amerikanische Filme auch in Deutschland sehr beliebt sind, gibt es bei uns solche männlichen Idealbilder (z. B. den „Intellektuellen") viel weniger, dagegen aber sehr viele Frauenbilder.

034us Foto: jh

Neben den Filmhelden, die ohne Zweifel die USA stark geprägt haben, kennt die US-Gesellschaft noch die **echten Helden.** Männer wie die Feuerwehrmänner, die bei den Anschlägen vom 11. September ihr Leben riskierten oder wie die Soldaten, die im Irak für ihr Land kämpfen. Sie werden von den patriotischen Amerikanern mehr verehrt als jeder Superheld.

Die **Heldenverehrung** hat in diesem Land seit den Pilgervätern Tradition; ob *George Washington, Thomas Jefferson, David Crockett* oder *John Wayne* – um ein Held zu werden, muss man fast nur eine Voraussetzung erfüllen: Nämlich tot sein. Denn dem lebendigen Helden wird oft misstraut, befürchtet man doch, er könne zu sehr nach Macht streben.

In den letzten Jahren hat sich ein **neues Männerideal** herausgebildet, das des „übersexuellen" Mannes. Er ist stark, bestimmt, fair und besinnt sich auf die positiven Aspekte des Mannseins. Typische Beispiele sind *Bono, George Clooney* und *Bill Clinton*.

Homosexuelle in der US-Gesellschaft

Trotz der **großen Homosexuellenszene** sind gleichgeschlechtliche Partnerschaften im „Land der unbegrenzten Möglichkeiten" immer noch ein heikles Thema und stellen die Toleranz vieler Amerikaner auf die Probe, insbesondere wenn Kinder im Spiel sind. In vielen Bundesstaaten fallen „gleichgeschlechtliche Handlungen" unter das **Sodomie-Gesetz,** was in Deutschland soviel bedeutet, wie Sex mit Tieren zu haben. Vertreter der konservativen *Moral Majority* erachten „AIDS als die gerechte Strafe für die Perversen". Als Soldat oder Lehrer kann einem das Outing den Job kosten. Erzkonservative wie die Publizistin *Ann Coulter* oder die Kolumnistin *Stacy Jenel Smith* verurteilen Homosexualität als Krankheit. Die Erfolge von Kinofilmen wie „Brokeback Mountain", „Capote" oder „Transamerica" zeigen aber, dass Schwulsein zumindest auch objektiv thematisiert wird.

In den USA ist es Sache der Bundesstaaten, darüber zu entscheiden, wer heiraten darf und wer nicht. In 26 Bundesstaaten sind Gesetze gegen die Homoehe in der Verfassung verankert. In einigen Staaten sind eingetragene Lebenspartnerschaften erlaubt. Nur in Massachusetts, Kalifornien, und Connecticut wurde die gleichgeschlechtliche Ehe durch Oberste Gerichte für legal erklärt. Doch die Gegner solcher Verbindungen gaben nicht auf. Parallel zur Präsidentschaftswahl 2008 fanden in Arizona, Florida und Kalifornien Abstimmungen über die Heirat von Homosexuellen statt: Eine Mehrheit lehnte gleichgeschlechtliche Ehen ab.

The Dating-Game – Spielregeln beim Date

Noch vor einhundert Jahren war es üblich, dass ein junger Amerikaner förmlich um die Hand seiner Angebeteten anhielt. In den 1920er-Jahren tauchte dann das Phänomen des *Datings* auf, das jungen Paaren ermöglichte, ihr Zusammensein zu testen und soziales Selbstbewusstsein zu entwickeln, ohne sich durch eine Ehe zu binden. Seit Mitte der 1960er-Jahre ist das Singleleben mit wechselnden Beziehungen immer mehr und mehr zur Normalität (v.a. unter modernen, berufstätigen Großstädtern) geworden; Singlebars und Singlewohnanlagen bieten seitdem neue Begegnungsmöglichkeiten.

Trotz der Akzeptanz des Singledaseins sehnt sich heute beinahe jeder Amerikaner und jede Amerikanerin nach der wahren Liebe und einer dauerhaften Partnerschaft. In jenen, die sie noch nicht gefunden haben (und auch bei denen, die es haben, wie der Feiertag der Blumenindustrie – *Valentines Day* – beweist), hat die Wirtschaft eine neue Zielgruppe entdeckt. Seit einigen Jahren sind es die Singles, die durch ihre verzweifelte Suche nach einem Partner die Kassen von Dating-Agenturen, Selbsthilfeautoren und Psychologen klingeln lassen. Sie kaufen Bücher, die ihnen raten „Wie Sie den Mann fürs Leben finden und halten", gehen zu **Speed Dates** und die meisten von ihnen sind gleich bei mehreren Internetpartnerschaftsbörsen angemeldet. Beim *Speed Dating* sitzen sich 15 Singles in einem Restaurant gegenüber. Jeder hat mit jedem „Kandidaten" sechs Minuten Gesprächszeit – dann wird weitergerückt. Wer gefällt, bekommt ein Kreuzchen auf der persönlichen Liste. Hat man ein *Match* (beide haben ein Kreuzchen gemacht), lernt man sich anschließend näher kennen. Auch in Deutschland haben das *Speed Dating* und andere Verkupplungsshows ihre Abnehmer gefunden.

Die beste Gelegenheit, den Partner fürs Leben zu treffen, ist die College-Zeit. Später lassen die Gelegenheiten „den/die Richtige/n" kennenzulernen nach – viele bleiben allein. Keine amerikanische Stadt hat mehr Alleinstehende als New York. Das **Singledasein** verbindet über 3 Millionen New Yorker. Vor allem Frauen über 30 (65 %) bleiben oft ohne feste Beziehung. Für 43 % der Singles ist der Job wichtiger als die Partnerschaft und 60 % sind trotz einsamer Stunden nicht an einer festen Beziehung interessiert. Frauen müssen wählen zwischen Ehe und Kinderwunsch oder Karriere. Viele entscheiden sich dann für den Beruf und haben kaum noch Zeit für Ehe und Familie. New Yorks Männer haben es aufgrund des Frauenüberschusses leicht, eine Freundin zu finden.

Für diejenigen, die den Kontakt nicht bei Freizeitaktivitäten finden, bieten Online-Partnervermittlungen Anonymität und eine hohe Trefferquote, da man mit einer detaillierten Suchmaske den Partner auswählt.

30 Prozent der Paare haben sich durch von Freunden vermittelte **Blind Dates** kennen gelernt. Wer z. B. bei einer wichtigen Party keine Begleitung hat, fühlt sich häufig seltsam und wird dann von Bekannten verkuppelt.

Während in großen Städten sexuelle Offenheit und Freizügigkeit immer normaler werden und gerade Teenagermütter und junge Ehepaare in den USA an der Tagesordnung sind, gibt es auch das andere Extrem: **Beziehungen ganz ohne Sex.** Gerade junge Mädchen verschreiben sich dann der Keuschheit. Vor allem auf dem Land ist es noch immer üblich, auf den „Richtigen" zu warten.

Paradoxerweise beginnt das *Dating* aber sehr früh, nämlich schon in der Junior High, wenn die Teenies 12 oder 13 Jahre alt sind. Das wichtigste Ereignis der meisten amerikanischen Teenager ist der High-School-Abschlussball **(Prom Night).**

Mädchen wie Jungs bitten ihren „Schwarm", sie zum Abschlussball zu begleiten, denn wer ohne Begleitung *(date)* zum Abschlussball geht, gilt als merkwürdig. Die *Prom Night* ist das wohl größte Ereignis der High-School-Zeit. Mädchen ziehen sich pompöse Kleider an (die sie danach nie wieder tragen) und Jungs kommen in Smoking und Limousine, um ihre Freundin abzuholen. Monatelang bereiten sich die Teenies auf den Ball vor; viele auch, weil sie so ihre erste „offizielle" Verabredung haben können.

Ein **typisches Date** läuft bei vielen nach dem gleichen Schema ab: Man trifft sich zum Essen in einem (teuren) Restaurant, dann geht man vielleicht noch in eine Bar oder eine Diskothek, dann vielleicht (allerdings besser noch nicht beim ersten *Date*) noch nach Hause auf ein Glas Wein. Beim ersten *Date* wird der andere unter die Lupe genommen, man unterhält sich, beleuchtet biografische Eckdaten. Beim zweiten Rendezvous kommt man sich etwas näher, manchmal küsst man sich. Sex ist für die meisten erst ab der dritten Verabredung ein Thema. Das *Date* ist für viele amerikanische Singles ein Bewerbungsgespräch für eine längere Partnerschaft oder Ehe für andere einfach nur die „Annäherung an den Geschlechtsverkehr".

Vor allem Frauen gehen zu *(Blind-)Dates*, um den Mann zum Heiraten kennenzulernen. Meistens endet aber das *Date* in einer kurzen Affäre. Viele lügen, um sich interessanter, jünger und erfolgreicher erscheinen zu lassen, da die meisten mehr am Image als am Menschen interessiert sind. Hinzu kommen zu hohe Erwartungen an Geld, Karriere, gutes Aussehen und Liebe.

Einige wichtige Dating-Regeln

- Keine Frauen am Arbeitsplatz anmachen! Viele Arbeitsverträge enthalten Klauseln, die verbieten, dass man sich im Büro verliebt. Diese strikte Regelung wurde eingeführt, um sexueller Belästigung am Arbeitsplatz vorzubeugen.
- Als Frau sollte man sich beim ersten *Date* nicht zu sexy anziehen, denn das wirkt billig und kann oft falsch verstanden werden.
- Gesprächspausen machen nervös. Man fragt den anderen stattdessen nach seinem Leben, Herkunft, Beruf, Hobbys etc.
- Man sollte nicht lügen, um sich interessanter zu machen. Auch wenn viele unehrlich sind.
- Fremden sollte man nicht direkt in die Augen sehen, denn das suggeriert häufig Aggressivität.
- Fremdgehen ist verpönt. Amerikaner ächten das, gehen lieber zum Psychologen oder zum Eheberater.
- Man sollte unter keinen Umständen Frauen auf der Straße nachpfeifen!
- In der Öffentlichkeit ist Intimität toleriert, solange sie nicht zu anzüglich wird.
- In der Regel (in 71 Prozent aller Fälle) zahlt der Mann bei einem *Date*. Aber wenn die Frau ausdrücklich nicht eingeladen werden will, oder es sich um eine geschäftliche Verabredung handelt und sie die Rechnung übernehmen will, sollte der Mann dies tolerieren. Andernfalls fühlt sich die Frau vielleicht bevormundet.
- Auch wenn amerikanische Frauen sich in ihrem Verhalten und durch ihre Kleidung oft freizügig geben, so impliziert das nicht selbstverständlich, dass sie auf eine sexuelle Beziehung aus sind. Viele Amerikanerinnen suchen einfach nur eine Freundschaft mit einem Mann und wollen lieber Single bleiben.

Wissenselite oder Bildungsproletariat? – Das amerikanische Schulsystem

Die USA sind nicht nur eine Industrie- und Dienstleistungsgesellschaft, sondern auch eine Bildungsgesellschaft. Die Vereinigten Staaten waren ein Vorreiter auf dem Gebiet der öffentlichen Bildung. Öffentlicher Zugang zu Bildung war hier (außer in den Südstaaten) schon vorhanden, als in Europa Schulbildung noch ein Luxusgut darstellte. Bereits um 1800 wurde Bildung aus Steuern finanziert. Schon früh kam es zur Forderung nach einer breiten Volksbildung, die ihre Umsetzung in der ersten Hälfte des 19. Jahrhunderts fand. Das Schulwesen erlebte seine Blütezeit und **Bildung wurde zum Grundrecht** erklärt(zumindest für jene, die Bürgerstatus besaßen).

In allen größeren Ortschaften wurden Bibliotheken eröffnet, um auch Erwachsenen Zugang zu Informationen zu ermöglichen. Seitdem haben Erziehung und Wissen einen sehr hohen Stellenwert in der US-Gesellschaft und Eltern sparen jahrelang, damit ihre Kinder College und Universität besuchen können. Heute bestimmt Bildung den sozialen Stellenwert eines Menschen in großem Maße. Denn nur dadurch kann eine rentable Position in der Gesellschaft erlangt werden.

Der amerikanische Bildungsweg führt trotz der Diversität der Lebensentwürfe alle Bürger durch Kindergärten und Schulen und häufig in die Hochschulen. Kinder und Jugendliche durchlaufen, ähnlich wie in Deutschland, ein **zwölfjähriges Schulsystem** – das sogenannte **K12-System.** Es beginnt mit der *Nursery School* (Kindertagesstätte), dann *Pre-School* (Kindergarten), gefolgt vom *Kindergarten* (Vorschule) und der *Elementary School* oder *Primary School* (Grundschule, Klasse 1–6) über die dreijährige *Junior High School.* Hier endet die gesetzliche Schulpflicht, die in allen Bundesstaaten für Kinder von sieben bis vierzehn Jahren gilt. Nach dem Abschluss der *Junior High* beginnt aber für die meisten die *Senior High School,* eine Art Gesamtschule, die drei Jahre lang dauert. Nach dem Abschluss *(High School Diploma),* kann man noch zwei bis vier Jahre das College und schließlich die Universität besuchen. Die Einschul-rate im Primärbereich (*Elementary School* und *Junior High*) beträgt 95 Prozent, die *High School* durchlaufen immerhin noch 88 Prozent aller Schüler. Seit Beginn der Datenerfassung 1940, die den Bildungsstand der amerikanischen Bevölkerung erfasst, hat sich der Prozentsatz an High-School-Absolven-

Relaxen im Park

ten erheblich vergrößert. Damals hatten nur 38 Prozent einen High-School-Abschluss, 1996 schon 87 Prozent. Auch die Zahlen der College-Studenten stieg von 4,7 auf 24 Prozent.

Das Erziehungs- und Bildungswesen ist mittlerweile zum größten Produktionszweig der amerikanischen Gesellschaft geworden. Beinahe ein Fünftel der Amerikaner ist in Bildungseinrichtungen beschäftigt. Entweder um zu lernen oder zu lehren. Die Zahl der Schüler, Studierenden und Lehrkräfte entspricht in etwa der Bevölkerungszahl Frankreichs.

Dieser riesige **Bildungsapparat** ist unübersichtlich geworden. Zwar ist das amerikanische Erziehungs- und Bildungswesen einheitlich und simpel strukturiert, der Blick auf andere amerikanische Einrichtungen zeigt aber, dass sich hinter der vordergründig einheitlichen Organisation eine oft verwirrende Vielfalt verbirgt. Aussagen über amerikanische Schulen und Hochschulen können deshalb nicht pauschalisiert werden.

Vergleicht man das amerikanische Bildungssystem mit dem deutschen, so fällt auf, dass sich beide Systeme in Gliederung und bezüglich dem Verhältnis zwischen Schule, Hochschule und Berufsbildung sehr stark unterscheiden: Während in Deutschland die Bildungswege ab der Sekundarstufe auseinander führen und von dort aus in verschiedene Schulzweige und später, je nach Schulabschluss, in die Berufs- und Berufsschulausbildung, in Fachschulen, Fachhochschulen oder akademische Hochschulen führen, ist das amerikanische Bildungssystem vertikal, also durch Stufen gegliedert, denen die Ausbildungs- und Altersjahrgänge entsprechen. Im Sekundarbereich unterscheidet sich das Stufenschema: Hier stellt der High-School-Abschluss für alle Schüler das Schulziel dar. Die sogenannten *Comprehensive Schools,* spezialisierte *High Schools* und Sonderschulen für Behinderte nehmen in diesem, von Gesamtschulen bestimmten Schulwesen, eine Sonderposition ein. Wo es geht, bemüht man sich aber um eine **Integration behinderter Schüler** in normale Grundschulen und weiterführende Schulen. Auch andere „Problemgruppen" versucht man zu integrieren: **Kinder ethnischer Minderheiten** werden vor der Einschulung durch sogenannte *Head-Start-Programme* auf die Schule vorbereitet, d. h. soziale, zum Beispiel sprachliche Defizite sollen ausgemerzt werden. Und der *No Child Left Behind Act* vom Januar 2002, der sichern soll, dass alle Kinder angemessen gefördert werden, gilt als die größte **Schulreform** in den USA seit 1965. In diesem Zusammenhang wurde auch der Etat für die Schulen erhöht: Durch das von *Bush* unterzeichnete Gesetz und das höhere Schulbudget soll die öffentliche Bildung erheblich voran gebracht werden.

Die technische Ausstattung der amerikanischen Schulen im Bereich der Computertechnologie hat sich in den letzten Jahren erheblich verbessert; nur noch sechs Schülerinnen und Schüler teilen sich einen Computer. Auch Internetzugänge sind an amerikanischen Schulen eine Selbstverständlichkeit geworden; 75 % der Kinder zwischen 3 und 17 Jahren benutzen das Internet für Schularbeiten.

Weil die Bildungsangebote auf regionaler Ebene, finanziert durch Gemeinden, Kirchen, Einzelstaaten oder Stiftungen, äußerst unterschiedlich sind, ist es schwierig, einheitliche Aussagen über den Bildungsstand der Amerikaner zu machen. Das **Analphabetentum** ist in einigen Regionen noch immer ein Problem und es wird diskutiert, inwieweit das Bildungssystem mit der Wissensvermittlung in anderen Ländern mithalten kann.

Zu Beginn der 1980er-Jahre fand eine erste, dringend notwendige Reform des Schulwesens statt. Aufgrund berechtigter Zweifel an der Leistungsfähigkeit der Lehrpläne (es gab *High Schools* mit einer Analphabetenrate von 50 Prozent unter ihren Absolventen) mussten für die einzelnen Bundesstaaten Mindeststandards und einheitliche Prüfungsbestimmungen geschaffen werden.

Dennoch geht die Schere heute noch immer auseinander: Vor allem im Süden der USA, wo Schulen weniger staatliche Förderung erhalten als in den Nordstaaten, gibt es viele Schüler, die die Schule vorzeitig abbrechen oder nur unregelmäßig besuchen und kaum lesen und schreiben können. Qualitative Unterschiede zwischen Privatschulen und *Public Schools* (öffentlichen Schulen) sind wegen unterschiedlich großer Etats, sowie dem Standort der Schule offensichtlich und führen zur Herausbildung starker „Bildungsklassen".

Bildung ist **Aufgabe der Bundesstaaten;** es gibt es keine einheitlichen Prüfungsvorgaben. Die *Boards of Education* der Einzelstaaten bestimmen die Lehrpläne, wobei sie viele Freiräume haben. In vielen Bundesstaaten fordern kreationistische Kreise, die **biblische Genesis** anstelle der darwinistischen Evolutionstheorie zu lehren. Laut einer Umfrage von 2004 glauben 35% der Amerikaner an die Evolution, ebenso viele verneinen das. In Dover, Pennsylvania, wird seit 2005 (erstmalig in den USA) neben Biologie die sogenannte „Intelligent-Design-Lehre" gelehrt, sozusagen Evolution unter göttlicher Regie.

1954 untersagte der *Supreme Court* (Oberstes Bundesgericht) unter Richter *Earl Warren* dem liberalen, sogenannten *Warren Court,* die **Rassentrennung** an öffentlichen Schulen und das zuvor geltende Prinzip von *Separate but Equal* (getrennt, aber gleich) wurde außer Kraft gesetzt. Der Gerichtshof hatte im Rechtsstreit *Brown* gegen das *Board of Education* Kansas entschieden, dass die Segregation an Schulen bei schwarzen Schülern Minderwertigkeitsgefühle hervorrufe und demnach gegen den Gleichheitsgrundsatz des 14. Verfassungszusatzes verstoße.

Seit kurzem sind neue Diskussionen ausgebrochen. Diesmal über die Frage, ob Mädchen und Jungen zusammen lernen sollten oder ob eine **Geschlechtertrennung** in der Schule förderlicher für die Kinder wäre.

Die USA kennen keine staatlich organisierte **Berufausbildung.** Die Ausbildung funktioniert eher nach dem „Learning-by-Doing-Prinzip". Die Berufsausbildung, z.B. für kaufmännische oder pflegerische Berufe, wird oftmals am College erworben.

Schule und Universität in den USA

In der Schule lernen Kinder schon sehr früh, Vertrauen in ihre Fähigkeiten zu entwickeln. *Not Failure but low Aim is Crime* (es ist kein Vergehen, eine Niederlage zu erleiden, sondern seine Ziele zu niedrig zu stecken) ist einer der amerikanischen Bildungsleitfäden. Ein anderes wichtiges **Ziel des Bildungssystems** ist es, gute Staatsbürger heranzuziehen und Integration unter Kindern unterschiedlicher Herkunft zu fördern. Allerdings sind Privatschulen noch immer Sammelpunkt der Elite, in die Kinder ärmerer Schichten kaum vorrücken können.

Ein amerikanisches Kind verbringt pro Tag bis acht Stunden in der Schule. Gelernt wird in den USA in einem speziellen **Kurssystem** mit vielen Multiple-Choice-Tests. In diesen Kursen werden *Credits* (Punkte) gesammelt. Wenn eine bestimmte Punktzahl erreicht wird, gilt der Test als bestanden.

Mehr als hierzulande bieten amerikanische Schulen und Universitäten ein vielseitiges, **individuelles Fächerprogramm** an. Wahlfächer gibt es überall. Sie reichen von Baseball über Zeichnen bis hin zur Gestaltung einer Schülerzeitung oder Fahrstunden. Sie bieten den Schülern die Möglichkeit, eigene Interessen zu entwickeln und zu pflegen und ihren eigenen Weg zu finden. Mehr als 80 % aller Schüler nehmen an diesen Aktivitäten teil.

Der **Sport** spielt eine herausragende Rolle. Durch Schul- und Hochschulsport steigt das Image der Einrichtung und es können Sponsoren gewonnen werden. Überhaupt scheinen Schulen in den USA mehr und mehr zu **Werbeplattformen** zu werden. Werbung von Mars, Coca Cola usw. überschwemmt die Schulen und Schüler können z.B. durch das Sammeln von Coupons Computer für ihre Schule „gewinnen". Auch die Army nutzt die Schulen zur Werbung neuer Rekruten. *Channel One* strahlt seit Ende der 1980er-Jahre „Bildungssendungen" über Fernsehanlagen an Schulen aus. Diese Sendungen, die mit Beiträgen von McDonald's oder Exxon über „Ernährung" und „Umweltschutz" aufklären, sind in Wahrheit nichts weiter als bessere Werbesendungen, zugeschnitten auf eine jugendliche Zielgruppe. Sie flimmern tagtäglich durch 350.000 Klassenzimmer.

Etwa 24 % der Schulen sind **Privatschulen** und ihre Absolventen haben eine weit größere Chance auf eine Hochschulbildung als jene von staatlichen Schulen (88 % im Vergleich zu 58 %). Dies liegt größtenteils daran, dass knapp 60 % der Hochschulen private Einrichtungen sind und sehr ho-

he **Schulgebühren** gefordert werden. Diese liegen zwischen 1000 und 30.000 Dollar jährlich und führen dazu, dass Schüler von *Public Schools* selten die Möglichkeit erhalten, eine private Universität zu besuchen.

Kinder aus weniger gut betuchten Schichten (darunter viele Afroamerikaner und Kinder von Alleinerziehenden) haben generell weniger Aussichten auf ein Studium. Nur durch sehr gute Leistungen können sie ein **Stipendium** erlangen. Colleges und Universitäten vergeben daher auch viele Stipendien *(Scholarship)*, deren Anzahl sinkt in letzter Zeit aber kontinuierlich.

Die Auswahl von College und Universität wird sehr sorgfältig bedacht und Schüler bereiten sich schon während der High School darauf vor (durch gemeinnützige Arbeit, Tätigkeit als Schulsprecher, Mitarbeit bei Schülerzeitung etc.), an einem gutem College aufgenommen zu werden. Auch sportliche Erfolge dienen vielen als Zugangsberechtigung für die Hochschule.

Amerikanische Universitäten haben zumeist **interne Auswahlverfahren** mit Aufnahmetests (SAT), Berücksichtigung von Referenzen, Schulnoten sowie persönlichen Bewerbungen.

Große **Unterschiede zwischen Arm und Reich** führen dazu, dass auch bei der Bildung Gesellschaftsschichten auseinanderdriften. *High Schools* in den Innenstädten sind in der Ausstattung oft schlechter als solche in den reicheren Vorstädten. Wer auf einer schlechten, mit Metalldetektoren ausgerüsteten High School in einem der Problemdistrikte war, wird mehr Schwierigkeiten haben in Harvard aufgenommen zu werden als jemand, der von einer guten Privatschule kommt. Schulen, in die zum Großteil Einwandererkinder gehen und denen Geld fehlt, können keine Elite heranbilden und nur sehr wenige überdurchschnittlich Begabte schaffen es von hier in die *Ivy League* (siehe Exkurs „Die Ivy League – Eliteuniversitäten als Vorbild").

Ein Großteil der **Bildungselite** stammt aus der Oberschicht und wer es sich leisten kann nach Harvard, Princeton oder Yale zu gehen, dem ist später eine Führungsposition beschieden, wenn nicht gar ein Minister- oder sogar das Präsidentenamt.

Dennoch: In den USA zählt Leistung mehr als Geld und Herkunft, aber Leistung und Bildung sind immer dazu da, an Geld zu gelangen. Eben diese **Leistungsbereitschaft** muss im Auswahlverfahren bewiesen werden und bereits bei Schülern der *Junior High* ist ein Bewusstsein dafür vorhanden, dass nur durch harte Arbeit der Zugang zum College möglich ist.

Und so versuchen viele, durch *High School Honors Courses* und *Advanced Placement Courses* erste Studienleistungen zu erbringen.

Es gibt zwar 4000 weiterführende Bildungseinrichtungen, aber nur 200 können sich qualitativ mit deutschen Universitäten messen. Dort kann man einen Master- oder Ph.D.-Abschluss erwerben. Der Rest besteht entweder aus zweijährigen **Junior Colleges** (vergleichbar mit Berufsgymnasien) oder **vierjährigen Colleges,** an denen der *Bachelor* (BA) erworben wird. An der **Universität** erlangt man den *Master* (MA) oder Doktortitel. Es gibt keinen Numerus Clausus. *Master* und *Bachelor* sind die gängigsten Abschlüsse und werden auch in Deutschland weiter eingeführt, damit Studienleistungen international anerkannt werden können. Die Schulen in den USA sind praktischer orientiert als die deutschen. Wenige junge Leute wollen ein langes, schwieriges Studium wagen; der Großteil möchte schnell Geld verdienen. Ebenso wie im High-School-System, gibt es auch an College und Universität das Credit-Point-System.

Bei einem Test des **Allgemeinwissens** unter High-School-Absolventen konnten viele kein einziges Land in Asien nennen. Diese „Gedankenleere" ist in den USA weit verbreitet. Die breite Masse hat sich daran gewöhnt, dass ihr durch Gesellschaft und Medien das Denken abgenommen wird. Wem überall erklärt wird, dass Paris in Frankreich liegt und eine Orange eine Frucht ist, der wird irgendwann zu faul sein, um selbst zu denken.

Anti-Intellektualismus ist in Amerika viel verbreiteter als in Europa. Der unverstandene Intellektuelle, der in der deutschen Tradition als sympathisch gilt, ist für Amerikaner ein Loser. Wissenschaft und vor allem die Natur- und Wirtschaftswissenschaften werden in den USA sehr hoch geschätzt. Die Geisteswissenschaften *(Arts)* haben einen weniger guten Ruf und sollen eher zur Allgemeinbildung beitragen. Wissen soll immer einem Zweck dienen. Lernen als Selbstzweck erscheint den Amerikanern nutzlos. Intellektuelle, die nichts von Wert produzieren (z.B. Bücher mit großer Leserschaft) und nur ihre Meinung kundtun, mag man in den USA weniger als in Europa. Der **Geschichtsunterricht** an den Schulen wird *World Cultures* genannt. Leider ist der Unterricht einseitig aufgebaut und sehr patriotisch geprägt; arabische Länder werden häufig negativ dargestellt und so (in)direkt Vorurteile geschürt.

Wo liegt der **Unterschied zum deutschen Bildungssystem?** Ständiges Lernen und mehr Tests bestimmen den Schulalltag amerikanischer Schüler und Studenten. Aber aufgrund der weniger einheitlichen Regelung zwischen den US-Bundesstaaten entstehen große Unterschiede und kaum vergleichbare Bildungsniveaus. Auch in Deutschland behindern die unterschiedlichen Lehrpläne der Bundesländer die Hinarbeitung auf einen einheitlichen Bildungsgrad.

An amerikanischen Schulen steht die Förderung der Persönlichkeit im Vordergrund. Man möchte die Schüler ihren eigenen Weg finden lassen – ein wichtiges Erziehungsziel schon innerhalb der Familie – und sie eher in ihren Neigungen unterstützen, als ihnen Faktenwissen einzutrichtern, das sie nicht interessiert.

In Deutschland haben Schulaufgaben und Abschlussprüfungen einen viel höheren Standard und der High-School-Abschluss ist bestenfalls mit der Mittleren Reife vergleichbar. Eine dem Abitur ähnliche Ausbildung bekommt man nur auf dem College.

Es gibt kaum öffentliche Betreuung vor und nach der Schule, jedoch ist in den USA die Ganztagsschule die Regel.

Im Jahr 2004 lagen die jährlichen Ausgaben pro Schüler (Primär- und Sekundärausbildung) bei etwas mehr als acht Dollar.

Wegen der Trennung von Staat und Kirche ist an amerikanischen Schulen kein Religionsunterricht erlaubt.

Obwohl die USA zu den Ländern mit ausgezeichneten (privaten) Hochschulen zählen, scheint die **Bildungsschwäche vieler Amerikaner** für uns erschreckend. Andererseits hat das Land hervorragende Wissenschaftler und die meisten Nobelpreisträger weltweit hervorgebracht. Der gute Ruf von Harvard lockt jährlich ca. eine halbe Million Austauschstudenten in die Vereinigten Staaten und beschert dem Land so zusätzlich hohe Einnahmen. Woran liegt es, dass so viele nicht wissen, wer der britische Premierminister ist oder wo man die USA auf der Landkarte findet? Oder dass deutsche Austauschschüler in den USA gefragt werden, ob *Hitler* noch an der Macht sei? Der Grund hierfür liegt vielleicht darin, dass die Bildungsmaßstäbe anders sind als in Europa und vielleicht im **übermäßigen Medienkonsum** und eventuell im Schulsystem selbst. Kinder verbringen in einem Jahr durchschnittlich 1023 Stunden vor dem Fernseher und etwa 900 Stunden in der Schule. Aber wer viel Zeitung liest und fernsieht, meint man, bekommt Wissen von der Welt vermittelt.

Trotzdem ist jenseits der Landesgrenzen für viele Amerikaner die Welt zu Ende, denn sie besitzen **kaum Wissen über die restliche Welt** und werden durch Medien und Gesellschaft auch kaum zur Erweiterung ihres nationalen Horizonts ermutigt. Schuld daran sind auch die Medien: In den NBC Abendnachrichten, bei CNN und CBS gibt es praktisch keine Berichte über andere Länder, denn Amerika ist groß genug und das eigene Land bietet vieles, mit dem man sich beschäftigen muss. Da bleibt keine Zeit für den Rest der Welt.

Trotz oder gerade wegen dieser Bildungsdefizite erscheint es immer mehr Amerikanern sinnvoll, ihrem Baby einen Computer „zum Lernen" zu geben oder Dreijährige in Mandarin-Chinesisch-Kurse zu schicken.

Die Ivy League – Eliteuniversitäten als Vorbild

Die USA haben im Gegensatz zu Deutschland zahlreiche Eliteuniversitäten. Neuerdings wird auch bei uns die Einführung von Eliteunis vorangetrieben. Über solche Bemühungen können Amerikaner nur müde lächeln, gehört das Prinzip der Elitenbildung schon lange zum nationalen Selbstverständnis. Wie kann es eine Bildungselite in einem zum großen Teil anti-intellektuellen Land geben? Die renommierten privaten Hochschulen verkörpern diesen elitären Anspruch wie kaum eine andere Institution. Harvard, Yale, Princeton, Caltech und das MIT (Massachusetts Institute of Technology) sind die Namen der Kaderschmieden für zukünftige Politiker, Nobelpreisträger oder Manager.

Den Eliteuniversitäten, der sogenannten *Ivy League*, wie man die renommierten Universitäten der Ostküste bezeichnet, stehen riesige Etats zur Verfügung: Zum einen durch Schulgelder, zum anderen durch Spenden betuchter Absolventen können sie es sich leisten, nur die Besten der Besten auszuwählen und ihnen eine hervorragende Betreuung zu garantieren. Deshalb haben die Vereinigten Staaten trotz des weit verbreiteten Anti-Intellektualismus ungeheuere intellektuelle Ressourcen, denn auch aus dem Ausland werden nur die Allerbesten für Harvard und Co. ausgewählt und können dort aufgrund der finanziellen Situation der Hochschule viel qualifizierter betreut werden als zum Beispiel an deutschen Universitäten mit überfüllten Seminaren. Auch der starke Wettbewerb bei der Studentenauswahl trägt zur Qualität der US-Spitzenuniversitäten bei.

Gerade wegen der Vorzüge der amerikanischen Hochschulen und den spannenden Eindrücken eines Auslandssemesters, zieht es viele junge Leute aus Deutschland in die USA. Eine solche Erfahrung prägt das ganze Leben und ist in vieler Hinsicht zu empfehlen. Studenten in den USA arbeiten härter als deutsche Hochschulbesucher. Sie schreiben mehr Tests und stehen unter ständigem Leistungsdruck, den der Wettbewerb an den Hochschulen und im Berufsleben mit sich bringt.

Auch Eltern erwarten, dass ihr Nachwuchs sich Mühe gibt und die hohen Schulgebühren nicht umsonst investiert wurden. So leben die „normalen" amerikanischen Studenten in kleinen kargen Zimmerchen auf dem Campus und knien sich in die Arbeit für ihr Studium.

Die „Elitestudenten" jedoch genießen den hohen Komfort von Luxuswohnungen, privaten Fitnessstudios und einem vielfältigen Kulturangebot auf dem Campus – oftmals auch noch umsonst, weil die Unterbringung von der Uni als Anreiz gesponsort wird.

Nur 19 Prozent der Studierenden an Privat-Universitäten zahlen die vollen Studiengebühren. Neben großen privaten Spenden werden die Eliteuniversitäten auch durch Stipendien und Darlehen für Studiengebühren indirekt staatlich gefördert. Es gibt jedoch auch sehr angesehene staatliche Universitäten, wie beispielsweise in Washington, Kalifornien oder Wisconsin.

Bereits 1636 als College von dem Geistlichen *John Harvard* in Cambridge (Massachusetts) gegründet und 1780 in Harvard University umbenannt, gilt die älteste private Hochschule der USA in der Nähe von Boston als eine der besten Hochschulen weltweit. Sie setzt sich zusammen aus einem College und verschiedenen Schools, an denen Fächer wie Jura, Medizin, Architektur und Wirtschaftswissenschaften studiert werden können.

In Harvard werden die Studienplatzanwärter nach extrem harten Zulassungskriterien durch eine Behörde ausgewählt. Weniger als 20 Prozent von ihnen werden aufgenommen.

Einmal akzeptiert, bekommen sie eine wahrhaft luxuriöse Ausbildung: In Harvard behütet man die Studenten, wo es nur geht. Auf 17.000 Studenten kommen mehr als 3000 Lehrkräfte und eine Tutorengruppe, die den Studenten exquisiten Einzelunterricht erteilt. Und es scheint sich zu lohnen, denn 97 Prozent der Studenten absolvieren das Examen; nicht zuletzt aufgrund des engen Kontaktes zwischen Lehrenden und Studenten. Eigene Wohnheime für die Studierenden sollen dazu dienen, soziale Kontakte zu fördern.

Auch verschiedene Kultureinrichtungen, darunter ein eigenes Theater, eine Kirche, 15 Museen sowie mehrere Bibliotheken und Sammlungen befinden sich auf dem Campus. Darunter das Fogg Art Museum, das europäische und amerikanische Kunst des 18. und 19. Jahrhunderts ausstellt; darunter Originale von *Monet, van Gogh* und *Gaugin*. Harvards Bibliothekensystem ist das älteste und eines der besten in den Vereinigten Staaten. Zusammen mit den dazugehörigen Bildungseinrichtungen stellt die Eliteuni den größten universitären Bibliothekenkomplex weltweit dar mit mehr als zwölf Millionen Bänden, Manuskripten und Mikrofilmen.

Harvard, die hochkarätigste Bildungsinstitution der Vereinigten Staaten hat ein Budget von etwa 19 Milliarden Dollar jährlich.

Der Leistungsdruck ist sowohl für Studierende als auch für Lehrkräfte enorm groß. Ebenso effektiv ist aber auch die individuelle Förderung. Beste Aussichten auf eine Karriere in Wirtschaft, Politik, Gesellschaft oder in der Forschung winken mit Beendigung des Studiums. Heute verfügt die Hochschule über ein Wahlsystem, bei dem die Studenten ihre Kurse selbst bestimmen können. Die sportliche und wissenschaftliche Konkurrenz zwischen Harvard und Yale ist zur festen Tradition geworden: Das jährliche Footballspiel im Bowl-Stadion von Yale vor etwa 75.000 Zuschauern ist in ganz Amerika bekannt.

Harvard & Co. leben – wie an anderer Stelle bereits als typisch amerikanisch charakterisiert – vom Leistungsgedanken. Intelligenz spielt hier eine ebenso wichtige Rolle wie Papas prall gefüllter Geldbeutel. Etwa 15.000 Dollar fallen pro Studienjahr an. Hierbei handelt es sich aber um gut investiertes Geld, denn wer als Absolvent von Harvard, Yale oder Princeton das Studium beendet, muss sich um seine zukünftige Karriere keine Sorgen mehr machen. sogenannte Headhunter stehen Schlange, noch bevor das Examen geschrieben ist.

Die Absolventenliste der Elite-Universitäten liest sich wie ein Who-is-Who der amerikanische Politik und Gesellschaft: Sechs US-Präsidenten besuchten Harvard: John F. *Kennedy, John Adams, John Quincy Adams, Theodore* und *Franklin Delano Roosevelt* und *Rutherford B. Hayes*. Außerdem genossen mehr als 30 Nobelpreisträger hier eine elitäre Ausbildung. An der Yale University waren unter anderem US-Präsident *Bill Clinton* und seine Frau *Hillary, Noah Webster,* die Erfinder *Samuel Finley, Breese Morse* und *Eli Whitney* sowie die US-Präsidenten *Gerald R. Ford, William Taft* und *George Bush*. Die berühmtesten Studenten der Princeton University waren die US-Präsidenten *Woodrow Wilson* und *James Madison* sowie die Schriftsteller *F. Scott Fitzgerald* und *Edmund Wilson*.

Spezifisches der US-Wirtschaft

Die USA, als **hochentwickelter Agrar- und Industriestaat** erwirtschaften fast ein Drittel des Weltsozialprodukts und sind Sitz vieler Weltkonzerne, obwohl sie nicht mehr die einzigartige Position in Produktion und Export einnehmen wie unmittelbar nach dem Zweiten Weltkrieg. Amerikas wirtschaftliche Entwicklung kann die Weltkonjunktur in den Aufschwung heben oder das Wachstum weltweit drücken. Die meisten Amerikaner führen die ökonomische Macht Amerikas auf die positiven Auswirkungen des kapitalistischen Systems zurück, die geringe Einflussnahme des amerikanischen Staates auf wirtschaftliche Vorgänge und die hohe Flexibilität der US-Wirtschaft. Es wird sich zeigen, ob die 2008 begonnene Finanz- und Wirtschaftskrise diese Einschätzung verändert.

19 Prozent der Fläche der USA werden landwirtschaftlich genutzt. Amerika ist einer der weltweit größten Produzenten von **landwirtschaftlichen Produkten.** Obwohl die US-Amerikaner nur 5 Prozent der Weltbevölkerung ausmachen, können die USA die Hälfte der Weltbevölkerung mit ihren Agrarprodukten ernähren.

Der wirtschaftliche Erfolg Amerikas begann schon sehr früh in der Landwirtschaft: Zum einen stand den Menschen sehr gutes Acker- und Weideland zur Verfügung und nach der Expansion nach Westen, der *Frontier,* wurde ein nie zuvor da gewesener **Binnenmarkt** geschaffen. Die verschiedenen Klimazonen bieten für die unterschiedlichsten Pflanzen optimale Wachstumsbedingungen. Große Anbauflächen in den *Belts* (Gürtel), auf denen nur ein Produkt in Monokultur angebaut wird, sorgen für eine hohe Effizienz. Die Risikobereitschaft und Aufgeschlossenheit für neue Methoden, wie die Entwicklung der Bio- und Gentechnologie, trugen trotz negativer Nebeneffekte und Umweltproblemen zu dem Erfolg bei und führten durch Rationalisierung dazu, dass trotz dem enormen Output nur noch ca. 2 Prozent der US-Amerikaner in der Landwirtschaft, meist in riesigen Agrounternehmen, beschäftigt sind.

Kleine Farmen können gegen die übermächtige Konkurrenz des Agrobusiness nicht bestehen. Obwohl 85 Prozent aller Farmen von Einzelpersonen oder Familien geführt werden, besitzen sie nur 64 Prozent des Farmlands. Landschaftgürtel wie die *Great Plains* entvölkern sich immer mehr. Die Farmer sind nur noch Lieferanten billiger „landwirtschaftlicher Rohmaterialen", der eigentliche Gewinn wird durch die industrielle Verarbeitung und Verpackung gemacht.

In der **Massentierhaltung,** die industriellen Produktionsstätten gleicht, werden bis zu 200.000 Tiere auf einer Fläche von ca. 500 Hektar gemästet. Die nach wissenschaftlichen Methoden optimierte Ernährung mit dem

Ziel schnellstmöglichsten Wachstums (2 kg an einem Tag) wird auf Fließbändern zu den aufgereihten Tieren transportiert. Die etwas harmlosere Variante sind *Feedlots* (Fütterungsboxen) in denen im Freien bis zu 250 Tiere in Pferchen zusammengehalten werden – Legebatterien auf Amerikanisch. Bis zu 100 solcher Pferche nebeneinander schaffen Feedlots mit bis zu 20.000 Rindern. Unsere durch Western-Filme geprägte romantische Vorstellung vom *Lonesome Cowboy* am Lagerfeuer ist dort nicht mehr aufzufinden.

Bodenschätze aller Art sind in den USA reichlich vorhanden. Gepaart mit der protestantisch-puritanischen Arbeitsmoral, hoher Flexibilität und Mobilität der Arbeitskräfte und dem riesigen Binnenmarkt führte das die Amerikaner ökonomisch an die Weltspitze. Amerika ist unter den Hauptförderländern bei den Energierohstoffen Erdöl, Erdgas und Steinkohle und bei Phosphat, Gold, Silber, Kupfer und Blei. Durch den enorm hohen Energieverbrauch der Amerikaner sind die USA jedoch trotzdem auf den Import angewiesen – auch um eigene Reserven zu schonen. Sie nutzen, man muss fast sagen verschwenden, ca. 25 Prozent der weltweit verbrauchten Energie, obwohl sie nur einen Anteil von 5 Prozent der Weltbevölkerung ausmachen. Immerhin können 90 Prozent der Energie aus eigenen Rohstoffen hergestellt werden.

Kein Wunder, dass sich schon früh im **Manufacturing Belt** im Umfeld von Zentren der Eisen- und Stahlproduktion und später in der Nähe von Kohlestandorten zur Energiegewinnung mit Dampfmaschinen große Industriekomplexe ansiedelten. Der *Manufacturing Belt* ist der im 19. Jh. entstandene Industriegürtel. Er umschließt größere Produktionsstandorte in West-Ost-Ausrichtung ungefähr mit den Punkten Milwaukee und Chicago im Westen bis Boston im Nordosten und im Südosten Washington.

Die **Einführung des Fließbandes** durch *Henry Ford* 1913 führte zu einer weiteren Kostensenkung in der Produktion und längerfristig zu einer Erhöhung des Lebensstandard durch billigere Produkte und höhere Löhne. Ab den 1950er-Jahren wandelte sich die amerikanische Arbeitswelt jedoch mehr und mehr zur **Dienstleistungsgesellschaft.** Durch weltweite Überproduktion der Stahlbranche in den 1970er-Jahren gingen viele Arbeitsplätze verloren, die sukzessive im Dienstleistungssektor wieder entstanden sind. Statt einer Ware wird eine Dienstleistung verkauft. Viele neue Arbeitsplätze sind in den Bereichen Unterhaltung, Freizeitgestaltung, Hotel, Gastronomie, Erziehung, Kommunkationsysteme, Verwaltung, Banken und Finanzierung entstanden. Der *Manufacturing Belt* (Manufaktur-Gürtel) der zeitweise zum *Rust Belt* (Rost-Gürtel) geworden war, konnte durch dort entstandene Ausbildungs- und Hightech-Zentren wieder an Attraktivität gewinnen.

Im **Sun Belt** (Sonnengürtel, da sehr sonniges Klima) von Kalifornien bis über Texas nach North Carolina entwickelten sich außer Rüstungs-, Flugzeugkonzernen und IT–Zentren auch Textil- und Nahrungsmittelindustrie.

Bis heute sind die **weltgrößten Unternehmen in den USA angesiedelt:** Microsoft, IBM (International Business Machines), HP (Hewlett Packard), GM (General Motors). Sie demonstrieren die wirtschaftliche Macht der USA. Doch trotz der Dominanz der Konzerne hat der **Mittelstand** weiterhin Einflussmöglichkeiten.

Amerikaner legen ihr Geld häufig in **Aktien** an. Und da Aktien in Amerika immer in kleineren Mengen ausgegeben werden, besitzen die großen Aktiengesellschaften letztes Endes Millionen von Kleinaktionären.

Eine für die Mehrheit der Aktieninhaber nachvollziehbare und Erfolg versprechende Unternehmensstrategie, eine gute Außendarstellung und, um das zu ermöglichen, gute Verbindungen zu den Medien sind daher entscheidend. Einige Skandale in Großunternehmen, wie zum Beispiel Enron, mit Bilanzfälschungen und unlauteren Methoden haben das Vertrauen in Aktiengesellschaften erschüttert. Doch bleiben Aktien in den USA immer noch eine der bevorzugten Geldanlagen.

Die **wirtschaftliche Vormachtstellung** Amerikas in der Welt korrespondiert mit der politischen. Wie in der Vorbereitungsphase zum Irak-Krieg besonders deutlich zu sehen war, versuchen die USA die Welt mit ihrer ökonomischen Macht für ihre Ziele zu gewinnen. Für die Stationierung amerikanischer Soldaten als Unterstützung im Irak-Krieg sollte die

Türkei 5 Milliarden Dollar direkte Wirtschaftshilfe und 10 Milliarden Dollar als Darlehen bekommen. Die Ablehnung war für die Türkei nicht einfach. **Mehrheitsverhältnisse in internationalen Gremien** gegen amerikanische Pläne können die USA nicht von ihren Zielen abhalten – weder in den Vereinten Nationen, noch in der Welthandelsorganisation (WTO) oder dem Internationalen Währungsfonds (IWF), wo die Amerikaner eine Sperrminorität haben. Die Deutschen und Europäer hatten die Dominanz der Amerikaner größtenteils akzeptiert und davon profitiert. Doch schon seit langem finanzieren die USA ihr Wirtschaftswachstum durch geliehenes Geld aus Asien und Europa. Das **Leistungsbilanzdefizit** der Amerikaner wird immer größer, sie importieren mehr, als sie exportieren und finanzieren. Eine Schätzung der Commerzbank besagt, dass die USA täglich 1,5 Milliarden Dollar ins Land holen, um ihr Defizit auszugleichen.

So besteht auch eine gegenläufige Abhängigkeit: Amerika braucht ausländisches Geld und ausländische Kunden.

Arbeitswelt und Sozialwesen

The business of America is business. Dieser viel zitierte Satz von Präsident *Calvin Coolidge* 1927 beschreibt die Arbeitswelt Amerikas auch heute noch treffend. **Arbeit beherrscht das Leben** der Amerikaner. Das gesellschaftliche Ansehen und das eigene Selbstbewusstsein ranken sich um die Arbeit und nicht um Familie oder Zuhause. Und gearbeitet wird, um möglichst schnell **Geld zu machen.** Das gilt für Unternehmen genauso wie für Arbeitnehmer. Wenn jemand erfolgreich ist, wird ihm das auch zugestanden und weniger geneidet als in Deutschland. Man kann teure Statussymbole ohne schlechtes Gewissen zeigen und wird dafür anerkannt.

Viele Amerikaner haben eine starke Abneigung gegen Sozialhilfe. Gute wirtschaftliche Zeiten schlagen sich in finanziellen Erfolgen der Einzelnen nieder und finden weniger in sozialen Errungenschaften Ausdruck, die das ganze Gemeinwesen absichern. Das **Einkommensgefälle** zwischen Führungskräften und einfachen Arbeitnehmern, Reich und Arm, ist viel größer als in Deutschland. Anders als in Deutschland geht es in den USA mehr um Chancengleichheit als um gleiche Lebensbedingungen.

In Amerika ist die **Einflussnahme des Staates** in fast allen Bereichen der Wirtschaft geringer als in Europa. In Krisenzeiten wie im Herbst 2008 werden jedoch auch staatliche Programme für Kreditinstitute und Automobilhersteller diskutiert.

Die New Yorker Börse in der Wall Street

Angestellt oder selbstständig?

Um selbstständig zu werden ist die **geringere Einmischung des Staates** in Amerika von Vorteil. Unternehmensgründungen werden gefördert beziehungsweise nicht durch Überreglementierungen behindert.

Prinzipiell kann jeder einen Betrieb gründen auch ohne besondere Ausbildung oder Zulassung. Arbeitsstättenverordnungen, Urkunden, Scheine, Berufszulassungen, Abschlüsse und Versicherungen spielen eher eine untergeordnete Rolle. Als Kunde kann man allerdings nicht immer wissen, ob die Firma wirklich in der Lage ist, die angebotene Tätigkeit auch professionell auszuüben. Bei vielen Selbstständigen beginnt mit der Firmengründung der Prozess des *learning by doing*.

Arbeitsplatzsicherheit ist kein Problem für den Unternehmer, aber für den Arbeitnehmer. Bekannt unter **Hire and Fire** (Heuern und Feuern) kann ganz nach Gutdünken eine Einstellung oder eine Kündigung vorgenommen werden. Für Führungskräfte hat sich der Besitz eines MBA-Abschlusses (Master of Business Administration) einer renommierten Akademie als Vorzug bei Einstellungen erwiesen. In Europa ist dieser Abschluss auch auf dem Siegeszug. Aber bei den schnellen Entlassungen, beim Feuern, können die Kollegen *at the top* (in Spitzenposition) genauso betroffen sein, wie die in den unteren Positionen. Der Konkurrenzdruck auf den Einzelnen ist groß, **individuelle Leistung** ist wichtiger als Teamarbeit. Wenn die Auftragslage sich verschlechtert oder ein Mitarbeiter seine Arbeit nicht gut macht, wird das Arbeitverhältnis beendet. Nur wenn eine Diskriminierung wegen des Geschlechts, der Rasse, des Alters, der äußeren Erscheinung oder einer Behinderung vorliegt und der Arbeitnehmer dies nachweist, kann die Kündigung angefochten werden. Wenn die Auftragslage es erlaubt, wird schnell wieder eingestellt. Auf diese Art entstehen bei dem kleinsten wirtschaftlichen Aufschwung schnell **neue Arbeitsplätze.**

Viele Unternehmen werden durch **Frauen** gegründet und auch erfolgreich geführt. Gerade weil es für Frauen immer noch – auch in den USA – schwieriger ist, Führungspositionen zu erobern, haben sie sich als Selbstständige gut etabliert und können dabei auch die Doppelbelastung als Mutter und Berufstätige besser regeln.

In den letzten zehn Jahren hat ein Trend von **Arbeitsplatzverlagerungen in Billiglohnländer** eingesetzt, wovon auch Angestellte betroffen sind. Schätzungen des Markforschungsinstitutes Forrester Research gehen davon aus, dass bis zum Jahr 2010 etwa 1,6 Millionen Arbeitsplätze aus den USA ins Ausland verlegt werden. Das drückt zum einen den Preis für vergleichbare Tätigkeiten in den USA und vernichtet viele Arbeitsplätze.

Betroffen sind Schreibkräfte im medizinischen Bereich, Technikautoren, Software-Entwickler, Call-Agents, ja sogar Buchhalter, Ingenieure, Steuerberater, selbst Anwälte und Architekten bleiben nicht verschont. Verlagert wird häufig nach Indien, Mexiko oder auf die Philippinen. Alle Arbeitsabläufe, die standardisiert werden können oder keine oder nur geringe Einarbeitung benötigen, sind prädestiniert für die Verlagerung. Die Datenübermittlung per Internet ist heutzutage kein Problem mehr. Fachfirmen in Indien beschäftigen aber auch Wirtschaftsprüfer, die die Vorbereitung von Steuererklärungen übernehmen können. Die Steuerdaten von Kunden werden auf den Internet-Server geladen und los geht's. Für Architekten großer Planungsfirmen sieht es ähnlich aus: Genehmigungsanträge für Bauprojekte nehmen den gleichen Weg ins Ausland. Das hat besonders negative Auswirkung für junge Architekten. Durch massiven Stellenabbau haben sie gar nicht mehr die Chance, überhaupt ins Geschäft zu kommen.

Anwaltskanzleien beauftragen Juristen in Indien mit der Durchführung von juristischen Recherchen. Hoch qualifizierte Mitarbeiter indischer Firmen mit Doktortitel oder Masterabschluss führen Investment-Studien durch. Auch da ist das Internet behilflich. Viele regionale und lokale Informationen sind von jedem Ort zugänglich. Erst wenn die Gehälter in den ausländischen Betrieben soweit steigen, dass die Verlagerung ins Ausland keine entscheidenden finanziellen Vorteile mehr bringt, wird sich der Trend Richtung Ausland wieder umkehren.

Arbeitsbedingungen

Obwohl der Arbeitsplatz unsicher ist und ein hoher Konkurrenzdruck besteht, ist er für viele aber auch **Lebenszentrum und Kontaktstätte.** Freundschaften entstehen dort, man geht gemeinsam aus und tauscht Kochrezepte. Allerdings bestehen die Arbeitsgemeinschaften meist nicht für lange Zeit. Durch häufigen Arbeitplatzwechsel, um selbst eine besserer Position anzunehmen oder weil man gekündigt wird, bilden sich immer wieder neue Teams.

Erfolgreiche Mitarbeiter werden vor allem **durch hohe Einkünfte motiviert.** In Deutschland hingegen wurde in den wirtschaftlich guten Zeiten immer mehr Freizeit mit Lohnausgleich eingeführt und freie Zeit hat in Deutschland einen hohen Stellenwert bei fast allen gesellschaftlichen Gruppen – Arbeitszeitverkürzungen, Gleitzeit, Abbummeln von Überstunden, mehr Urlaubstage im Jahr, Zeit für die Kinder im Erziehungsurlaub. Gleichzeitig war der Krankenstand in Deutschland vergleichsweise hoch.

Ungesicherte Arbeitsverhältnisse verhindern das in Amerika. Aber auch die Arbeitsethik der Amerikaner, egal in welchen Positionen, spricht da-

gegen. **Urlaub** gibt es in Amerika meist erst ab dem zweiten Jahr bei einer Firma und dann gerade mal ein bis zwei Wochen im Jahr. Das längste, was man erwarten kann, sind nach ca. 15-jähriger Betriebszugehörigkeit vier Wochen Urlaub. Durch häufige Arbeitsplatzwechsel ist eine so lange Anstellung bei dem selben Arbeitgeber eher selten.

Das schlägt sich auch in den **Lohnnebenkosten** nieder. Sie sind im Vergleich zu Deutschland gering. Zum Vergleich: Der Wert einer durchschnittlichen Arbeitsstunde in Amerika mit Lohn und Lohnnebenkosten betrug 2007 zwischen 18 und 27 Euro, in Deutschland 31,58 Euro. Infolgedessen können Waren preiswert produziert und verkauft werden, was sie auf dem amerikanischen Binnenmarkt und weltweit attraktiv macht.

Einige Firmen bilden die Ausnahme und bieten ihren Mitarbeitern bessere Arbeitsbedingungen und Sozialleistungen. IBM zum Beispiel managte seine Personalpolitik durch attraktive Ruhestandspakete für ausscheidende Mitarbeiter. In den Boomphasen in Silicon Valley konnten IT-Spezialisten in Büros arbeiten, die ausgestattet waren wie Wellness-Zentren mit Swimmingpool und Entspannungsbereichen.

Da es **kein Arbeitszeitschutzgesetz** gibt, wird in manchen Branchen rund um die Uhr und fast bis zum Zusammenbruch gearbeitet; ohne zusätzliche Nacht-, Sonntags-, Feiertags- oder Überstundenzuschläge. **Öffnungszeiten** von Einkaufszentren rund um die Uhr sind die positiven Folgen für den Verbraucher. Auch kleine Imbisse und Läden sind oft bis tief in die Nacht geöffnet und können in dieser Nische überleben.

Gesundheitswesen, Krankenversicherung, Rentenversicherung, Arbeitslosenversicherung

Für viele Arbeitsplätze gibt es keine oder nur eine **minimale soziale Absicherung** wie Arbeitslosen-, Renten- oder Krankenversicherung.

Eine staatliche Sozialpolitik begann in den 1930er-Jahren, um die negativen Folgen der Weltwirtschaftkrise einzudämmen. Präsident *F. D. Roosevelt* legte den Grundstein für das heute in Amerika noch wirksame Sozialsystem im **Social Security Act** (Sozialversicherungsgesetz) von 1935. Dort wurde sowohl die Renten- als auch die Arbeitslosenversicherung rechtlich verankert.

Arbeitgeber und Arbeitnehmer zahlen jeweils 50 % der Beiträge. Die Ansprüche auf die **Rentenversicherung,** die man dabei ab 65 Jahren erwirbt, reichen jedoch nicht aus, um davon eigenständig leben zu können. Private Vorsorge ist notwendig. Häufig werden in den USA dafür Pensionsfonds angelegt – manchmal müssen die Arbeitnehmer dazu zwangsweise Betriebsaktien erwerben. Das kann bei Konkurs des Unternehmens zu großen finanziellen Einbußen führen. Mit dem Zusammenbruch des Energieriesen Enron in 2002 verloren die Angestellten ihre in Firmenaktien angelegte Altersvorsorge.

Die **Arbeitslosenversicherung** ist zeitlich auf maximal 26 Wochen begrenzt und beträgt durchschnittlich 50 Prozent des letzten Gehalts. Die meisten registrierten Arbeitslosen haben keinen Anspruch auf Geldzahlungen. Das führt mit zu der sowohl von Kritikern als auch Bewunderern der US-Wirtschaft viel gelobten Flexibilität. Unternehmen können prompt auf die aktuelle Wirtschafts- und Auftragslage reagieren und müssen keinen personellen Überhang finanzieren. In Krisenzeiten können sie schnell entlassen, in Zeiten des Aufschwungs schnell neue Einstellungen vornehmen. Da das *Unemployment Office* (Agentur für Arbeit), wenn überhaupt, nur eine kurze finanzielle Zeitüberbrückung sichert, müssen sich Arbeitslose relativ schnell wieder eine neue Stelle suchen. Sie sind schnell bereit, jede neue, auch weniger qualifizierte Tätigkeit anzunehmen oder einen Ortswechsel vorzunehmen.

Die **Flexibilität** bezieht sich dann auch auf die Verschiebung auf der vertikalen Achse der Arbeitshierarchie – in guten Zeiten nach oben in schlechten Zeiten nach unten. Viele Führungskräfte haben ihre hochdo-

Mittagspause im Park

tierten Positionen verloren, sind jedoch nicht arbeitslos, sondern sind die Karriereleiter runtergestiegen und verdienen oft nur noch einen Bruchteil ihres früheren Einkommens. Wenn man sich auf der unteren Ebene der Hierarchie befindet, muss man mehrere Jobs gleichzeitig haben, um die laufenden Kosten zu decken.

Die sogenannten **McJobs** bringen nur einen gesetzlichen Mindestlohn bei Berufen mit mindestens 30 Dollar Trinkgeld im Monat. Menschen mit solchen Jobs sind die sogenannten *Working Poor* (arbeitenden Armen). Wenn Sie sich mit einem einfachen Amerikaner verabreden möchten, der im Supermarkt arbeitet, Concierge in einer Wohnanlage ist oder Security-Mann in einem Modeladen, werden Sie feststellen, dass das fast unmöglich ist. Nach dem einen Job kommt abends noch eine zweite Stelle hinzu und am Wochenende eventuell noch eine selbstständige Tätigkeit. Da die Polsterung des sozialen Systems nicht so weich ist wie (bislang noch) in Deutschland, ist jeder bereit – manchmal auch nur vorübergehend – „minderwertige" Arbeiten anzunehmen, um sich über Wasser zu halten. Das zeigt bezüglich der Arbeitslosigkeit Wirkung.

Viele Amerikaner, auch die *Working Poor,* können sich keine **Krankenversicherung** leisten: Es gibt keine gesetzliche Krankenversicherung, sondern teilweise eine Minimalabsicherung durch den Arbeitgeber oder teure private Krankenversicherungen. Ernsthafte Erkrankungen führen häufig zur existenziellen Gefährdung und zum Ruin der Betroffenen. Bei Tagessätzen von ca. 1000 Dollar im Krankenhaus ohne ärztliche Behandlung und mit ärztlicher Behandlung von 10.000 Dollar ist das auch kein Wunder. Insgesamt 15,5 Prozent der Amerikaner können sich überhaupt keine Krankenversicherung leisten und sind auf die Notdienste einiger weniger Krankenhäuser wie *County Hospitals* (Gemeindekrankenhäuser) oder Polizeiambulanzen angewiesen. Als Tourist mag es einem unter Umständen ähnlich ergehen, wenn man nicht bezahlen kann. Es empfiehlt sich also auf jeden Fall, für eine Reise nach Amerika eine Auslandkrankenversicherung abzuschließen.

Die optimalen medizinisch-technischen Möglichkeiten zur Heilung, also die Qualität der Medizin steht in krassem Missverhältnis zur Anwendung dieses Know-hows für die Mehrheit der Menschen. In den Vereinigten Staaten herrscht eine **Zwei-Klassen-Medizin.** Auch rückt der ganze Mensch als Einheit von Körper, Psyche und Seele immer mehr aus dem Blickfeld. Überspezialisierte Ärzte, die nur ihr Fachgebiet im Auge haben und mit den neuesten, technischen hoch spezialisierten Methoden arbeiten, sehen nicht mehr den Menschen als Ganzes und das Zusammenwirken verschiedener Faktoren und Abläufe, sondern doktern isoliert an einem Symptom herum.

Steuern

Für Reisende in Amerika kommt es immer wieder zu einem Überraschungseffekt beim Bezahlen, da die Preise in Läden und im Restaurant fast immer als Nettopreise ausgewiesen sind und erst an der Kasse oder beim Zahlen kommen die **Sales Tax (Mehrwertsteuer)** und manchmal eine regional variierende **Local Tax (regionale Steuer)**, entspricht einer Gemeindeabgabe in Deutschland) hinzu und dann zahlt man meist 5–10 % mehr. Es kommt darauf an, in welchem Bundesstaat man sich befindet. Die *Sales Tax* ist von Staat zu Staat unterschiedlich: Oregon hat überhaupt keine, Washington hat keine auf Nahrungsmittel und die Steuersätze variieren stark. Die *Local Tax* wird durch das County (Gemeinde) bestimmt. Das heißt, wenn etwas mit 3,99 Dollar angeschrieben ist, zahlt man ungefähr 4,27 Dollar.

Und in Restaurants kommt dann nach der Steuer noch das **Trinkgeld** dazu, und dabei werden rund 15 Prozent bis 20 Prozent erwartet. Ein Restaurantbesuch kann daher um bis zu ein Viertel teurer werden, als man geplant hat ...

Die Gemeinden und Landkreise in den USA finanzieren sich hauptsächlich über **Grundsteuern** und erhalten so ihre Infrastruktur, wie Polizei, Feuerwehr, Straßenbau, Schulen, Wasserversorgung, Gesundheitsversorgung und Bibliotheken. Da die Ausgaben der Gemeinden unterschiedlich hoch sind, fällt auch die Höhe der Grundsteuern unterschiedlich aus. In guten Wohnlagen kann für ein durchschnittliches Haus in mittlerer Lage eine monatliche Steuer von ca. 1000 Dollar fällig sein. Für Prunkvillen kann sogar das 10-fache gefordert werden.

Mobile Homes, vom Wohnwagen bis zum transportablen Einfamilienhaus, sind davon ausgenommen.

Bundesstaaten haben Steuerhoheit und können die Höhe der **Income Taxes** (Einkommenssteuern) festlegen, soweit nicht Interessen des Bundes tangiert werden. Der größere Teil der Einkommenssteuer geht an den Bund, der kleinere Teil an den Bundesstaat, in dem die Steuer erhoben wird. Florida verzichtet auf seinen Anspruch auf die Einkommenssteuer und gilt auch deswegen als *Sunshine State.* Für Einkommensschwache führt das **in Florida** zur Steuerfreiheit.

Die Einkommenssteuersätze sind viel geringer als in Deutschland. Allerdings unterliegen sie ständigen Schwankungen. Darum empfiehlt es sich, einen Steuerberater hinzuzuziehen, wenn man in den USA geschäftlich tätig werden möchte.

Alle Einkünfte müssen versteuert werden. Abgesetzt werden können Geschäftskosten per Nachweis, Hypotheken auf den ersten Wohnsitz, Grundsteuern, einige Arzt- und Krankenhauskosten und alle Arten von Spenden.

Auch in Amerika sind **Corporate Taxes** (Körperschaftssteuern) und **Capital Gains Taxes** (Gewinnsteuern) fällig. Gewinnsteuern für Dividenden, die Aktiengesellschaften ausschütten, und Investitionsgewinne – und zwar ohne Spekulationsfrist. Außerdem werden diese Gewinne dem Einkom-

140us Foto: ih

men hinzugerechnet und befördern Steuerpflichtige möglicherweise in eine höhere Progressionsstufe. Die Kapitaleinnahmen werden jedoch zu einem maximalen Steuersatz von 28 Prozent versteuert.

Das amerikanische System der **Erbschaftssteuer** führt zu einem stark ausgeprägten Stiftungswesen, da in Amerika nicht der Empfänger, der Erbe, der Besteuerung unterliegt, sondern der Nachlass selbst. Anders als in Deutschland läuft der Erbe nicht Gefahr, ein überschuldetes Erbe anzutreten, also Schulden zu erben, da er dafür nicht persönlich haftet. Durch die Übertragung des Nachlasses auf eine Stiftung versucht man, die Erbschaftsteuer zu minimieren und über Umwege (der Erbe bekommt eine entscheidende Rolle im Stiftungsrat) doch Einfluss auf die Verwendung des Erbes zu nehmen. **Stiftungen** sind in Amerika nicht so stark reglementiert wie in Europa und unterliegen nicht so strengen Anforderungen zur Gemeinnützigkeit. Ein Freibetrag von 600.000 Dollar auf die Erbmasse garantiert, dass die kleinen Erbschaften steuerfrei durchgehen. Was darüber liegt wird progressiv mit einem Höchstsatz von bis zu 55 % besteuert. Man kann sich vorstellen, dass ein Heer von Steuerberatern bereit steht, um den Erben so zu beraten, dass das Finanzamt, das *IRS Internal Revenue Service,* nicht zu viel abzieht. Des Weiteren hat man die Möglichkeit, durch den Abschluss von Versicherungen den Zugriff des Finanzamtes zu mindern.

Das **Doppelbesteuerungsabkommen** zwischen Deutschland und den USA schützt den Steuerzahler davor, für länderübergreifende Investitionen und Einkünfte in beiden Ländern besteuert zu werden. Einkünfte aus Vermietungen und Verpachtungen sind nur dort zu versteuern, wo sie entstehen. Unter bestimmten Bedingungen müssen in den USA erzielte Einnahmen von Deutschen in Deutschland nicht versteuert werden. Andererseits sind in Amerika höhere Abschreibungen möglich. Damit können Einnahmen aus Vermietung und Verpachtung ausgeglichen werden und bestenfalls sind dann weder in Deutschland noch in Amerika Steuerzahlungen notwendig. Das funktioniert aber nur dann, wenn man nicht selbst seine Grundstücke und Immobilien verwaltet, also nicht selbst die Geschäfte führt.

Da die Steuern in Amerika für den Durchschnittsbürger moderat sind, werden die Steuern bereitwilliger bezahlt als in Deutschland. Die **Steuermoral** ist groß. Steuerhinterziehung wird daher nicht als Kavaliersdelikt gesehen, sondern als ernsthaftes Verbrechen. Die Steuererklärung muss bis zum 15. April des Folgejahres abgegeben werden und die angefallene Steuer muss schnellstens bezahlt werden.

Was das an Steuern kostet?

Rechtswesen

Obwohl man niemandem wünschen möchte, auf Reisen im Ausland in Gerichtsverfahren verwickelt zu werden, sind einige Informationen über das Rechtssystem in den USA sicherlich hilfreich und tragen dazu bei, einige **bizarre Regelungen** in den USA zu verstehen.

Um die Welt ging der Fall einer Frau, die sich bei McDonald's heißen Kaffee über die Hand geschüttet hatte, darauf ein Gerichtsverfahren anstrengte und 3 Millionen Dollar Entschädigung bekam. Ein attraktives Geschäft, sowohl für die Klägerin als auch für ihren Anwalt. Ein anderer Fall ist nicht minder widersinnig: Ein Bankräuber rutschte auf Glatteis vor einer Bank aus, brach sich das Bein und konnte deswegen seinen geplanten Überfall nicht durchführen. Der Mann wurde wegen versuchten Banküberfalls zu vier Jahren Haft verurteilt. Er wiederum verklagte die Bank auf eine Million Dollar Schadensersatz, weil sie morgens nicht rechtzeitig den Eingangsbereich der Bank frei geräumt hatte. Mit Erfolg! Der Richter legte die Schadensersatzsumme auf 500.000 Dollar fest. Ein lohnendes Geschäft. Es war der 100-fache Betrag dessen, was er bei einem erfolgreichen Überfall erbeutet hätte.

Die Berliner Dussmann-Gruppe fährt aufgrund des massiven Missbrauchs der Arbeitsschutz-, Haftungs- und Antidiskriminierungsgesetze ihr Amerika-Geschäft zurück. Von 5000 Beschäftigten bleiben weniger als ein Drittel. 1000 Beschwerdefälle von Mitarbeitern verzeichnete das Unternehmen in den USA. „Und in keinem Fall wurde weniger als eine Zahlung von 100.000 Dollar gefordert", so *Dussmann.*

Solche Beispiele lassen ahnen, warum es in Amerika so viele Rechtsanwälte und Gerichtsverfahren gibt: Ungefähr viermal so **viele Anwälte** pro Kopf wie in Deutschland. Sie arbeiten oft umsonst für ihre Klienten, wenn Sie dafür bei Prozessgewinn einen Prozentsatz der Entschädigung bekommen. (Diese Regelung ist in Deutschland in den meisten Bereichen verboten.)

Eine **Flut von absurden Gerichtsverfahren** – *Suing* (Verklagen) – ist die Folge. Ohne eigenes finanzielles Risiko kann man eine Klage erheben und hat die Chance, dabei viel Geld zu verdienen. Man kann sich vorstellen, welche Risiken zum Beispiel Ärzte absichern müssen, weil Patienten versuchen, ihrem Arzt einen Fehler nachzuweisen. Manche Ärzte zahlen bis zu 250.000 Dollar Versicherungsprämie *(Malpractise Insurance)* pro Jahr, um sich gegen potenzielle Strafverfahren zu schützen.

Das **amerikanische Recht** basiert auf dem angelsächsischen *Common Law,* das von der Magna Carta (1215) abgeleitet wurde. Kernsatz: *No freeman shall be captured or imprisoned ... except by lawful judgement of his* *peers or by the law of the land.* (etwa: „Kein Freier darf gefangen genommen oder ins Gefängnis geworfen werden ... ausgenommen durch gerechte Verurteilung durch Ebenbürtige oder durch das Gesetz des Landes." Daraus entstand das **Schöffengericht** und wurde nach der US-Verfassung 1787 im *Bill of Rights* im 7. Amendment mit einbezogen. Im 7. Amendment ist festgelegt, dass Gerichtsprozesse für das Strafrecht und die meisten Fälle des Zivilrechts durch *Peers* (Ebenbürtige) geführt werden. Jeder Bürger hat das Recht seinen Fall vor zwölf *Peers* – der Jury – vorzutragen. Die Rechtsprechung beruht auf Urteilen/Interpretationen von Richtern, die sich, falls möglich, auf vorhergegangene Referenz-Urteile beziehen.

Die Praxis des Schöffengerichts führt zur **Jury Duty.** Das heißt, jeder amerikanische Bürger kann zum Dienst des Geschworenen herangezogen werden, sich bei Vorladung als Geschworener zur Verfügung stellen und sich für den gewünschten Termin im Wartesaal des Gerichts einfinden. Die *Jury Duty* wird von den Amerikanern sehr ernst genommen. Verteidigung und Anklage selektieren dann paritätisch die sechs bis zwölf Geschworenen, aus der sich die Jury zusammensetzt. Die Geschworenen dürfen nicht über den Fall informiert sein.

Die Jury allein entscheidet über Schuld oder Unschuld und ist Dreh- und Angelpunkt des Verfahrens; es gilt sie zu überzeugen. Der Richter macht die Geschworenen auf ihre Pflichten aufmerksam, entscheidet über die Zulassung von Anträgen und über das Strafmaß. Manchmal versuchen hochkarätige Beschuldigte auf die Auswahl der Schöffen durch Einschaltung von Berater-Firmen, die sich auf die Auswahl von Schöffen spezialisiert haben, Einfluss zu nehmen.

Kleinere Streit- und Straffälle im Zivilrecht können bei Einverständnis beider Parteien vom Richter allein entschieden werden. Manchmal wird ein Verfahren durch das *Plea Bargaining,* das **Aushandeln der Schuld** zwischen Staatsanwalt und Verteidiger, verkürzt.

Da die Praxis des Schöffengerichts in den letzten 20 Jahren eine Prozessflut verursacht hat, entstand eine **Gegenbewegung.** Das Hauptargument gegen das Schöffengericht ist, dass Laien von skrupellosen Juristen beeinflusst werden können und falsche Urteile fällen. Es wäre besser, einem erfahrenen Richter die Schuldfrage zu überantworten. Die meisten amerikanischen Rechtsanwälte – vertreten durch eine einflussreiche Lobby – haben jedoch ein starkes Eigeninteresse, die bisherige Regelung beizubehalten. Sie argumentieren, dass einige Schöffenentscheidungen weltweit zu erhöhten Sicherheitssystemen und besserem Verbraucherschutz geführt haben. So fließt zum Beispiel durch die gerichtlichen Erfolge gegen die Tabakindustrie Geld in die medizinische Versorgung von Rauchern und darüber hinaus wurde weltweit ein kritischerer Umgang mit Zigaretten eingeleitet. Mit dem Schöffengericht habe der kleine Mann wenigstens noch ein bisschen Anteil an der Ausübung der Macht, wo ansonsten die Politik immer anonymer wird. Würde man dies wegnehmen, ginge ein weiteres Stück praktizierte Demokratie verloren.

Betrachtet man aber die Folgen der Urteile, verlieren die Vorzüge des Schöffenverfahrens an Bedeutung. Misstrauen entsteht zwischen den Menschen. Jede Hilfe, die man jemand anderem leistet, birgt das Risiko, bei einem kleinen Fehler im Gerichtsaal zu landen. Durch den häufigen Missbrauch der Haftpflicht und die gigantischen Strafen sind die Raten für die Haftpflichtversicherung in vielen Bereichen so hoch, dass viele Einrichtungen die Prämien nicht zahlen und ihre Dienste nur noch begrenzt anbieten können. Sie können zum einen das Risiko, verklagt zu werden, nicht tragen, können sich die Haftpflichtversicherung aber nicht leisten.

Eine Abschaffung der Schöffengerichte wäre wahrscheinlich der bessere Weg, ist aber wegen der Anwaltslobby eher illusorisch.

Politisches System und Wahlen

Die politisch-rechtlichen Grundwerte einer Gesellschaft bilden die Basis für das gesellschaftliche Zusammenleben. Mit wenigen Begriffen soll der **gesellschaftliche Konsens** (der über alle Schichten hinweg bestehen sollte) umrissen werden:

- *Government of, by and for the People* (Regierung vom, durch und für das Volk) – dieser Satz stammt von Präsident *Abraham Lincoln* und drückt die amerikanische Vorstellung von **repräsentativer Demokratie** aus.
- *The Land of the Free and the Home of the Brave* (Das Land der Freien und die Heimat der Mutigen) lautet der patriotische Refrain der Nationalhymne, die Amerikaner so stolz mit ihrem Land verbinden und bei vielen Gelegenheiten anstimmen.
- *One nation, under God, indivisible, with liberty and justice for all* (eine Nation, unter Gott, unteilbar, mit Freiheit und Gerechtigkeit für alle). Dieser Spruch entstammt dem allmorgendlichen **Pledge of Allegiance to the Flag of the United States** (Fahnengelöbnis an Schulen, bei dem alle Kinder in Richtung der Flagge blicken und den Spruch mit der rechten Hand auf dem Herzen sprechen), das vor hundert Jahren eingeführt wurde und dessen religiöse Formel der Kongress 1954 beschloss.

Die amerikanische Flagge darf nirgendwo fehlen

Prinzipien wie diese sind den Amerikanern in der kurzen Geschichte der Vereinigten Staaten von Amerika in Fleisch und Blut übergegangen.

Die USA sind eine **repräsentative Präsidialdemokratie** mit Zweikammerparlament und einem Präsidenten als Staats- und Regierungschef. Der Regierungssitz *(Capitol)* befindet sich in der Hauptstadt Washington D.C. *(District of Columbia)*. Die **Bundesrepublik mit 50 Einzelstaaten** wird zwar zentral verwaltet, dennoch sind die Bundesstaaten relativ eigenständig bei der Gesetzgebung und anderen politischen oder gesellschaftlichen Entscheidungen.

Die amerikanische Verfassung

All Men are created equal (alle Menschen sind gleich geschaffen) und *Life, Liberty and the Pursuit of Happiness* (Leben, Freiheit und das Streben nach Glückseligkeit) steht in der amerikanischen **Unabhängigkeitserklärung** geschrieben. Diese Sätze symbolisieren bis heute nicht nur wichtige demokratische Grundsätze, sondern auch die Identifikation der Gesellschaft mit den Menschenrechten und der Freiheit. Die Unabhängigkeitserklärung ist wie die Verfassung ein wichtiges Dokument für die Amerikaner.

Die **Constitution of the United States of America** (Verfassung der Vereinigten Staaten von Amerika) ist die älteste, bis heute gültige, schriftliche Konstitution überhaupt. 1787 trat ein Verfassungskonvent – darunter die Verfassungsväter *Washington, Jefferson, Franklin, Hamilton* und *Madison* –

zusammen, der es sich zum Ziel gemacht hatte, die *Articles of Confederation* zu überarbeiten. Vorsitzender des Verfassungskonvents war *George Washington.* Das Ergebnis aber war eine völlig neue Bundesverfassung und diese trat 1789 nach Ratifizierung durch die meisten der 13 Einzelstaaten in Kraft.

Nur drei Jahre später wurde sie um die ersten zehn *Amendments,* die sogenannte *Bill of Rights* erweitert. Die zehn Verfassungszusätze von 1791 umschließen die verfassungsmäßigen Grundrechte der Amerikaner, fungieren also als Grundrechtskatalog. Die **Bill of Rights** enthält wichtige Menschenrechte wie die Religions-, Meinungs- und Versammlungsfreiheit sowie die Unverletzbarkeit von Person und Eigentum.

Erster Präsident der Vereinigten Staaten wurde *George Washington* – einer der Gründungsväter, der von 1789 bis 1797 amtierte. Ihm gelang es, die in der Verfassung festgelegten Grundsätze in die politische Praxis umzusetzen.

Die *Constitution of the United States of America* legte als Staatsform eine **föderalistische Demokratie** mit einer relativ starken, präsidial organisierten Bundesregierung fest. Die bundesstaatlichen Elemente spielen bis heute eine wichtige Rolle in den Vereinigten Staaten.

Durch die **Dreiteilung der Staatsgewalt** in Exekutive, Legislative und Judikative sollen die Befugnisse aller drei Regierungsgewalten beschränkt werden, um eine zu große Machtstellung zu verhindern.

Den Vätern der Verfassung war nicht nur die Gegenwart, sondern auch die Zukunft der Nation wichtig. Sie sahen die **Verfassungsergänzung** durch Zusatzartikel *(Amendments to the Constitution)* vor, falls dies aus politischen, gesellschaftlichen oder wirtschaftlichen Gründen heraus notwendig werden würde. Seit ihrer Ratifizierung ist die Verfassung um 27 Zusätze erweitert worden. Der letzte Verfassungszusatz stammt aus dem Jahr 1999. Die Flexibilität der *Constitution* hat sich als eine ihrer größten Stärken herausgestellt.

Auf ihre in der Verfassung verankerte **Demokratie** sind Amerikaner bis heute sehr stolz. Kritiker behaupten aber, Amerika sei aufgrund seiner Sklaverei-Vergangenheit und der daraus resultierenden, jahrzehntelangen Verneinung des Bürgerstatus, der Menschenrechte und des Wahlrechts für Afroamerikaner und andere ethnische Minoritäten nie ein demokratischer Staat gewesen. Trotzdem hat sich die amerikanische Verfassung und das durch sie geschaffene Regierungssystem mit dem Prinzip der *Checks and Balances* (Kontrolle und Gegengewichte), dem föderalistischen Grundsatz und der *Bill of Rights* bis heute als sinnvoll bewiesen.

In Artikel 1 der Verfassung wird die **Legislative** definiert und die legislative Gewalt dem Kongress zugeschrieben. Die **exekutive** Gewalt des

Präsidenten ist durch Artikel 2 festgelegt und Artikel 3 legt die **judikative** Gewalt in die Hände des Obersten Gerichtshofs *(Supreme Court)* und den ihm untergeordneten Gerichten, wenn diese vom Kongress einberufen werden. Die Legislative wird durch Senat und Repräsentantenhaus repräsentiert.

Das Volk wählt den Kongress (Senat auf 6 Jahre, das Repräsentantenhaus auf 2 Jahre) und die Wahlmänner. Die **Wahlmänner** wählen den Präsidenten. Dieser ernennt in Eigenverantwortlichkeit die Regierung und mit Zustimmung des Senats den Obersten Gerichtshof. Oberste Bundesrichter werden auf Lebenszeit ernannt.

Amerikaner haben ein **tiefes Misstrauen gegen Staat und Regierung,** denn sie befürchten Machtmissbrauch oder einen übermächtigen Staat.

In der Praxis kontrolliert also der **Präsident** den Kongress und den *Supreme Court* (er kann bei Gesetzesvorschlägen des Kongresses von seinem Vetorecht Gebrauch machen und darf einzelne Bürger zu Geschworenen ernennen). Der Kongress überwacht den Präsidenten und das Oberste Bundesgericht. Er ist berechtigt, sowohl Präsident als auch die Richter des Bundesgerichtshofes ihres Amtes zu entheben. Der **Bundesgerichtshof** überprüft Exekutive und Legislative. Ein vom Kongress erlassenes Gesetz oder eine Anweisung des Präsidenten kann der *Supreme Court* für gesetzeswidrig erklären. Die **Medien** als **vierte Gewalt** überwachen die drei „offiziellen" Gewalten von außen.

Das Prinzip von *Checks and Balances* tauchte erstmals in der Unabhängigkeitserklärung der USA auf, die 1776 verkündet wurde und ist heute in den Verfassungen der meisten modernen Demokratien verankert.

Weil die amerikanische Verfassung sehr ideell und nicht unbedingt praxisbezogen ist, wird sie manchmal als „großes schwarzes Loch" bezeichnet, über das man nicht viel weiß, aber in das man alles hineininterpretieren kann.

Parteien und Wahlen

Im Parteiensystem der USA besteht die **Hauptfunktion der Parteien** in der Mitwirkung an den Wahlen; Amerika ist weltweit das Land mit der geringsten Anzahl von Parteien im Parlament. Seit Entstehung der Vereinigten Staaten mit der Niederschrift der Verfassung von 1787 regieren eigentlich nur zwei Parteien das Land: Die Republikaner und die Demokraten. Das Logo der Demokraten ist der Esel, das „Maskottchen" der Republikaner der Elefant. Seit es die Vereinigten Staaten gibt, waren es immer Demokraten oder Republikaner, die die Regierungen sowohl auf nationaler als auch auf einzelstaatlicher Ebene stellten.

Die **Republikaner** bezeichnen sich selbst gern als *Grand Old Party (GOP),* verknüpfen ihre Parteigeschichte und ihre Ideale mit *Abraham Lincoln* und definieren sich selbst als Partei der *First Principles,* der uramerikanischen Werte von Individualismus, Pioniergeist, freiem Unternehmertum, Anti-Zentralisierung. Sie engagieren sich gegen Bürokratisierung und für Familiensinn und Nachbarschaftsgeist. Den Demokraten erscheint dies als Hohn auf eine Realität, die von der Selbstverliebtheit der GOP, von Ellenbogenmentalität und dem elitärem Gehabe der oberen Zehntausend geprägt ist.

Die **Demokraten** verknüpfen ihre Partei mit den politischen Leitsätzen von *Jefferson, Jackson, Wilson* oder *Franklin Delano Roosevelt,* um sich als Partei der Demokratisierung, der Freiheit, des Fortschritts und des Volks darzustellen. Das wird von den Republikanern eher argwöhnisch beäugt, denn für sie stellen die Demokraten lediglich einen wilden Haufen radikaler „Linksgruppen" dar, deren Wirtschafts- und Sozialpolitik stets verhängnisvolle Konsequenzen für die Gesellschaft und Politik der USA habe.

Die Wählerschaft der Demokraten besteht zu einem Großteil aus Arbeitern und Angehörigen ethnischer Minderheiten. Die Demokraten werden als die liberalere Partei angesehen und die Republikaner als die eher konservative Partei. Demokraten glauben im Allgemeinen, dass es auch zur Verantwortung der Regierung gehört, soziale und wirtschaftliche Programme für Bedürftige bereitzustellen.

In manchen Angelegenheiten sind die **Demokraten untereinander gespalten:** Die Democrats in den nördlichen Staaten sprechen sich z. B. für eine nationale Initiative zur Lösung sozialer Probleme aus, fordern von der Regierung stärkere Wirtschaftseingriffe und sind für die Unterstützung von Minderheiten. Die Demokraten im Süden sind konservativer bezüglich finanzpolitischer und ökonomischer Eingriffe der Politik und im Hinblick auf den Umgang mit ethnischen Minoritäten.

Die **Republikaner** sind nicht unbedingt gegen soziale Maßnahmen für Minderbemittelte, glauben aber, dass sie den Steuerzahler zu viel kosten. In der Hoffnung, dass eine starke Privatwirtschaft die Bevölkerung weniger abhängig vom Staat macht, legen sie mehr Wert auf die Förderung privater Investitionen. In Wirtschaftsfragen sind sie sich intern aber einiger als die Demokraten: Sie befürworten einen Abbau der Sozialleistungen, um den Haushalt zu entlasten und fordern die Absenkung der Inflation sowie Steuererleichterungen zugunsten des Wirtschaftsaufschwungs. Im Streit um Abtreibung und Bürgerrechte sind es die Republikaner, die sich uneinig sind.

Beide große Parteien erfreuen sich reger Unterstützung durch einen Großteil der Bevölkerung und vereinen eine **große Bandbreite politi-**

scher Anschauungen. Durch das Mehrheitswahlrecht (Erläuterung s. u.) wird die politische Mitte – um die beide Parteien kämpfen müssen und die meistens die Wahl entscheidet – gefördert und damit eine **politische Mäßigung** erzielt.

Als Amerikaner muss man kein Parteimitglied sein, um selbst zu kandidieren. Für ein Amt anzutreten gestaltet sich ohne Finanzmittel und freiwillige Wahlhelfer aber schwierig. Der **Wahlkampf** ist in den Vereinigten Staaten in hohem Maße **personalisiert,** d. h., die Wähler entscheiden sich eher für Kandidaten als für Parteien. Das liegt zum Teil daran, dass durch die Einteilung in Wahlkreise ein „persönlicheres" Verhältnis zwischen Wähler und Kandidat entsteht.

Anders als in Europa sind die Parteien in den USA nicht so stark organisiert und stehen seltener im Licht der Öffentlichkeit. Verglichen mit den klassischen europäischen Parteien ähneln sie eher Interessengruppen, die sich kurz vor den Wahlen zusammenfinden. Sie sind keine Mitglieder- oder Programmparteien, sondern eher lokal und regional orientierte Wählervereine ohne zentrale Führungsstrukturen. Partei- oder Fraktionsdisziplin spielen eine sehr untergeordnete Rolle. Gesetzesinitiativen können mit wechselnden Mehrheiten parteiübergreifend eingebracht werden.

Auf nationaler Ebene sind die Parteien in drei Organe untergliedert, den Parteivorsitzenden, den Parteivorstand und den Parteitag (*Convention)*, bilden aber keinesfalls die Spitze einer hierarchischen Pyramide, die nach „unten" hin Anordnungen erteilt.

Während in Deutschland ein personalisiertes Verhältniswahlrecht besteht, hat die USA das **Mehrheitswahlrecht** (Wahlgebiet in ebenso viele Teile untergliedert, wie Abgeordnete zu wählen sind; die Parteien bestimmen für ihre Wahlkreise Kandidaten, von denen jener gewählt ist, der die meisten Stimmen erhält – alle anderen Stimmen verfallen). Durch die Einteilung der Wahlkreise kann es zu Manipulationen kommen, denn die Anzahl der Wähler, die von einem Volksvertreter repräsentiert werden, kann unterschiedlich groß sein. Die Anzahl der *Congressional Districts* (Wahlbezirke) wird alle zehn Jahre durch eine Volkszählung *(Census)* ermittelt.

Außer den beiden großen Parteien konnten bisher kaum andere Gruppierungen (sogenannte **Third Parties** – unabhängige dritte Parteien – wie z. B. die Grünen oder die Kommunisten) politisch Fuß fassen. Ihre Kandidaten kommen selten zu größerer, überregionaler Bedeutung – *Paul Nader* von den *Greens* (Grünen) war eine der Ausnahmen und nur einmal konnte ein unabhängiger Präsidentschaftskandidaten einer „Drittpartei" (*Abraham Lincoln* für die Republikaner 1860) siegen.

Durch das frühe Ausscheiden im Wahlkampf (wegen des Mehrheitswahlrechts) kommt es schnell zu einem Demokratiedefizit. Bei den Wahlen 2002 gab es nur zwei unter 435 Kongressabgeordneten, die einer unabhängigen Partei angehörten. Von mehr als 7300 gewählten Abgeordneten in den bundesstaatlichen Parlamenten waren 21 keine Mitglieder der zwei großen Parteien.

Auch im Kongress können andere Parteien kaum Einfluss nehmen, obwohl die Kongresswahlen als Korrektiv oder Kontrolle dienen, indem sie andere Mehrheiten hervorbringen.

Die **Wahlbeteiligung** ist in den USA in der Regel sehr niedrig, sogar weltweit die geringste. Bei den Präsidentschaftswahlen 2000 lag die Beteiligung bei ca. 50 Prozent, im Jahr 2004 bei ca. 55 Prozent. Bei Kongresswahlen lag sie bei 30 bis 40 Prozent und bei Wahlen für die Einzelstaaten (Gouverneur und Kongress) manchmal sogar nur um die 25 Prozent. Beeindruckend ist daher, wie *Obama* bei der Präsidentschaftswahl 2008 gerade die ehemaligen Nichtwähler, Angehörige der unteren Schichten, Junge, Afroamerikaner und Latinos für sich begeisterte und an die Wahlurne brachte. Mit ca. 64 % erreichte er die höchste Wahlbeteiligung seit 100 Jahren.

Seit 1974 gilt: **Wahlberechtigt** sind alle Bürger ab 18 Jahren, die nicht vorbestraft sind und sich ins Wahlregister haben eintragen lassen. Die Registrierung ist deshalb notwendig, da es in den USA keine Meldepflicht gibt, die Verwaltung die Adressen seiner Bürger nicht kennt und deshalb auch keine Wahllisten erstellen kann.

Die Amerikanische Präsidentschaftswahl

Alle vier Jahre ist **Election Day,** der Tag der Präsidentschaftswahlen, der immer auf den Dienstag nach dem ersten Montag im November fällt.

An diesem Tag stimmen die Wahlberechtigten in ihrem Bundesstaat nicht direkt für „ihren" Präsidentschaftskandidaten, sondern für die Wahlmänner, die für ihren Wunschkandidaten stehen.

Die gewählten **Wahlmänner** wiederum geben später ihre Stimmen ihrem Präsidenten; es wird zumindest von ihnen erwartet. Sie sind jedoch nicht dazu verpflichtet.

Dieser Wahlmodus ist in der Verfassung festgelegt und entstammt einer Zeit, als es noch keine überregional berichtenden Medien gab. Aufgrund der riesigen Landesdimensionen kannte der Bürger den Präsidentschaftskandidaten oft gar nicht oder vertraute ihm wenig.

Die Anzahl der Wahlmänner richtet sich nach den dem Bundesstaat zur Verfügung stehenden Abgeordneten eines Staates im Senat plus den Abgeordneten im Repräsentantenhaus in Washington.

Viele junge Menschen gehen nicht zur Wahl

Florida stehen pro rivalisierender Partei 25 Wahlmänner-Kandidaten zu: für 23 Repräsentanten und wie bei jedem Staat für 2 Senatoren. Kleinere Staaten wie New Hampshire haben nur vier Wahlmänner. Von allen Bundesstaaten zusammen gibt es 538 Wahlmänner. Je dichter ein Staat besiedelt ist, desto wichtiger wird es (wegen der hohen Zahl der zu überzeugenden Wahlmänner), die Mehrheit der Stimmen zu gewinnen.

Die Partei, die die meisten Wählerstimmen in einem Bundesstaat auf sich vereinigen konnte, gewinnt meistens sämtliche Wahlmänner des Bundesstaats (ausgenommen Maine und Nebraska). Würden also zum Beispiel in Florida die Wählerstimmen für 13 Wahlmänner der Demokraten ausreichen, hätten sie die Mehrheit und die restlichen 12 Wahlmänner würden auch an sie gehen.

Immer am 18. Dezember stimmen die Wahlmänner aller Bundesstaaten über den **neuen Präsidenten** ab. Präsident wird derjenige Kandidat, der die einfache Mehrheit – also mindestens 270 Stimmen bekommt – bei einem 538 Köpfe zählenden *Electorial College* (Wahlmännergremium). Die Wahlmänner wählen dann für ihre Partei den Präsidenten. Nur mit der Mehrheit der Wahlmänner aus der eigenen Partei hat ein Kandidat die Chance, zum Präsidenten gewählt zu werden. Der neu gewählte Präsident und Vizepräsident legen den Amtseid ab und treten am 20. Januar ihr Amt an.

Manchmal ähneln amerikanische **Präsidentschaftswahlen einem Volksfest.** Ein Meer aus Konfettiregen und Ballons umspült Hunderttausende auf den *Conventions*. Die Anhänger schwenken begeistert blau-weiß-rote Fahnen, Spruchbänder, auf denen Slogans wie *A Stronger America* (Ein stärkeres Amerika) stehen und Poster, von denen der Kandidat – gefeiert wie ein Popstar – herunterlächelt. Dass sich dahinter viel Geld und zuweilen unlautere Methoden verbergen, wird leicht vergessen. Das verfügbare Geldvolumen im Wahlkampf hat entscheidenden Einfluss auf das Wahlergebnis.

Die Wahlhelfer organisieren das **Campaigning** (Wahlkampagnen), sammeln **Spenden** (teilweise in Millionenhöhe) von Anhängern der Präsidentschaftskandidaten. Das birgt die **Gefahr von Bestechlichkeit.** Wer könnte großzügigen Spendern, denen man eventuell maßgeblich den Wahlsieg mitverdankt, in der späteren Regierungszeit einen Wunsch abschlagen. Die Regierung von *George W. Bush* konnte nie den Verdacht abschütteln, besonders stark die Interessen der Erdölindustrie zu vertreten. Waren doch einige ihrer Regierungsmitglieder wie Vizepräsident *Cheney* zuvor dort in Führungspositionen tätig. Merkwürdig erscheint in diesem Zusammenhang auch das fast obsessive Beharren auf der Invasion im Irak als Konsequenz des Anschlags vom 11. September – ohne eine sachliche Nutzen-Risiko-Abwägung und gegen den Willen der Völkergemeinschaft. Auch bei der Auftragsvergabe zum Wiederaufbau des Iraks enstand der Verdacht, dass *Cheney* für die Übervorteilung *Halliburtons* verantwortlich ist, des Konzerns, für den er lange Jahre in der Chefetage tätig war.

Die **Medien spielen im Wahlkampf** eine herausragende Rolle. Während TV-Duelle seit *Kennedy* und *Nixon* ein übliches Wahlkampfmittel sind, wird der Wahlkampf seit neuestem auch im Internet ausgetragen. Auf Homepages und Chatseiten (wie z. B. Freundschaftsbörsen) oder in Blogs (einer Art öffentliches Tagebuch) werben die Kandidaten um neue Wähler. Insbesondere *Obama* konnte das Internet massiv zu seinen Gunsten nutzen und damit neue Wählergruppen aktivieren. Kongressabgeordnete machen Wahlwerbung per (Junk-)E-Mail und kaufen Mailinglisten bei Adresshändlern.

Föderalismus und Verwaltung

Die Verfassung strukturiert die Bundesregierung und untergliedert ihre Befugnisse und Aufgaben. Sie sieht ein **föderales System** vor, demzufolge die nicht bei der Bundesregierung liegenden Kompetenzen von den einzelnen Bundesstaaten ausgeübt werden. Die Einzelstaaten haben zwar ihre eigenen Verfassungen und Gesetze, dürfen aber keine eigenen Beziehungen zum Ausland pflegen, mit diesem keine Verträge und Abkommen abschließen oder Zölle erheben. Die Bundesstaaten haben kein Recht auf eigene Münzen, sind nicht befugt, Personenverkehr über ihre Grenzen zu verhindern und dürfen keine Steuern auf interstaatlichen Handel erheben. Durch vom Kongress bewilligte, **bilaterale Verträge** (z. B. betreffend der Wasserressourcen, Schifffahrt, Umweltschutz oder Hafenentwicklung) können die Bundesstaaten aber untereinander und mit anderen Nationen zusammenarbeiten.

Wie die Bundesregierung haben auch die **Regierungen der Einzelstaaten** einen exekutiven, einen legislativen und einen judikativen Bereich, die in Aufgaben und Ausmaß weitgehend mit dem System des Bundes übereinstimmen.

Die oberste Verwaltung eines Bundesstaates obliegt dem **Gouverneur,** der durch allgemeine Wahlen für zwei bis vier Jahre ins Amt gewählt wird.

Außer Nebraska, mit nur einem legislativen Ausschuss, haben alle Staaten eine Zweikammerlegislative mit einem Senat (Oberhaus) und einem Repräsentantenhaus (Unterhaus).

Jeder Bundesstaat untergliedert sich in **Counties** (Landkreise), **Townships** (Kommunalbezirke unterhalb der *Counties*), **Cities** (Stadtgemeinden) und **Villages** (ländliche Gemeinden) mit ihren jeweiligen selbst gewählten Administrationen. Von den *Counties* gibt es mehr als 3000; allein Louisiana besteht aus 64 mit *Counties* vergleichbaren Kreisen. In Alaska gibt es keine Verwaltung, die den *Counties* ähnelt. Haben in manchen Staaten wie Connecticut die *Counties* kaum Selbstverwaltungsfunktion, so gibt es in anderen wie z. B. Virginia freie Städte, welche als unmittelbare politische Einheiten des Staates fungieren.

Dicht besiedelte Gebiete werden in selbst verwaltete Einheiten wie Städte und Stadtbezirke eingeteilt. So können Grundleistungen wie Polizei, Feuerwehr und Krankenversorgung garantiert werden. Schulräte überwachen die Bildungseinrichtungen im Primar- und Sekundarbereich und sind verantwortlich für Budgets, Unterrichtspläne und staatliche Lehrerexamina. Die Lehrpläne unterscheiden sich von Staat zu Staat und auch das Strafrecht wird vielerorts anders ausgelegt.

Während die bundesstaatliche Verwaltung sehr genau vorgeschrieben ist, unterscheidet sich die **Verwaltung der Städte** von Ort zu Ort. Die meisten haben einen von den Wählern gewählten Zentralrat und einen Verwaltungsleiter, den seine Abteilungsleiter bei der Stadtverwaltung unterstützen.

Wenn es um projektbezogene Finanzierungsprogramme oder um die projektunabhängige Verteilung von Geldern für Bildung oder die kommunale Entwicklung geht, arbeiten die zentralen- und bundesstaatlichen Verwaltungen eng zusammen. Die Einzelstaaten führen bundesstaatsinterne und Bundeswahlen durch, kontrollieren die Einhaltung der Wahlrechtsbestimmungen und die Regierungen oder Verwaltungen der Städte und *Counties*. Auch die Erhaltung und der Ausbau von Industrie, Wirtschaft, und Landwirtschaft sowie die Unterhaltung von Straßen, Gefängnissen, Krankenhäusern und psychiatrischen Kliniken fällt in den Aufgabenbereich der einzelnen Staaten. Sie unterhalten darüber hinaus ein weitläufiges Hochschulsystem und übernehmen gemeinsam mit kommunalen Administrationen die Sozialhilfe, medizinische Versorgung, arbeitspolitische und andere soziale Leistungen für die Bürger.

Lobbyismus und Interessenverbände

Die Vereinigten Staaten von Amerika sind das Land der Interessengruppen schlechthin. Es existieren etwa 20.000 dezentral organisierte Verbände, die gesellschaftspolitische und wirtschaftliche Interessen vertreten. In der **Lobby** (Wandelhalle) des Kongresses oder der Regierungssitze der Einzelstaaten versuchen die Lobbyisten auf die Abgeordneten Einfluss zu nehmen. **NGOs** (*Non Governmental Organizations* – Nicht-Regierungs-Organisationen) und Wirtschaftsmagnaten sind nur einige wenige von ihnen. Nicht selten kommt es vor, dass Kongressabgeordnete zum Beispiel durch die Tabakindustrie bestochen werden.

Die Polizei – Dein Freund und Helfer!?

Alle Gemeinden, Kreise, Einzelstaaten und der Bund verfügen über eigene Polizisten. Sie tragen eine Uniform und eine Waffe, die sie auch nach Dienstschluss nicht ablegen müssen.

In den USA kann man selbst Sicherheitsbeamte gegen eine Leihgebühr für die nächste Party mieten. Besonders gefährdeten Personen wird auch ein (freiberuflicher) Bodyguard vermittelt, denn mancher hat wenig Vertrauen darauf, dass die Polizei ihn ausreichend beschützt und nimmt seine Verteidigung lieber selbst in die Hand. Dabei sind die amerikanischen Polizeibeamten sogar im verschlafensten Nest sehr gründlich und um Sicherheit bemüht. Sich als Zivilist (zum Beispiel bei einer Verkehrskontrolle) mit einem Polizisten anzulegen, kann sehr unangenehme Folgen haben.

Der Gegensatz zwischen der **Polizeibrutalität** und dem Bild des Polizisten als Freund und Helfer, als **freundlicher Sheriff,** der den Ort im Au-

Die Ordnungshüter behalten alles im Auge

ge behält, ist besonders ausgeprägt. Gibt es z. B. beim New York Police Departement (NYPD) die Helden vom 11. September, so kommt es dort auch vereinzelt zu Fällen von Rassismus. Sendungen wie „Cops" von Producer *Dick Herman* oder „World's Wildest Policemen" sind umstritten, weil hier zum einen die Brutalität der Polizeibeamten sichtbar wird und zum anderen Afroamerikaner und *Hispanics* durch ihre häufige Verstrickung in Gewalttaten dämonisiert werden. Fälle, in denen weiße Polizisten schwarze Tatverdächtige misshandelten, sorgen immer wieder für Aufsehen und haben zum Beispiel in Los Angeles zu lang anhaltenden Krawallen geführt. Gerade in Großstädten sind Angehörige von ethnischen Minderheiten, auf die die Polizei immer ein besonderes Augenmerk hat, oft Opfer der Polizeibrutalität.

Die Arbeit der Polizei wird unterstützt von der *Central Intelligence Agency* **(CIA)**, dem amerikanischen Auslandsgeheimdienst, und dem *Federal Bureau of Investigation* **(FBI)**, dem Inlandsgeheimdienst.

In the Army now! – Militär und Berufsarmee

I want you for US-Army verkündet ein grimmig dreinschauender **Uncle Sam** auf einem bekannten Poster aus der Zeit des Ersten Weltkriegs. Mit diesem Werbespruch versuchte die US-Regierung damals, junge Amerikaner für die Armee zu gewinnen. *Uncle Sam,* so erzählt die Legende, war ein Metzger, vermutlich mit dem Namen *Samuel Wilson,* der die US-Truppen im britisch-amerikanischen Krieg von 1812 mit Fleisch belieferte. *Samuel Wilson,* alias *Uncle Sam,* wurde1766 in Troy, das sich heute das *Home of Uncle Sam* nennt, geboren. Auf seinen Waren war das Kürzel U.S. angebracht, dass viele Soldaten als *Uncle Sam* lasen. Er starb 1854 in seiner Heimatstadt. Heute steht *Uncle Sam* als Synonym für die Regierung oder die USA als Ganzes.

Die **Armed Forces** setzen sich zusammen aus **Army, Navy, Air Force** und dem **Marine Corps,** die sogenannten **Marines,** einer Spezialeinheit, die besonders hart ausgebildet wird und die Truppen bei Boden- Luft- und Seeeinsätzen unterstützt. Außerdem gibt es noch die **National Guard** (Nationalgarde), die bei Naturkatastrophen und zur Unterstützung von Polizeioperationen eingesetzt wird.

Laut Verfassung soll das Militär „gut reguliert" sein, sei dies doch, so Artikel II der *Bill of Rights,* „notwendig für die Sicherheit eines freien Staates." Die US-Armee gehört heute zu den mächtigsten Institutionen weltweit. Sie ist sozusagen der verlängerte Arm des US-Präsidenten. Dieser ist Oberbefehlshaber über die Streitkräfte. Seine Befehle werden durch den Verteidigungsminister zu den verschiedenen militärischen Oberkommandostellen weitergeleitet. Der Vereinigte Generalstab setzt sich aus den Oberbefehlshabern der Landstreitkräfte, Marine, Luftwaffe und Marineinfanterie zusammen. Er berät Präsident und Kongress in militärischen und strategischen Fragen sowie bezüglich der Rüstungsausgaben und Waffensysteme.

In den Streitkräften dienen heute ungefähr zwei Millionen **Soldaten und Soldatinnen** und mehr als eine Million **Zivilisten** sind im Militärapparat beschäftigt, denn das Militär ist heute einer der wichtigsten Industriezweige des Landes.

Die US-Armee ist heute hoch technisiert und immer mehr werden die Auswirkungen einer komplexen Vernetzung von Wirtschaft, Militär und Teilen des Staatsapparates augenscheinlich. Dieses Phänomen nennt sich **militärisch-industrieller Komplex.** Für die Rüstung relevante Wirtschaftszweige konzentrieren sich mehr und mehr und zwischen verschiedenen militärischen, politischen und gesellschaftlichen Institutionen findet ein starker Personalaustausch statt. Wirtschaftsmanager arbeiten in Militäreinrichtungen, Offiziere und hohe Beamte des Verteidigungsministeriums befinden sich in leitenden Positionen von Wirtschaftsunternehmen und der Entwicklung neuartiger Waffensysteme wird große Wichtigkeit beigemessen. Aufträge von der Seite des Staates sorgen dafür, dass sich die Rüstungsindustrie zu einem der wichtigsten Wirtschaftszweige entwickelt. Der riesige Militärapparat und die gigantisch wachsende Rüstungsindustrie verflechten sich immer weiter. In den 1960er-Jahren wurde der militärisch-industrielle Komplex immer mehr zur Antriebkraft des Wettrüstens mit dem Osten und zu einem wichtigen politischen Thema.

Nach Ende des Vietnam-Kriegs sind die amerikanischen Streitkräfte in eine Berufsarmee umgewandelt worden. Zuvor galt die Allgemeine Wehrpflicht und eine Art Losverfahren zur Bestimmung der Wehrdienst-Leistenden. In den 1980er-Jahren wurde die **Berufsarmee** wieder etwas mehr eingeschränkt und seit 1980 muss jeder männliche US-Bürger zwischen 18 und 25 Jahren für den Kriegsfall seine Adresse beim zuständigen Postamt hinterlegen und wird im *Selective Service System* registriert. Der Dienst in der Army ist eine der Verpflichtungen, denen die meisten Amerikaner anstandslos nachkommen, viele melden sich sogar freiwillig.

Im Jahr 2007 dienten in dieser **Freiwilligenarmee** als Aktive 522.648 Männer und Frauen bei der *United States Army,* 331.352 bei der *United States Air Force,* 335.141 bei der *United States Navy,* ca. 186.300 beim *United States Marine Corps* und etwa 38.000 bei den *United States Coast Guards.*

Die *US-Army* ist heute stark in der Gesellschaft verwurzelt und findet Anerkennung bei einem Großteil der Bürger – was in einem Land mit ausgeprägter militärischer Geschichte, der Tatsache, dass sich das Militär nie gegen das eigene Volk gewendet hat, mit Volkspatriotismus und einer so großen Waffenliebe nicht sehr verwundert.

Schon immer gehörte nicht nur die Verteidigung der eigenen Person und der Familie zu den Zielen der Amerikaner, auch die **Verteidigung des eigenen Landes** war seit jeher die ehrenvolle Pflicht eines jeden Bürgers. Seit dem Unabhängigkeitskrieg, in dem Amerika gegen das Mutterland kämpfte, dem Sezessionskrieg der Nord- gegen die Südstaaten, und den Schlachten, die man sich mit den Indianern lieferte, ist den Amerikanern die Verteidigung ihrer eigenen Interessen in Fleisch und Blut übergegangen. Die *Army* diente zur Durchsetzung dieser Interessen. Trotz der wichtigen Rolle, die das Militär in der US-Gesellschaft einnimmt, sind die Streitkräfte (wie in jeder Demokratie) der Politik untergeordnet.

Die amerikanischen Streitkräfte rekrutieren sich heute **vorwiegend aus der Unterschicht,** da in einer Zeit hoher Arbeitslosigkeit jeder Job willkommen ist. Viele Einkommensschwache und Angehörige ethnischer Minderheiten verpflichten sich für die Armee, um etwas Geld zu sparen für das *College,* den Hausbau, Autokauf, um Vergünstigungen im Krankheitsfall zu bekommen oder um ihre Familien versorgen zu können und rechnen oft nicht damit, dass ihre Kompanie in den Krieg geschickt wird. Für sie ist die *Army* eine echte Alternative zu ihrem tristen, perspektivlosen Dasein und manchmal die einzige Chance, einen Job zu finden. Schon nach wenigen Jahren Dienstzeit bekommen sie eine kleine Rente ausgezahlt. Während des Militärdienstes aber hält sich ihr Gehalt, verglichen mit anderen Berufszweigen, in Grenzen.

In der *Army* gibt es **keine Rassen- oder Geschlechterdiskriminierung.** Alle sind gleich – wenn dies in der Gesellschaft so wäre, müssten viele gar nicht in die Armee. Leider treten häufig Fälle von sexueller Belästigung weiblicher Soldaten auf, die aber meist streng geahndet werden.

Das stark ausgeprägte Nationalbewusstsein der Amerikaner, das an anderer Stelle schon erwähnt worden ist, führt auch dazu, dass sich in Krisenzeiten unzählige **Freiwillige** zur *Army* melden, danach aber in der Regel den Militärdienst schnell wieder aufgeben. Wenn zu den Waffen gegriffen werden muss, dann solidarisiert sich die Nation mit ihren Männern und Frauen an der Front, denn jeder will für sein Land einstehen. Elitetruppen werden besonders bewundert. Aber nur **Familien mit militärischer Tradition** betrachten es als eine Ehre, im Militär zu dienen. Obwohl die meisten von ihnen konservativ eingestellt sind, gibt es auch solche wie *Military Families Speak,* eine Gruppe von Militärfamilien, die sich gegen den Irak-Krieg richten. Trotz ihrer geringen Mitgliederzahl (ca. 1000 Familien), haben die Hinterbliebenen von im Irak getöteten Soldaten eine immense

Stärkung bei McDonald's – Heimatgefühl auch in der Ferne

moralische Stärke und großen gesellschaftlichen Einfluss. Sie kritisieren den Krieg und prangern den Präsidenten dafür an, dass er ohne den Beweis für Massenvernichtungswaffen den Irak angegriffen hat. Die Militärfamilien sind traditionell konservativ und äußerst patriotisch. Selbst im Vietnam-Krieg, der viel mehr Opfer forderte als der Irak-Krieg, erhoben nur wenige von ihnen ihre Stimme gegen die Regierung und deren Krieg.

Die meisten Familien sehen es aber nicht so gern, wenn sich ihre Kinder zur *Army* verpflichten, es sei denn, das Land ist von außen bedroht. Dies zeigt, dass der Gegensatz von Friedfertigkeit und Kriegsgeist tief in der amerikanischen Seele verankert ist.

Der **Militäretat** der USA für 2009 liegt bei ca. 515 Milliarden Dollar – Tendenz steigend. Alle verteidigungsbezogenen Ausgaben belaufen sich laut *Robert Higgs* etwa auf das Doppelte des Militäretats, also ca. 1 Billion Dollar. Dies ist der größte Etat seit dem Kalten Krieg und er wird in den nächsten Jahren noch einige Rekorde sprengen. Jährlich werden ca. 3 bis 4 % des Bruttoinlandsprodukts in Rüstung investiert. Der Waffenhandelsanteil an den Exporten beträgt ungefähr 5 %, an den Importen etwa 0,2 %.

Wer zum Militär möchte, meldet sich in speziellen **Rekrutierungsbüros** und muss sich für mindestens drei Jahre verpflichten. Er oder sie sollte (als einfacher Soldat) zumindest den High-School-Abschluss haben oder, um Offizier zu werden, das College besucht haben. Die Ausbildung ist hart (vor allem an der Elitemilitärakademie West Point), aber neben Disziplin und Drill soll die Arbeit auch Spaß machen und der Alltag angenehm sein.

Amerikanische Truppen sind weltweit stationiert. Manchen Soldaten geht der lange Aufenthalt im Kriegsgebiet an die Substanz und sie machen es sich mit McDonald's, Coca Cola und Bowling so heimisch wie möglich.

Bewährte Militärs im Ruhestand schaffen leicht den Sprung in Wirtschaft oder Politik – einige, darunter *George Washington* und *Dwight D. Eisenhower,* brachten es sogar bis ins höchste Amt.

„Die Verehrung des Helden ist ein Kernelement unseres Patriotismus" schrieb *Dixton Wecter* im Buch „The Hero in America". Viele dieser Helden wie z. B. *George Washington* waren bedeutende Militärs. Militärdenkmäler wie das **Marine Corps War Memorial** auf dem Heldenfriedhof in Arlington und Military Parks, die Gedenkstätten großer Schlachten wie in Gettysburg sind beliebte Ausflugsziele von Touristen wie Einheimischen.

Veteranen stellen in dem an vielen Kriegen beteiligten Land eine große Bevölkerungsgruppe dar. Allein 27 Millionen Vietnamveteranen gedenken jedes Jahr in 16 Staaten am 11. November und in den restlichen Bundesstaaten am vierten Montag im Oktober, am **Veterans' Day,** ihren Heldentaten. Alles was den patriotischen Veteranen bleibt, ist der Stolz auf das, was sie für ihr Land geleistet haben. Das Land aber leistet nur wenig für sie. Zwar bekommen sie finanzielle Unterstützung, aber gerade Verwundete ernten zu wenig Dank. Viele Verwundete, Verkrüppelte oder Drogensüchtige kehrten aus Vietnam zurück und stellten zu Hause fest, wie schwer die Wiedereingliederung in die Gesellschaft war. Manche leiden noch heute unter diesem Trauma. Das sogenannte **Vietnam Syndrome** (ein Zögern der Regierung vor neuen, fatalen Auslandseinsätzen wie Vietnam) ist heute komplett überwunden.

Der **Irakkonflikt** und die militärische Intervention der Amerikaner haben im Land und weltweit zu massiver Kritik geführt. Und zwar nicht nur wegen des umstrittenen militärischen Vorgehens und der vielen Opfer, sondern auch wegen der immensen Kosten, die der Krieg mit sich bringt.

Happiness is a warm Gun! – Sicherheitsbedürfnis, Freiheitsgefühl und Waffenfetischismus

„ ... Wir, das Volk, müssen uns sicher fühlen können im Land der Freien, dem Heim der Mutigen ... Unsere Herzen sind dazu da, um zu heilen, das Böse zu bekämpfen und unser Land zu vereinen" sagte der 2008 verstorbene *Charlton Heston,* amerikanische Schauspiellegende und ehemaliger Präsident der **National Rifle Association** (NRA), auf einer der vielen Pro-

Waffen-Kundgebungen seines Verbandes und hat damit tatsächlich Tausende amerikanische „Herzen berührt".

Viele Amerikaner fühlen sich heute in einer Welt voller Katastrophenmeldungen, Terrorismusängsten, Kriegen, Kriminalität und medialer Angstschürung nur durch den Besitz einer Waffe sicher. Sicherheit wünschen sie sich vor allem zu Hause in der Familie. Und neben dem **Bedürfnis nach Sicherheit** spielt auch **Verantwortung** eine Rolle beim Waffenbesitz. Verantwortlichkeit wird von vielen Amerikanern gleichgesetzt mit der Fähigkeit, seine Familie zu beschützen. Wer keine Waffe im Haus hat, wird im Falle eines Einbruchs – so denken viele – nicht in der Lage sein, Frau und Kinder zu schützen. Denn kaum einer vertraut auf die Polizei, stattdessen verlässt man sich lieber auf sich selbst und seine Waffe. Diese Einstellung mag mit der typisch amerikanischen Individualität, Eigenverantwortlichkeit, dem Recht auf Selbstbestimmung und dem tief verwurzelten Misstrauen gegenüber den Autoritäten, dem Staat, zusammenhängen. Gerade viele Frauen fühlen sich sicherer, wenn sie eine Schusswaffe besitzen.

Deshalb verwundert es kaum, dass es in den USA mit 200 Millionen Waffen in Privatbesitz mehr gibt als in allen anderen Ländern der Welt. Der **Besitz von Schusswaffen** ist in den USA **ein Menschenrecht** *(Right to keep and to bear Arms)* und ist verankert im zweiten Artikel der *Bill of Rights*. Dort steht, dass man berechtigt ist, geladene Waffen zu besitzen.

Die *National Rifle Association (NRA)* ist die mächtigste Waffenlobby der Vereinigten Staaten, unterstützt im Wahlkampf regelmäßig die Republikaner und macht sich stark für eine weitere **Liberalisierung des Waffengesetzes.** Sie besteht darauf, dass jegliche Einschränkung beim Waffenverkauf ungesetzlich ist. 1993 wurden das letzte Mal die Bestimmungen zum Waffenbesitz verschärft. Die Waffenlobbyisten der NRA wehrten sich dagegen. Als Resultat wurde wenige Tage später das *Brady Law* erlassen, welches das „Recht eine Waffe zu tragen" nicht einschränkt, sondern nur vorschreibt, dass der Käufer einer Waffe fünf Tage warten muss, bis er sie mit nach Hause nehmen darf.

Michael Moores Dokumentation „Bowling for Columbine", die den Amoklauf in einer Schule in Columbine und Amerikas dubios-liebevolles Verhältnis zu Waffen veranschaulicht, prangert den Waffenfetischismus und den unzureichenden Schutz von Kindern und Jugendlichen vor **Waffenmissbrauch** an. Ein Recht auf Waffen besteht auch in Kanada und dort gibt es auch beinahe gleich viele Schusswaffen wie in den USA, aber bedeutend weniger Opfer der Waffenmanie.

Dies mag daran liegen, dass im Gegensatz zu den Kanadiern die Amerikaner sehr große Angst vor Verbrechen haben. Und beinahe jeder im

Besitz einer Schusswaffe ist, mit der er nicht zu schießen zögert, wenn jemand ungefragt sein Grundstück betritt und dies von dem Besitzer als eine Bedrohung empfunden wird. Während in Kanada die Häuser häufig nicht abgeschlossen werden, riegeln sich die Amerikaner in manchen Gegenden in den eigenen vier Wänden ein. Wenn ein Grundstück ohne Erlaubnis betreten wird, hat der Besitzer das Recht, sich zu verteidigen und den „Einbrecher" zu erschießen. Es gibt einige Fälle, in denen arglose Touristen erschossen wurden, die sich verirrt hatten und nur Auskunft wollten. Schon mit siebzehn darf man eine Waffe kaufen, denn ein gültiger Führerschein genügt als Bescheinigung. Jugendliche sind sich oft der Konsequenzen ihres Handelns nicht voll bewusst. Es erscheint daher höchst unangemessen, dass Minderjährige auf legalem Weg an Waffen gelangen können.

Als „Land der Freien" und „Heim der Mutigen" mit Cowboys, Wildem Westen und dem einzigartigen Frontier-Mythos sind die USA in die Geschichte eingegangen. Die eigenen Ideen, der eigene Lebensstil, die eigene Religion, die Landnahme wurden oft gegen andere Einwanderer oder gegen Indianer mit Gewalt durchgesetzt. Gewalt, auch Waffengewalt und Kreativität sowie das Recht auf Selbstbestimmung gehören daher in Amerika eng zusammen und führen dazu, das Recht auf Waffen so hoch zu halten.

Jagdleidenschaft oder purer Waffenfetischismus sind andere Gründe eine Waffe zu besitzen. Jagen und Schießen waren schon immer Vorlieben des weißen Mannes. Durch diesen Jagd- und Schießtrieb kam es zur Ausrottung der Büffel. Der Kampf gegen die Indianer verlor immer mehr den Aspekt der Selbstverteidigung und wurde zum Mittel der Unterwerfung und Vertreibung.

Heute haben auch die **Frauen** – satte 15 Prozent der Amerikanerinnen – den Schießsport für sich entdeckt: 60 Prozent der Teilnehmer an Schießkursen sind weiblich.

Bei manchen Banken, die auch Waffen verkaufen, bekommt man bei der Kontoeröffnung kostenlos eine Waffe zugesprochen. Schon Teenager kommen in der Familie, bei Schießveranstaltungen oder in Schießvereinen mit Waffen in Kontakt und entwickeln schon früh eine Leidenschaft für das Schießen.

Die amerikanische Firma *Logheed Martin* ist der größte Waffenhersteller weltweit.

Die Polizeikontrollen haben sich nach dem 11. September verstärkt

Nach dem Columbine-Unglück, bei dem zwölf Schüler durch die Hand zweier Mitschüler starben, und der Tragödie in Flint, bei der ein Sechsjähriger eine Klassenkameradin mit einer von Zuhause mitgebrachten Waffe erschossen hatte, haben viele Schulen die **Zero-Tolerance-Politik** übernommen und Dresscodes, Metalldetektoren sowie die Suspendierung von Schülern und Verhaftungen wegen Tragens von provokativen T-Shirts und Besitz von „gefährlichen" Gegenständen wie Nägel und Papierpistolen eingeführt.

An Schulen in den *Suburbs* kursieren wesentlich mehr Waffen als an *Innercity-Schools,* obwohl sich diese in den Gettos befinden. In manchen Städten (zum Beispiel in New York City) befinden sich Waffengeschäfte nur in den äußersten Randbezirken, um den Zugang für Jugendliche zu erschweren.

Freiheit und Gerechtigkeit für alle!? – Kriminalität in den USA

Wie schon zuvor festgestellt wurde, sind die USA ein Land mit großen Gegensätzen. Dies zeigt sich auch im Verhältnis zwischen Gesetzestreue und Verbrechen, Höflichkeit und Gewalt. Während die meisten Amerikaner

großen **Respekt vor dem Gesetz** haben und die vielen Verbots- und Hinweisschilder im Alltag beachten, sitzen über zwei Millionen Amerikaner wegen Gesetzesmissachtung in Haft.

Selbst wenn Amerikaner anderen Menschen gegenüber meist um Höflichkeit bemüht sind, so ist die **Gewaltbereitschaft** vieler erschreckend. Die lockeren Waffengesetze tragen das Ihre zu den Gewaltstatistiken bei. Als Reaktion darauf werden kontinuierlich die Gesetze verschärft. Die Absicht des Systems ist es, damit die Rechte des Einzelnen zu schützen. **Private Bürgervereinigungen** bemühen sich sehr, Verbrechen zu bekämpfen und Straf-

Die Todesstrafe – Immer öfter für Arme und Minderheiten?

Bei der Verurteilung wird ein unterschiedliches Strafmaß angelegt, abhängig davon, welcher Rasse, ethnischer oder sozialer Gruppe man angehört. Einer Umfrage von Washington Post und ABC News zufolge denkt die Hälfte der Befragten, dass ein Schwarzer, der die gleiche Tat wie ein Weißer begangen hat, eher mit der Todesstrafe belegt würde. 65 Prozent meinten, dass Arme viel eher zum Tode verurteilt würden als jemand mit höherem Einkommen.

Reiche, einflussreiche Weiße kommen kaum ins Gefängnis, denn sie können sich meist durch eine Kaution freikaufen. Hinzu kommt, dass die Justiz bei Armen sehr streng urteilt, bei Reichen aber großzügiger ist. Die amerikanische Justiz ist bekannt für schnelle Aburteilungen und die Forderung nach der Todesstrafe. Es gibt die Todesstrafe heute noch in 38 Bundesstaaten. Seit 1976 fanden beinahe 800 Exekutionen statt, davon mehr als ein Drittel in Texas. Eine kürzlich veröffentlichte Studie zeigt, dass bei einer Überprüfung von 4578 Todesurteilen aus dem Zeitraum 1973 bis 1995 in 68 Prozent aller Fälle Verfahrensfehler vorlagen. Seit 1996 ist die Zahl der Gerichtsirrtümer angestiegen. Auch Jugendliche und geistig Behinderte werden mit dem Tod bestraft. In 18 Bundesstaaten dürfen 16-jährige hingerichtet werden. Das ist in keinem anderen hochentwickelten Land der Welt so. Die USA haben die Kinderrechtserklärung der Vereinten Nationen nicht unterschrieben. Fast zwei Drittel der Amerikaner würden sich eine Live-Übertragung einer Hinrichtung im Fernsehen ansehen.

In letzter Zeit regt sich Widerstand gegen das System, immer mehr Ärzte sprechen sich gegen die Todesstrafe aus.

gefangenen nach ihrer Zeit im Gefängnis eine Rückkehr in ein geregeltes Leben zu ermöglichen. Eines dieser Programme beinhaltet die Fahrten von Jugendlichen in die Gefängnisse, um mit den Häftlingen zu sprechen. Durch diese Erfahrung sollen die Jugendlichen von der Verübung von Straftaten abgehalten werden.

Die **Polizei** geht massiv gegen Verstöße wie aggressives Betteln, Trunkenheit in der Öffentlichkeit oder Umweltverschmutzung vor und sie führt den starken Rückgang von Gewaltverbrechen (allerdings nicht überall) auf ihren verstärkten Einsatz zurück.

Tatsächlich ist die **Gewaltverbrechensrate** seit 1994 deutlich zurückgegangen und erreichte im Jahr 2000 den niedrigsten Stand aller Zeiten.

Männer sind viel häufiger in Gewaltverbrechen verstrickt als Frauen. Das Risiko einer Frau, von ihrem Mann oder Lebensgefährten umgebracht zu werden, ist fünfmal so hoch wie das eines Mannes, von seiner Ehefrau oder Freundin getötet zu werden.

Täter und Opfer stehen meist in einer Beziehung zueinander – sind zum Beispiel Mitglieder verfeindeter Gangs oder Ehemann und Ehefrau. Aus diesem Grund sind **Touristen** weniger in Gefahr – in den Großstädten sind sie aber leichte Beute für Diebe. In amerikanischen Großstädten sind *Muggings* (Raubüberfälle) viel verbreiteter als *Pick-Pocketings* (Taschendiebstähle). Aber auch davon gibt es in den Metropolen der Vereinigten Staaten genug.

Die fünf **gefährlichsten Städte** der USA waren 2007: Detroit (Michigan), St. Louis (Missouri), Flint (Michigan), Oakland (Kalifornien) und Camden (New Jersey). Die fünf sichersten Städte waren Mission Viejo (Kalifornien), Clarkstown (New York), Brick (New Jersey), Amherst (New York) und Sugar Land (Texas). Sehr gefährlich bleiben Chicago und Los Angeles. New York hingegen verzeichnet eine stark sinkende Kriminalitätsrate. Die Mordrate z. B. ist halb so hoch wie in L. A. und Chicago und siebenmal niedriger als in Detroit.

Seit dem 11. September hat der **Terrorismus** bei den Amerikanern neue Ängste geweckt und die Sicherheitsvorkehrungen können heute nicht streng genug sein. Fast jedes Auto hat eine Diebstahlsicherung und beinahe jedes Haus eine Alarmanlage. An Flughäfen gelten seit Beginn des Jahres neue Einreisebestimmungen. Der sogenannte *Patriot Act* (2001 als Reaktion auf „9/11") schreibt vor, dass sich Einreisende besonderen Sicherheitschecks unterziehen müssen. Verschärfte Gepäck- und Personenkontrollen sowie Gesichts- und Fingerabdrucksscans sind realisiert, weitere Maßnahmen sind in Vorbereitung, siehe Exkurs „Einschneidende Ereignisse im 21. Jahrhundert".

Drogenlawine oder neue Prohibition? – Suchtmittel als Ursache für Gewalt und Kriminalität

Drogen stellen derzeit eins der größten Probleme in der amerikanischen Innenpolitik dar. Immer mehr Jugendliche greifen zu verbotenen Substanzen wie Crack, Kokain, Marihuana, Ecstasy etc. und müssen deshalb mit hohen Strafen rechnen. Die Bush-Regierung war – ebenso wie die Clinton-Regierung vor ihr – stark bemüht, Rauschgifte auszurotten, und ging deshalb sehr **streng gegen Drogendelikte** vor. Bereits Besitz kann zur Gefängnisstrafe führen! Alle „harten" Drogen sind verboten. Zwar gibt es Bemühungen von alternativen Gruppen, **Cannabis** zu legalisieren, diese werden aber von der Regierung standhaft abgeschmettert. Schon wer mit einem Joint in der Stadt herumläuft, kann sehr großen Ärger bekommen – ganz anders als in Kanada, wo Cannabiskonsum eher toleriert wird.

Wie so oft treffen harte Regeln gegen Verbrechen die Falschen. Vor allem Jugendliche (insbesondere afroamerikanische und hispanische) werden straffällig – die **Jugendkriminalität** hat sich in den letzten Jahren verfünffacht. Neue Gesetze gegen Drogenkriminalität richten sich gegen Konsumenten und weniger gegen die Händler. Allein durch die harte Bestrafung von **Beschaffungskriminalität** werden die Rauschgiftprobleme kaum gelöst. Denn 80 Prozent derer, die im Gefängnis sitzen, büßen für den Besitz von Drogen und nicht für den Handel. Viele von ihnen sind Jugendliche, die rigoros abgeurteilt wurden. Schnell droht eine Haftstrafe – Drogentherapien werden kaum angeboten. Zwar gibt es zahlreiche Besserungsanstalten für straffällig gewordene Jugendliche, die meisten Straftäter landen aber hinter schwedischen Gardinen. Ein Großteil der Haftstrafen wegen Drogen wird nicht zur Bewährung ausgesetzt. 90 % dieser Ersttäter bekommen eine Haftstrafe von durchschnittlich fünf Jahren. Wer das erste Mal wegen Gewaltverbrechen oder gar Mord erwischt wird, kommt im Durchschnitt mit vier bis sechs Jahren davon. Auch Vergewaltiger bekommen meist nicht mehr als fünf Jahre Haft.

In den 1980er-Jahren begannen **Crack und Koks** – Kokain gilt als Droge der Weißen, Crack, eine besonders starke, einfacher zu beschaffende, billige Form von Kokain, hingegen als Rauschgift der Schwarzen und Hispanics – die städtischen Problembezirke zu erobern und in den meisten Fällen kamen Jugendliche ethnischer Minderheiten damit in Kontakt. Neunjährige Drogendealer, die bis zu 100 Dollar pro Tag verdienen, sind seither keine Seltenheit. So erklärt sich auch, warum ein Großteil der Verbrechen im direkten Zusammenhang mit dem Verkauf und dem Konsum illegaler Drogen steht. Drogen haben zur **Eskalation der städtischen Gewalt** beigetragen: In den 1980er-Jahren war es für einen schwarzen Jungen sechsmal wahrscheinlicher umgebracht zu werden als für einen weißen Jugendlichen. Und heute ist die Situation noch weiter eskaliert – Gewalt und Drogen beherrschen das Umfeld, in dem diese Kinder aufwachsen und der große Bruder wird zum Vorbild für den kleinen. Jugendgangs verstricken sich in oftmals blutige Fehden. Junge, schwarze Männer sind auch heute noch am häufigsten in Gewalttaten verstrickt. An die 40 Prozent der afroamerikanischen Jugendlichen sind arbeitslos, die Chancen auf gute Bildung und Förderung werden häufig durch die Verelendung in den großen Städten zunichte gemacht. Ein Teufelskreis aus Getto, Armut und Frustration über die soziale Situation führt viele schließlich auf den falschen Weg. Die Gewaltverherrlichung in den Medien tut das Ihre.

Starke Gegensätze zwischen Arm und Reich verstärken die Gewaltbereitschaft der „Unterschicht". Afroamerikaner und *Hispanics* werden durch ihre Lebensbedingungen leichter straffällig, sie werden auch härter bestraft. Das Strafmaß für den Crackkonsum beispielsweise ist dreimal so hoch wie das für den Konsum von Kokain.

Drogenabhängige werden oft straffällig im Sinne der **Beschaffungskriminalität.** Das heißt, dass sie durch Einbrüche in Privathäuser und Geschäfte Geld für ihren Drogenkonsum beschaffen wollen. Deshalb engagieren sich Lehrer, religiöse Vereinigungen (z.B. auch Scientology) und Bürger, um Kinder über die Gefahren von Drogenmissbrauch aufzuklären. Die Regierungsstellen in den Einzelstaaten und zahlreiche private Bürgerinitiativen versuchen Drogenabhängigen zu helfen, *clean* zu werden und ein sinnvolles Leben zu beginnen.

Der unter der Clinton-Regierung begonnene **War against Drugs** ist unerbittlich und oftmals brutal. Das **Zero-Tolerance-Prinzip** bestimmt seither die Drogenpolitik. Pro Jahr werden etwa 50 Mio. US-Dollar für den Kampf gegen die Drogen (z. B. für Polizeiüberwachung) ausgegeben – Gelder, die besser investiert wären für Rehabilitation oder Suchtprävention. 80 % aller Gefängnisinsassen „sitzen" wegen Drogendelikten.

In manchen Staaten, z.B. in Kalifornien oder New York, sind die **Anti-Drogengesetze** besonders streng. In Kalifornien wird ein Straftäter beim dritten Rechtsbruch mit lebenslanger Haft bestraft. Häuser, in denen Drogendelikte begangen wurden, können vielerorts konfisziert werden; selbst wenn ihre Besitzer nicht in die Tat verwickelt waren oder gar nichts davon wussten. Aber auch in 15 anderen Bundesstaaten sind die Gesetze sehr hart. Der Besitz einer einzigen Rauschhanfpflanze kann lebenslängliche Haft nach sich ziehen. Einige Politiker wie *Newt Gingrich* befürworten sogar die Einführung der Todesstrafe für Cannabisbesitz. Studenten, die wegen Drogenvergehen verurteilt wurden, bekommen keine Studienbeihilfe mehr, verurteilte Mörder hingegen schon.

Dem Drogenmissbrauch versucht man mit **Aufklärungskampagnen** zu begegnen. Durch Sportevents wie z.B. *Kids against Drugs* sollen gefährdete Jugendliche durch Sport neue Alternativen zu Suchtmittelkonsum und Kriminalität kennenlernen. Auch Fernsehspots sollen Jugendliche vor Suchtmittelkonsum bewahren.

Ob Anti-Drogen-Werbespots im Fernsehen wirklich effektiv sind, kann angezweifelt werden. Manche *Anti-Drug Ads* (Werbespots zur Drogenprävention) behaupten sogar, dass, wer Marihuana kaufe, den Terrorismus unterstütze. Viele dieser Spots erscheinen veraltet und diskriminierend und eine interne Auswertung hat gezeigt, dass sie die Zuschauer kaum vom Drogenprobieren abhielten. In manchen Fällen – vor allem bei Jugendlichen, die viele solcher Anti-Drogen-Spots gesehen hatten – verstärkten sie sogar noch den „Glauben" an die Drogen. Auch vor den „legalen" Suchtstoffen Alkohol und Tabak soll mit Aufklärungskampagnen gewarnt werden.

Immer mehr Firmen verbieten ihren Angestellten im Arbeitsvertrag anhand einer sogenannten **„Tabak-, Alkohol- und Drogen-Klausel"** (TAD) den Konsum jeglicher Genussmittel – selbst in deren Freizeit.

Prohibition – Ein Leben ohne Alkohol?

Am 18. Dezember 1917 war es soweit: Die Produktion, der Verkauf und der Transport von Alkohol (bezogen auf die Verwendung in Getränken) wurden untersagt. Der US-Kongress hatte das Gesetz der Prohibition verabschiedet, am 16. Januar 1919 ratifiziert und als 18. Verfassungszusatz aufgenommen.

Mehrere Jahrzehnte hatten Enthaltsamkeitsverbände zusammen mit der Kirche für ein Alkoholverbot gekämpft. Federführend war dabei die 1893 in Ohio gegründete Anti-Saloon-Liga, in der sich unter anderen die Gruppe „Vereinigung christlicher Frauen für Mäßigkeit" engagierte, die schon seit 20 Jahren gegen Alkohol kämpfte, hatten sich doch in den letzten Jahren immer mehr Saloons in Dörfern und Städten angesiedelt und die Männer von Zuhause weggelockt.

Die Deutschen hatten Mitte des 19. Jahrhunderts die Braukunst nach Amerika gebracht und Bier wurde ein sehr beliebtes Getränk. Mit der Einführung von Eisenbahn und elektrischen Kühlmethoden hatte sich zudem die Verbreitung des Getränkes stark vereinfacht. Aus kleinen lokalen Brauereien wurden Großunternehmen. Anheuser, Bush und Pabst waren die Vorreiter.

Die einzige Schwierigkeit bestand darin, dass viele Saloons das Bier noch nicht kühl lagern konnten – das sprach für den Whiskey. Doch die Brauereien nahmen die Angelegenheit selbst in die Hand, ging es doch um einen immens großen, heiß umkämpften Markt. Sie finanzierten die Saloons selbst, eröffneten laufend neue und stellten von der Werbung bis zur Kühlung alles Nötige zur Verfügung. Pro Stadt gab es bald pro 150 bis 200 Einwohner einen Saloon.

Im Lauf der Zeit waren einige Saloon-Inhaber auf die Idee gekommen, ihren Profit zu steigern und zusätzliche Amusements für ihre Kunden anzubieten: Glücksspiel und Prostitution. Man kann sich gut vorstellen, dass diese Mischung für so manche Familie wie Dynamit war und viel Ärger und Elend vor allem für Frauen und Kinder mit sich brachte, wenn der Mann wieder das ganze Geld versoffen oder verspielt hatte.

Die Zahl der Prohibitionsbefürworter nahm kontinuierlich zu. Als die USA schließlich auf Seiten der Entente in den Ersten Weltkrieg gegen Deutschland und Österreich-Ungarn einstiegen, ließ sich das als Mobilmachung gegen die Brauereien ideologisch nutzen. Hinter diesen konkreten Auseinandersetzungen schwelte sowieso ein interkultureller Konflikt. Auf der einen Seite die protestantischen Fundamentalisten, eher angelsächsischen Ursprungs, die die Anti-Alkohol-Kampagne anführten. Auf der anderen Seite italienisch-stämmige, katholische Weinbauern, irisch-katholische Whiskey-Trinker und zudem die deutsch-österreichischen Bierbrauer, gegen deren Herkunftsländer man gerade in den Krieg gezogen war. Das alles zusammen führte dazu, dass die Einführung der Prohibition mehrheitlich befürwortet wurde.

Die Resultate der Prohibition, des sogenannten „ehrenwerten Experimentes", waren nicht wie erwartet. Zwar sank der Alkoholkonsum im Jahr nach der Einführung der Prohibition auf 30 % des vorherigen Niveaus, aber die Kriminalitäts- und Mordrate stieg im Laufe der Prohibition kontinuierlich an. Es wurde eine riesige Welle des zivilen Ungehorsams ausgelöst. Der Schwarzmarkt entwickelte sich ins Unermessliche. Es entstanden die *Speak-easys* (Flüsterkneipen), illegale Kneipen, in denen Alkohol ausgeschenkt wurde – häufig in Gegenden, wo es vorher überhaupt keinen Alkohol gegeben hatte.

Gegen Razzien waren sie mit den einfallsreichsten Warnsystemen gesichert. Der Konsum von gepflegten Weinen und Bieren wurde durch Gesundheit gefährdenden Fusel ersetzt. Viele vergifteten sich an Holzgeist und Fuselalkohol, der aus Industrialkohol in Schwarzbrennereien hergestellt wurde. Die Versorgung der illegalen Kneipen mit Alkohol wurde von Gangstern organisiert, den Bootleggers (Alkoholschmugglern), die durch die Prohibition erst richtig ins Geschäft kamen und sich eine Struktur aufbauten, die noch Jahre nach der Prohibition funktionierte. Erst durch die Prohibition konnte sich die sizilianische Mafia in Amerikas Unterwelt durchsetzen. Das Gesetz hatte eine Lücke; es waren zwar „Herstellung, Transport und Konsum" von Alkohol verboten, aber nicht der Verkauf. Mit Schmiergeldzahlungen wurden Politiker, Stadträte, Richter und Polizeibeamte bestochen.

Der Waffenhandel mit Überbleibseln aus dem Ersten Weltkrieg florierte, wie zum Beispiel mit der Thompson Maschinenpistole M1, auch *Tommy Gun* bezeichnet, und sorgte für die „Aufrüstung" der Alkoholschmuggler.

Es kam zu wilden Auseinandersetzungen zur Sicherung der Märkte. Insbesondere in Chicago tobte ein brutaler Verteilungskampf zwischen rivalisierenden Gangsterbanden. Korruption und Mord waren an der Tagesordnung. Der berühmt-berüchtigte *Al Capone* trieb dort sein Unwesen und baute sich ein riesiges Imperium auf. Am 14. Februar 1929 kam das Fass zum Überlaufen. Als *Al Capone* seinen Erzrivalen *Bugs Moran* und seine Bande in einem riesigen Massaker beseitigte, war die Sympathie für die Alkoholgangster vorbei. Sie wurden gnadenlos verfolgt. Der Film „Es war einmal in Amerika" zeigt wie sich mithilfe der Prohibition eine Kinder-Gang über die Jahre immer mehr etabliert, dabei immer brutaler wird und sich letzten Endes auch politischen Einfluss verschafft.

1931 untersuchte eine staatliche Kommission die Auswirkungen der Prohibition und kam zu einem vernichtenden Urteil. Eine Reform wurde empfohlen. Die öffentliche Meinung hatte sich zwischenzeitlich geändert. Eine Gruppe von Anwälten startete eine Kampagne zur Streichung des 18. Verfassungszusatzes. Am 5. Dezember 1933 wurde die Aufhebung des Anti-Alkohol-Gesetzes ratifiziert.

Nur Süßigkeiten sind noch nicht verboten. Auch an Universitäten ist Alkohol nicht oder nur eingeschränkt erlaubt.

Alkohol gilt in den USA als gefährliche „Einstiegsdroge" und ist deshalb nur für Personen ab 21 Jahren frei verkäuflich. Die *Substance Abuse and Mental Health Services Administration* (SAMHSA) fand heraus, dass 2,6 Millionen junger Amerikaner nicht wussten, dass eine „Überdosis" Alkohol tödlich sein kann.

Trotz intensiver Regierungsbemühungen gegen den illegalen Handel schmuggeln organisierte Verbrecherbanden Drogen ins Land. Den Anbau von Opium, Coca-Pflanzen (für Kokain) und Cannabis versucht die US-Regierung deshalb auch durch spezielle **Initiativen in den Anbauländern** einzudämmen. Auch in Afghanistan wird von US-Truppen streng gegen die Opiumproduktion vorgegangen.

Cheers! Prost! –
Alkoholische Getränke in den USA

Alkoholische Getränke können in den Vereinigten Staaten nicht in Supermärkten, sondern nur in **Liquor Stores** oder **Package Stores** erworben werden.

Wer schnell die Wirkung von Alkohol erfahren möchte, genehmigt sich in den USA einen sogenannten **Straight Shot,** ein nicht gemixtes, pures und ziemlich hartes alkoholisches Getränk.

Auch **Brandy** (Weinbrand), **Liquor** (Schnaps), **Cooler** (ein alkoholisches Getränk auf Eis, meistens weinhaltig) und **Mixed Drinks** (auch Cocktails) haben es in sich.

Wer es langsamer angehen will, kann zwischen vielen verschiedenen Biervariationen wählen. Denn das Hopfengebräu gibt es wie in Europa in allerlei verschiedenen Abwandlungen: als **Beer Can**/**Beer Bottle** (Dosenbier/Flaschenbier), **Beer on Tap,** auch als **Draught** (Fassbier) bezeichnet, sowie als für manchen Deutschen völlig sonderbar erscheinendes **L.A.= Less Alcohol** (alkoholarmes Bier) oder kalorienreduziertes **Light Beer.** Alkoholfreies Bier wird als **Near Beer** (Beinahe-Bier) oder **Soft Beer** (sanftes Bier) bezeichnet und gehört neben **Ginger Beer** (Ingwer-Bier, mit einem sehr geringen Alkoholanteil, Kohlensäure und Ingwergeschmack) und **Root Beer** (das trotz seines Namens kein alkoholisches Getränk, sondern ein süßes Erfrischungsgetränk, ähnlich wie Cola, ist und aus Ingwer oder anderen Pflanzenwurzeln gewonnen wird) zu den „harmloseren" Getränken.

Für europäische Jugendliche oft bitter: Das **Legal Drinking Age,** also das Alter, ab dem Alkohol legal gekauft und getrunken werden darf, liegt bei 21 Jahren!

Fast überall ist es verboten, **Alkohol sichtbar** auf der Straße oder im Park mit sich zu tragen oder zu konsumieren. Denn damit wird man zum schlechten Beispiel für andere, vor allem für Jugendliche. Darum wird die Flasche meist schon beim Kauf in einer braunen Papiertüte verpackt. Wer in der Öffentlichkeit durch Trunkenheit auffällt, muss mit einer massiven Strafe rechnen. Gleiches gilt im Straßenverkehr: Unter keinen Umständen sollten sich geöffnete Alkoholika anderswo als im Kofferraum befinden!

Anders als in Deutschland trinken Amerikaner kaum Bier oder Wein zum Mittag- oder Abendessen. Viele Restaurants haben gar keine Ausschanklizenz und in manchen Landkreisen, sogenannten **Dry Counties,** gilt ein generelles Verkaufsverbot für alkoholische Getränke. In anderen Gegenden ist Alkohol zwar erlaubt, aber es gilt doch als unschicklich, am Sonntag Alkoholika zu kaufen. Der sensible Umgang mit Alkohol wirft die Frage nach dem Widerspruch zwischen Konsumsucht und puritanischer Askese auf.

Marlboro Country – Bald ohne Rauchzeichen?

In den USA ist es verpönt, wenn nicht gar verboten, in der Öffentlichkeit zu rauchen. Die Skandale der Tabakindustrie Mitte der 1990er-Jahre haben viele aufgerüttelt. Mittlerweile rauchen nur noch ca. 25 Prozent der Amerikaner und dieser Teil besteht größtenteils aus Angehörigen der unteren Schichten. Die Zahl der männlichen Raucher nimmt stark ab. Viele Firmen stellen heute nur noch Nichtraucher ein und wer zur Army will darf ebenfalls nicht rauchen.

Seit einigen Jahren – nachdem die spektakulären, schockierenden Enthüllungen über die Machenschaften der Tabakindustrie kursierten – strengen Nichtraucherverbände und „Zigarettenopfer" riesige **Klagen gegen die Tabakindustrie** an. 22 Millionen Dollar erhielt eine Frau von einem Gericht in San Francisco zugesprochen, Phillip Morris soll 75 Millionen an die Hinterbliebenen eines Rauchers zahlen. Um ihr Image wieder herzustellen, erklärten sich die Tabakkonzerne bereit, bis 2022 die immense Summe von 315 Milliarden Dollar in die Gesundheitskasse einzuzahlen.

Im Flugzeug und in öffentlichen Gebäuden herrscht fast ausschließlich **Rauchverbot,** in einigen Restaurants gibt es abgetrennte Raucherzonen. Aber zusammengekauert in der Ecke oder gar auf die Straße verbannt, macht das Qualmen nur halb so viel Spaß. Und selbst auf der vermeintlich freien Straße ist mancherorts ebenfalls rauchfreie Zone.

Seit kurzem hat Los Angeles sogar einen ca. 25 Kilometer langen **rauchfreien Strand** eingeführt. In Büros wird selbst schon das Vorhandensein eines Aschenbechers als unschickliche Ermutigung zum Rauchen angesehen und ist unter Strafandrohung verboten.

Wer rauchen will, sollte seine Begleitung höflich fragen, ob es als störend empfunden wird, da viele sonst empfindlich reagieren.

In New York City gilt seit 2003 ein **Rauchverbot in Gaststätten** und Bars. Nur noch wenige Raucherlokale, wo hauptsächlich Zigarren und Zigarillos angeboten werden, haben ihre Zulassung behalten. Viele Gastronomen beschweren sich und klagen über Umsatzverluste; die Gäste allerdings finden sich größtenteils damit ab. Gastwirte oder Firmeninhaber, die sich nicht an das Verbot halten, müssen mit hohen Geldstrafen rechnen. 2008 wird im Bundesstaat New York eine Altersbegrenzung für Filme empfohlen, in denen Raucher in einem positivem Licht gezeigt werden.

Aber nicht nur in New York sondern im ganzen Land gibt es Bestrebungen, das **Rauchen aus der Öffentlichkeit zu verbannen:** Überall werden Raucher schief angesehen, denn Rauchen gilt in den USA mittlerweile als schlechtes Benehmen und Rücksichtslosigkeit gegenüber Nichtrauchern. Wer trotzdem qualmt, wird schnell als Prolet, Verlierer oder Rüpel abgestempelt. Nichtraucher hingegen genießen die rauchfreie Atmosphäre in Restaurants, Kneipen und am Arbeitsplatz. Die Anti-Raucher-Kampagnen erinnern stark an die Prohibitionsbewegung zu Beginn des 20. Jahrhunderts.

Aber es gibt auch Politiker, die sich für das Rauchen einsetzten. Die **Raucherlobby** hat mit *Arnold Schwarzenegger,* der bekennender Zigarrenraucher ist, einen neuen prominenten Mitstreiter bekommen. *Schwarzenegger* hatte eine Raucherecke im Innenhof des Regierungssitzes in Sacramento eingerichtet. Dies trieb die Anti-Raucher-Fraktion auf die Barrikaden. Sie demonstrierten vor dem Kapitol gegen den Zigarrenfan. Dieser behauptete aber, mit seiner Freiluft-Raucherecke lediglich eine angenehmere Atmosphäre schaffen zu wollen. Der Ex-Terminator war bereits zweimal auf dem Titelbild der Zigarren-Zeitschrift „Cigar Aficionado" zu sehen. Tabakgegner, die gegen seine Raucherecke demonstrierten, behaupteten seine Auftritte mit Zigarre ließen das Rauchen cool aussehen und das habe besonders auf junge Leute große Auswirkungen. Arnie werde

Fernsehstation in San Antonio/Texas

so zum „Reklamestar für das Rauchen". Im Fernsehen und Hollywoodfilm rauchen ja schließlich auch nur noch die Bösen – das soll abschrecken.

1989 haben die USA offiziell bekannt gegeben, dass Tabak süchtig macht und eine der Hauptursachen für Schlaganfälle und die dritthäufigste Todesursache in den USA ist. Der Marlboro-Werbe-Cowboy *David Mc-Lean* ist übrigens an Lungenkrebs gestorben.

Popkultur als neue Manifest Destiny? – Die Medien im täglichen Leben

Film, Fernsehen und Radio

In den USA wird vor laufender Kamera gepredigt, geprügelt, gekauft, gelacht und geurteilt. Starke Gegensätze wie Moral und Gesetzlosigkeit, Sittlichkeit und Freizügigkeit prallen im US-Fernsehen aufeinander. „Weichgespült" in 500 Kabelkanälen und ausgestrahlt von 1300 Fernsehstationen, gibt es Sendungen für jeden Geschmack.

In einem typischen amerikanischen Haushalt läuft pro Tag etwa sieben-einhalb Stunden der Fernseher. Selbst dann, wenn gar nicht bewusst hingesehen wird. Über vier Stunden wird „aktiv" ferngesehen, in Deutschland hingegen etwa drei Stunden.

Die vier **größten privaten Sender** *ABC, CBS, NBC* und *Fox* haben ein breit gefächertes Programm: von Soaps, Cartoons, Fernsehpredigten, Game- und Date-Shows bis zu Homeshopping-Sendungen wird alles geboten. Auch die beliebten halbstündigen News, aus denen die Mehrzahl der Amerikaner ihr politisches Wissen bezieht, werden hier gezeigt. Kein Wunder, dass das Fernsehen Amerikas **beliebtestes Unterhaltungsmedium** ist. 98 Prozent aller amerikanischen Haushalte besitzen mindestens ein Fernsehgerät, etwa 57 Millionen sehen Kabelfernsehen.

Alle **Fernsehstationen** und mehr als 11.915 kommerzielle und öffentliche **Radiostationen** werden von der *Federal Communications Commission* (FCC) lizenziert. Jeder Bundesstaat verfügt über eigene Fernsehsender; über 40 Prozent sind in den Staaten Texas, Ohio, Kalifornien, New York, Florida, Pennsylvania, Michigan, Illinois und Georgia konzentriert. Los Angeles ist das Zentrum der Film-, Rundfunk- und Musikindustrie. Die Zensur von Popmusik nimmt in letzter Zeit geradezu bizarre Ausmaße an.

Auch in Deutschland sind amerikanische Medienerzeugnisse allgegenwärtig. Seit Jahrzehnten gibt es ein reichhaltiges Angebot amerikanischer *Sitcoms* (Fernsehkomödien) oder *Soap Operas* (Vorabendserien). Sie sind in Deutschland sehr beliebt und prägen ganz wesentlich unser Bild von Amerika. Amerikanische Filme und Musik haben ebenfalls einen großen Einfluss auf unser tägliches Leben. „Titanic", „Der Pate", „American Beauty", „E.T.", „Forrest Gump" und „Spiderman" sind nur einige Beispiele für das schier unendliche Filmangebot, das Hollywood uns liefert.

Was Amerika bewegt, bewegt die Welt, denn dort befindet sich die **Geburtsstätte der Popkultur** und ihr wichtigstes Exportgut sind neben Pop- und Rockmusik, Populärliteratur und Fernsehproduktionen natürlich die Hollywoodfilme. Als einer der größten Wirtschaftszweige macht die Unterhaltungsbranche jährlich einen Umsatz von etwa 242 Milliarden Dollar und bietet Tausenden von Schauspielern, Regisseuren und Statisten lukrative Arbeitsplätze.

Seit den 1920er-Jahren begeistert der amerikanische Film Menschen auf der ganzen Welt. Ikonen wie *James Dean* und *Marilyn Monroe* und Stars wie *Johnny Depp, George Clooney* oder *Julia Roberts* wurden von dieser Filmindustrie geschaffen und weltweit vermarktet.

Die Amerikaner selbst nutzen weltweit am meisten Unterhaltungsmedien. Neben dem TV ist das **Radio** noch immer eines der beliebtesten Unterhaltungsmedien. Nicht nur beim Autofahren hören Amerikaner gern Radio. 82 Prozent aller Radiosender sind heute privatisiert.

Vor der Erfindung der bewegten Bilder Ende des 19. Jahrhunderts und der Einführung des Radios im 20. Jahrhundert war die Presse das einzige Informationsmedium. In den 1920er-Jahren erlebte das Radio seine Blütezeit. Es diente nicht nur als Unterhaltungsmedium, sondern strahlte auch politische Reden (z. B. *Franklin D. Roosevelts* „Fireside Talks") und Nachrichten aus. Zu dieser Zeit sahen 40 Millionen Menschen in etwa 18.000 *Nickelodeons* (Filmtheater) die Wochenschau. Mit dem Ende des Zweiten Weltkrieges gewann das **Fernsehen** an öffentlichem Interesse in den Vereinigten Staaten und strahlte ab 1946 Sendungen für eine breite Öffentlichkeit aus. In den 1950ern erfolgte dann die starke Ausbreitung des neuen Mediums. Gab es 1949 erst 940.000 TV-Geräte, so waren es vier Jahre später bereits 20,4 Millionen!

Zensur war in den Vereinigten Staaten von Anfang an ein Thema: Schon 1909 wurde in den USA das *National Board of Censorship* eingeführt. Denn in einer von einem starken Moralgefühl geprägten Zeit wurden Filme nur unter bestimmten Schnittauflagen zur Aufführung zugelassen. 1922 gründete die amerikanische Filmindustrie unter Berücksichtigung der öffentlichen Meinung und angesichts aktueller Hollywoodskandale die Vereinigung *Motion Picture Producers and Distributors of America* (MPPDA), welche regulierend in die Filmproduktion eingriff. Ein sogenannter *Production Code* legte genau fest, wie freizügig Schauspieler sich zeigen durften und wie viel Gewalt dargestellt werden konnte. Die Filmethik verordnete ein **striktes Nacktheitsverbot,** das erst im Laufe der 1960er-Jahre langsam gelockert wurde. Während im Pay-TV die Bandbreite der Geschmacklosigkeiten beinahe grenzenlos ist, unterstehen *ABC, CBS, NBC* und *Fox* strenger Medienzensur. Diesen frei zugänglichen *Broadcast-Networks* ist es nicht erlaubt, zwischen 18 und 22 Uhr unanständige Sprache zu senden. 1993 wurde aufgrund der Besorgnis vieler Eltern über Gewalt im Fernsehen und auf Druck des Kongresses die Schaltung von Warnhinweisen für gewalttätige oder moralisch bedenkliche TV-Beiträge eingeführt. *ABC, CBS, NBC* und *Fox* erklärten sich bereit, Eltern anhand eines in die Sendung eingeblendeten Punktesystems über das **„Kinderverträglichkeitslevel"** des Programms aufzuklären.

Jedes Jahr findet eine spezielle **TV-Turnoff-Woche** statt, die, unterstützt von vielen Kirchen, Bildungseinrichtungen, Verbänden und Organisationen, Denkanstöße geben, zum Fernsehverzicht anregen und für mehr Lesen, Sport, Bewegung und Museumsbesuche werben will.

Das **Public Broadcasting System** (PBS) ist das einzige nicht kommerzielle Fernsehprogramm der USA. Es finanziert sich aus öffentlichen und privaten Spenden. Sein Schwerpunkt liegt im kulturellen und erzieherischen Bereich. Als Grundlage für die Schaffung des PBS diente der *Public Broadcasting Act* von 1967. Alle anderen Fernsehsender sind kommerziell und beziehen ihre Einnahmen aus teuren Werbespots.

Pro Jahr gibt die Unterhaltungsbranche ca. 215 Milliarden Dollar für **Reklame** aus. Hier gilt: Je aufwendiger die *Commercials,* um so höher die Einschaltquoten, je höher die Einschaltquoten, um so besser und teurer müssen wiederum die Werbebeiträge sein. Die alljährliche Ausstrahlung des *Superbowls* beispielsweise (Übertragung der Baseballmeisterschaften) wird von Millionen Amerikanern auf den Bildschirmen verfolgt. Ähnlich wie bei der Oscarverleihung werden auch hier Werbezeiten in Milliardenhöhe verkauft. Viele der Zuschauer sehen die Sendungen nur wegen der amüsanten, von Kurzfilmen kaum noch zu unterscheidenden Werbespots. Auch Schleichwerbung spielt eine große Rolle im TV.

Es ist wohl eine vorwiegend europäische Eigenart, sich für ausländische und vor allem amerikanische **Nachrichten,** Filme, Musik, Stars zu interessieren, denn in den USA wird außeramerikanischen Themen, die nicht im

Bezug zum eigenen Land stehen, kaum Beachtung geschenkt. Die Berichterstattung ist eindeutig regional und national geprägt. Dies ist schon durch die Größe des Landes nachvollziehbar. Die Medien tragen erheblich dazu bei, Ost und West, Nord und Süd zu verbinden.

Das **Fernsehverhalten** hat oft fatale Auswirkungen wie Fettleibigkeit, Gewaltbereitschaft und Abstumpfung. Die Welt wird dem Amerikaner nach Hause geliefert – kein Wunder, dass so mancher bequem wird. Kinder sind noch mehr als in Europa durch das Fernsehen beeinflusst: Ihre Wirklichkeit wird verzerrt, bis sie schließlich völlig irreal erscheint. Obwohl Flüche, nackter Busen und sexuelle Szenen in den privaten Sendern zumindest zu den für Kinder üblichen Fernsehzeiten verboten sind, werden andere zweifelhafte Inhalte wie Gewaltszenen akzeptiert: In *Crime-Shows* werden zum Beispiel Obdachlose verprügelt, die Polizei liefert sich spektakuläre Verfolgungsjagden mit Bankräubern und in *Courtroom-Shows* (die seit einiger Zeit auch bei uns in Mode sind) werden Kriminelle live abgeurteilt. Nichts erscheint unmöglich, für alles ist ein Publikum vorhanden. Für die *Jerry Springer Show,* in der vor lauter rausgeschnittenen Schimpfworten nur noch Piepsen zu hören ist und Schlägereien vor laufender Kamera keine Seltenheit sind, oder für die *Soaps,* deren Protagonisten zu Familienmitgliedern werden – beinahe reeller als die Wirklichkeit. Für jeden Geschmack gibt es Sendungen – zum Mitlachen oder Mitweinen. Viele dieser Fernsehshowtrends sind inzwischen auch zu uns herübergeschwappt. Nicht nur in den USA befriedigen Homeshopping-Kanäle, Kinderprogramme, Gameshows, 24-Stunden-Nachrichten *(CNN)* oder Musiksendungen die schier unendliche Nachfrage nach Entertainment. *The Show must go on!*

Neben dem reinen Unterhaltungswert eines Programmes sollen auch traditionelle **amerikanische Tugenden und Moral** vermittelt werden. So wird beispielsweise in Sendungen wie „Unsere kleine Farm", „Eine Himmlische Familie" oder „Ein Wink des Himmels" Religiosität, Familienwerte und sexuelle Enthaltsamkeit vor der Ehe gepredigt.

Das US-Fernsehen hat eine große Vorbildfunktion auch für andere Länder. Als am 26.9.1960 das erste **Wahlkampf-Duell** im TV übertragen wurde, setzte man für zukünftige Wahlkämpfe neue Maßstäbe. Auch bei uns haben solche Wahlkampfstrategien (wenngleich sehr zeitverzögert) mit dem TV-Duell zwischen *Schröder* und *Stoiber* Einzug auf die Mattscheibe gehalten.

Der **investigative Journalismus** entstand in den 1960er-Jahren, als erste Live-Bilder vom Vietnam-Krieg in amerikanische Wohnzimmer geliefert wurden. Ins Interesse der Öffentlichkeit rückte er auch während des ersten Golfkrieges, als es der US-Regierung gelang, die Öffentlichkeit mit **ge-**

fälschten Bildern und spektakulären Kampfszenen zu täuschen. Aus dem zweiten Irak-Krieg kennen wir *Embedded Journalists,* zivile Kriegsbericht-erstatter, die nach einem Spezialtraining eine kämpfende Militäreinheit begleiten und im Kampfgetümmel seelenruhig filmen, um die Sensationsgier der Zuschauer zu stillen. Durch diese Aufnahmen, die über internationale Bildschirme flimmern, konnten wir miterleben, wie getötete Irakis im Fernsehen öffentlich zur Schau gestellt wurden und wie Bomben *Saddams* Paläste zerstörten und der Ex-Diktator aus einem Erdloch gezogen wurde.

News Agencies (Nachrichtenagenturen), die an Pressekonferenzen des Weißen Hauses teilnehmen wollten, mussten sich loyal verhalten, sonst verweigerte man ihnen Informationen und Interviews.

German-TV, zu finden unter DW-TV (Deutsche Welle-TV), ist ein Gemeinschaftsprojekt von ARD, ZDF und Deutscher Welle und strahlt via Satellit und Kabel in den USA deutschsprachige Programmblöcke aus sowie Sendungen von ARD und ZDF.

Presse

Nicht nur die elektronischen Medien nehmen in Amerika großen Raum ein: Auch die **Tageszeitungen** haben einen großen Anteil am Nachrichtengeschäft, auch wenn sie sich, verdrängt durch TV und Internet, in einer ausgeprägten Krise befinden.

Die **erste amerikanische Zeitung** wurde 1690 unter dem Titel *Publick Occurences Both Forgein and Domestick* veröffentlich und erlebte gerade mal einen Tag. Aus Angst, die Siedler könnten sich gegen das Mutterland auflehnen, wurde die Publikation von den britischen Kolonialherren sofort verboten. Doch ließ sich die erfolgreiche Entwicklung und die für lange Zeit enorme Verbreitung der Zeitungen nicht aufhalten, bis sich 1988 eine Trendwende abzeichnete. Die Auflage aller amerikanischen Zeitungen hat sich seitdem um ca. ein Drittel reduziert. Verdrängt durch TV und Internet, müssen die bisher sehr profitablen **Tageszeitungen** immer mehr Federn lassen. Die Ende 2008 vom *Audit Bureau of Circulations (ABC)* veröffentlichten Zahlen untermauern das: Die Auflagenzahl der 507 erfassten US-Zeitungen hat im Vergleich zum Vorjahr um ca. 5 % auf täglich 38,2 Millionen abgenommen. Selbst die größten Zeitungen verloren mehrere Prozentpunkte: die *Washington Post* knapp 2 %, die *New York Times* mehr als 3 % und die *Los Angeles Times* 5 %. Allein die überregional gelesenen, auflagenstärksten Tageszeitungen Amerikas *USA Today* und *Wall Street Jour-*

Zeitungen in den Straßen, entweder kostenlos oder per Münzeneinwurf *nal* verbesserten ihre Auflage geringfügig und konnten jeweils mehr als zwei Millionen Exemplare absetzen.

Die **Zeitungskrise** führt zu Stellenabbau, Etatkürzungen und verstärktem Engagement im Internet. Dort konnte man beim Zugriff auf Zeitungswebseiten im dritten Quartal 2008 eine Steigerung um 16 % gegenüber dem Vorjahr verbuchen. Bedenkt man zudem, dass der Medien-Mogul *Rupert Murdoc* das *Wallstreet Journal* kaufte und sich der mexikanische Telekomtycoon *Carlos Slim* an der *New York Times* beteiligte, kann die Zukunft des Mediums Zeitung nicht ganz so düster aussehen.

In den USA erscheinen ca. 11.000 **Zeitschriften.** Jährlich werden etwa 50.000 neue **Bücher** publiziert und ca. 2 Milliarden verkauft. Zur Belebung des Buchmarktes hat sich beispielhaft ein Geschäft zwischen der Verlagsgruppe *Random House* und *Google* angebahnt: Neu erschienene Bücher sollen **über Google** teilweise lesbar sein und nach Stichworten durchsucht werden können. Ältere Bücher sollen komplett ins Internet gestellt werden.

Die bedeutendsten **Presseagenturen** in den Vereinigten Staaten sind die *Associated Press* (AP) und *United Press International* (UPI).

AP ist die wichtigste amerikanische Nachrichtenagentur für innen- und außenpolitische Nachrichten. Sie wurde 1848 unter dem Namen *New York Associated Press* (NYAP) von sechs New Yorker Tageszeitungen gegründet. Sie ist genossenschaftlich organisiert und im Besitz von als Mitglieder fungierenden Verlagen (die aber nicht zur AP gehören).

Hollywood – Amerikas Exportschlager Nr. 1

Das schwer zu erfassende Prinzip dessen, was „amerikanisch" ist, wird heute oft durch Film und Fernsehen definiert. Die weltweite Vermarktung amerikanischer Filme und TV-Sendungen hat die Auffassung der Welt über die USA entscheidend geprägt und sie mit amerikanischen Werten überzogen. Die USA versorgen die ganze Welt mit ihrer Unterhaltungskultur, ihren Werten und amerikanisieren somit weite Teile der Erdbevölkerung. Man könnte diese kulturelle Amerikanisierung fast als neue **Manifest Destiny** bezeichnen. Die Welt wird (auch) durch den Film demokratisiert und zivilisiert gemacht. Dass Hollywood so global wirken kann, ist durch den Schmelztiegel USA begründet. Die multiethnische Vielfalt spiegelt sich im amerikanischen Film wider und begeistert international. Die laufenden Bilder, von Erfinder *Thomas Alva Edison* 1888 ins Leben gerufen, sind der wichtigste amerikanische Beitrag zur internationalen Unterhaltungsindustrie.

Im New York des Jahres 1896 fand die **erste öffentliche Filmvorführung** statt, bei der Kurzfilme mit einem selbst konstruierten Projektor gezeigt wurden. 1903 entstand der erste achtminütige Kurzfilm „Der große Eisenbahnraub" von *Edwin Porter* und machte den Film beinahe über Nacht zur Sensation. Nachdem immer mehr Leute sich für Kurzfilme begeisterten, dauerte es nicht mehr lange, bis eine kleine Industrie rund um das neue Medium entstand. Als sich zu Beginn des 20. Jahrhunderts der Film noch in den Kinderschuhen befand, versuchten viele – mit Erfolg – in diesem neuen Geschäftszweig ihr Glück zu machen. Sie führten Kurzfilme in den sogenannten **Nickelodeon** (Ladentheater, die ihren Namen dem Eintrittspreis von einem Nickel, 5 Cents, verdanken), den Vorläufern unserer heutigen Kinos vor.

Kleine Firmen gründeten sich an der Ostküste und zwischen 1915 und 1920 begann **Hollywood,** ein Stadtteil von Los Angeles in Kalifornien, auch aufgrund der günstigen Wetter- und Lichtbedingungen als Produktionsstandort zu boomen. Immer mehr Studios entstanden und die Filmproduktion wurde zu einem wichtigen Wirtschaftszweig.

Die ehrgeizigsten Männer des Filmbusiness waren u. a. *Carl Laemmle, die Warner Brothers Albert, Harry, Jack und Samuel, Adolph Zukor, Louis B. Mayer* und *Samuel Goldwyn.* Nachdem sie ihre Karriere mit Filmvorführungen begonnen hatten, stiegen sie nun in die boomende Filmproduktion ein und wurden nur wenig später zu den Köpfen einer ganz neuen Unternehmensform, den Filmstudios, von denen die wichtigsten in Hollywood angesiedelt waren.

Es folgte das **Goldene Zeitalter Hollywoods** während der 1930er- und 1940er-Jahre, in dem die Studios pro Jahr ca. 400 Filme für 90 Millionen Zuschauer pro Wo-

Weltweit beschäftigt sie ca. 2500 Korrespondenten und hat Kunden in beinahe 100 Ländern. Es findet ein Nachrichtenaustausch mit zwölf anderen internationalen Agenturen statt. Die AP versorgt nicht nur den heimischen und ausländischen Markt mit Nachrichten, sondern unterhält in Washington auch Teams für „Sonderaufgaben" wie z. B. Enthüllungsstorys.

Wie auch das Fernsehen hat die Presse ihr Angebot mehr und mehr auf die Interessen ihrer Leserschaft zugeschnitten: Zeitschriften, Nachrichtenmagazine und Zeitungen sprechen ganz spezielle Zielgruppen an.

che produzierten. Hollywood wurde zur Filmmetropole und Sinnbild für Stars und Glamour. Die Filmproduktion entwickelte sich zu einem sehr lukrativen Geschäft und beschäftigte bald Tausende von Mitarbeitern.

Zu dieser Zeit begannen sich die **verschiedenen Genres** – Slapstick, Krimi, Horror, Science-fiction, Western, Abenteuer, Melodrama oder Monumentalfilm – herauszukristallisieren. Aber auch der Broadway (eine der wichtigsten Geschäftsstraßen New York Citys, die v. a. durch seine Theater bekannt und zum Synonym für Theater und Musicals wurde) konnte sich durch die Erfindung des Tonfilms auf der Leinwand etablieren und produzierte Comedies und Musicals für das Kino.

Mit dem Ende der 1940er-Jahre begann das **Fernsehen dem Kino Konkurrenz** zu machen und die Zahl der gedrehten Filme ging stark zurück, obwohl die Filmbudgets stetig anstiegen, um das Kino für die Menschen attraktiv bleiben zu lassen.

Das Aufkommen des neuen Mediums Fernsehen in den 1950er-Jahren erschütterte zwar Hollywoods Vormachtstellung bis in die Grundfesten, aber wie sich herausstellte, gelang es den beiden Unterhaltungsindustrien, nebeneinander zu existieren und sogar zu kooperieren. Ende der 1960er- und in den 1970er-Jahren erlebte die amerikanische Filmproduktion dann einen neuen Aufschwung. Filme begannen die Gesellschaft mehr und tiefer zu prägen, denn sie begannen, trotz des Einflusses Hollywoods, vielseitiger und facettenreicher zu werden. Der Einfluss kleiner, zum Teil **unabhängiger Studios** wie Sony Pictures Classics oder Dream Works, die sich auf die Produktion und den Verleih von Avantgarde-Filmen spezialisierten, nahm zu. 1981 gründete der Independent-Filmemacher *Robert Redford* das Sundance Institute, eine Organisation, die seitdem jedes Jahr das Sundance Film Festival zur Unterstützung von Independent-Filmemachern veranstaltet.

Die Oscar-Verleihung der Academy of Motion Pictures Arts and Sciences (AMPAS) ist ein wichtiger Teil des Hollywood-Glamours, denn auf dem roten Teppich findet alljährlich das Schaulaufen der Stars und Sternchen statt und alle wollen den begehrtesten Filmpreis. Durch das Renommee des goldenen Kerlchens steigt auch das Ansehen der Gewinner in der amerikanischen und internationalen Filmwelt.

Seit der Gründung der AMPAS 1927 wurden über 2000 Oscars verliehen, die meisten davon an Amerikaner. Denn anders als bei vergleichbaren Filmfestspielen wie in Cannes, Venedig oder bei der Berlinale, ist Hollywood bei den Oscars immer Sieger. Allein *Emil Jannings* erhielt als deutscher Schauspielstar der 1920er-Jahre den Oscar 1929 und die gebürtige Deutsche *Luise Rainer* wurde 1937 und 1938 als beste Hauptdarstellerin mit dem Oscar prämiert.

Leider nimmt die **Monopolisierung** der amerikanischen Presselandschaft immer erschreckendere Ausmaße an. Hatte schon in den 1960er-Jahren eine zunehmende Bündelung der Medien begonnen, so gibt es heute nur noch in 34 Städten zwei oder mehr konkurrierende Zeitungen, dafür aber zahlreiche *Chain Newspapers* (Zeitungsketten). *The Newspaper Association of America* hat derzeit gut 2000 Mitglieder. Nur zehn Verlagshäuser kontrollieren mehr als die Hälfte aller amerikanischen Zeitungen.

Anders als in Deutschland, wo eine verhältnismäßig große alternative und kritische Presselandschaft existiert, gab es in den USA (möglicherweise als Nachwirkung des 11. September) im Vorfeld des **Irak-Krieges** kaum noch Zeitungen, die in ihrer Berichterstattung von der durch die Regierung vertretenen Linie abwichen. Die Regierung versuchte, die Bürger für ihre politischen Ziele zu gewinnen, verbreitete verfälschte Tatsachen und benutzte dazu die Medien.

Es besteht jedoch die berechtigte Hoffnung, dass die amerikanische Demokratie und eine ihrer tragenden Säulen, die **Pressefreiheit,** sich auch weiterhin bewähren.

Die Pressefreiheit ist durch das *First Amendment* (Verfassungszusatz) in der Verfassung verankert. Die Regierung kann verunglimpft und kritisiert werden, denn die Presse hat eine sogenannte **Wachhund-Funktion**, die in den 1960er-Jahren entstanden ist. Weil aber das Recht der Öffentlichkeit auf Information im Gegensatz zum Recht des Individuums auf Privatsphäre und der Pflicht des Staates, die nationale Sicherheit zu schützen, steht, sind diese Gegensätze im journalistischen Arbeiten oft schwer zu vereinen. Journalisten haben es lange Zeit als ihre Aufgabe betrachtet, die Regierung zu kontrollieren und Affären aufzudecken.

Durch diese Wachhundfunktion wurde der wohl spektakulärste Skandal in der Pressegeschichte des 20. Jahrhunderts aufgedeckt. Reporter der *Washington Post* fanden im Jahre 1972 Verbindungen zwischen der Nixon-Regierung und einem Einbruch in den nationalen Hauptsitz der Demokraten heraus. Dieser Vorfall ist als **Watergate-Affäre** weltweit bekannt geworden und führte schließlich zum Rücktritt *Nixons*. Die Untersuchungen des Skandals durch den Senat und die Vorbereitungen des Abgeordnetenhauses zum *Impeachment* (Amtsenthebungsverfahren) wurden vom amerikanischen Fernsehen live übertragen und von der Bevölkerung mit großem Interesse verfolgt. Trotz der Konkurrenz durch die elektronischen Medien haben die Zeitungen in den USA nichts von ihrer Beliebtheit eingebüßt. Im Gegenteil: Die Presse hat mit den topaktuellen **Internetausgaben** ihrer Zeitungen wieder eine neue Marktlücke gefüllt. So gut wie alle traditionellen Medien haben mittlerweile umfangreiche Internetauftritte, durch die der Leser immer auf dem neusten Stand bleiben kann. Einer Studie vom Juli 2003 zufolge sind unter den meistbesuchten Seiten die des *Wall Street Journals,* der *New York Times,* der *Washington Post* und *USA Today.*

Sowohl in der Presse als auch in Radio und TV ist eine deutliche Konzentration auf die **Lokalnachrichten** *(Local News)* zu beobachten. Nachrichten werden fast nur aus amerikanischer Perspektive betrachtet und ein Großteil der Bevölkerung zeigt nur wenig Interesse am Weltgeschehen.

In Zeitungen sind Berichte über persönliche Schicksale, sogenannte *Human-Interest Stories,* sehr beliebt. Bewusst setzen die Medien auf die **Personalisierung von Themen,** denn nur so können Ereignisse Emotionen hervorrufen und der Einzelne kann sich damit identifizieren.

Aufgrund all dieser Tendenzen ist es wohl kaum verwunderlich, dass die Allgemeinbildung einiger Amerikaner schlecht ist, sie wenig über den „Rest der Welt" wissen und dass sie so den Informationen, die ihnen ihre Regierung medienwirksam zuspielt, oft blind vertrauen. Nach den Folterskandalen im Irak, der fehlenden Kriegslegitimierung durch Massenvernichtungswaffen und dem Aufkommen der Frage, wie viel die Bush-Administration wirklich über die Terrorismusgefahr wusste, begann auch die Gesellschaft – inklusive der Medien – die eigene Regierung wieder kritischer zu betrachten. 2008, im Jahr der Präsidentschaftswahl, waren die Folgen der inkompetenten Politk *George W. Bushs* und seiner Regierung so gravierend sichtbar geworden, dass sich die Mehrheit der Amerikaner einen **Parteienwechsel und eine Wende** wünschte und durch ihre Stimmabgabe auch realisierte.

Leider gestaltet sich der Kauf **deutscher Zeitungen** für USA-Reisende schwer. Entweder sind deutschsprachige Blätter gar nicht erhältlich oder man bekommt nur die großen Zeitschriften und Zeitungen wie *Spiegel, Süddeutsche Zeitung* oder *FAZ* – oftmals mit mehreren Wochen Verspätung. In der *USA Today,* einer überregionalen Zeitung, die sich für den Touristen als gut verständlich und überschaubar erwiesen hat, darf man keine internationalen politischen Nachrichten erwarten, schon gar nicht aus Deutschland. Wenn **amerikanische Medien über die Bundesrepublik** berichten, dann meistens in Verbindung mit dem Holocaust oder wegen Übergriffen von Neonazis auf Ausländer. Was deutsche Politiker vertreten oder welche gesellschaftlichen Themen bei uns diskutiert werden, erfahren die Amerikaner nur, wenn die Inhalte in direktem Zusammenhang mit ihrem eigenen Land stehen. Das amerikanische Interesse an Deutschland bleibt leider auf sehr wenige Bereiche begrenzt. Ebenso wie deutsche Medien mit Vorurteilen gegenüber den USA jonglieren, berichtet man in Amerika häufig engstirnig und einseitig über andere Länder. Kurzsichtigkeiten werden damit gefördert und Wissenslücken bleiben ungefüllt.

Zwei typisch amerikanische Tugenden!? – Erfolg und Mobilität

Winning is everything! – Amerikas Streben nach Anerkennung und Leistung

Erfolgsstreben und Leistungsdruck beginnen bereits in der Schule. Kinder lernen schon früh, dass **jeder seines Glückes Schmied** ist. Im Mannschaftssport testen sich die Stärkeren aus, Buchstabierwettbewerbe und hartes Lernen für College-Aufnahmeprüfungen formen den Erfolg Suchenden. Beinahe jedem amerikanischen Kind wird gesagt: „Du kannst Präsident werden." Erfolg wird durch Geld, Talent, Herkunft, Intelligenz, Sport

Alltagshektik – Auf der Suche nach dem American Dream

und natürlich Leistung erreicht. An amerikanischen Unis wird viel härter gearbeitet als an deutschen. Enormer Erfolgsdruck, hohe Erwartungen von Eltern, die das Schulgeld zahlen, und Professoren bestimmen das Leben vieler Studenten.

Sieg und Niederlage spielen eine sehr große Rolle in der Gesellschaft, denn **Gewinnen und Erfolg bedeuten Geld und Macht.**

In einer Gesellschaft, in der Erfolg alles ist, gehören auch gutes Aussehen, Sportlichkeit und Beliebtheit zu den Kriterien für die persönliche Glückserfüllung. Man will **erfolgreich sein auf der ganzen Linie** – in Job, Familie und Privatleben. Wer diesen Ansprüchen nicht genügen kann, gilt als uninteressant. Das Leben soll aktiv und aufstrebend verlaufen.

In einer Gemeinschaft mit einem derartig hohen Stellenwert für Leistung, muss jeder zur Attraktivität beitragen. Selbst **im Alter** soll das Leben durch Reisen, Sport und mentale Fitness aktiv gestaltet werden. Man bedauert passive, arme, kranke oder alte Menschen, aber diejenigen, die weise und wissend sind, werden von den Jungen sehr verehrt, denn sie haben ja auch etwas erreicht, nämlich Wissen und Lebenserfahrung. Und auch **Behinderte** werden sehr rücksichtsvoll in die Gesellschaft integriert.

In den USA ist **Beliebtheit** ein Zeichen von Erfolg und deshalb sehr wichtig. Viele Amerikaner erachten die Meinung anderer als sehr bedeutend, denn Geld öffnet ihnen zwar das Tor zur *High Society,* aber nur durch die Anerkennung der anderen erlangt der Erfolg eine Bedeutung. Schon in der *High School* ist es von existenzieller Wichtigkeit, beliebt zu sein.

Die Suche nach Status und Anerkennung ist demnach ein ungemein wichtiges Ziel vieler Amerikaner. Oft haben sie große **Angst vor dem Versagen,** denn für das Scheitern muss man sich heute mehr schämen als für angeborene Armut, denn es ist selbst verschuldet. Wer Geld besitzt (oder es sich im Schweiße seines Angesichts erarbeitet hat), kann in den USA alles erreichen, in jede soziale Schicht aufsteigen, denn der soziale Status wird bestimmt durch die eigene Kraftanstrengung.

Geldverdienen für sich und seine Angehörigen, der Gemeinschaft nicht zur Last fallen und für sein Versagen selbst die Verantwortung übernehmen ist beinahe für jeden selbstverständlich.

Amerikaner sind stolz auf den militärischen, wirtschaftlichen Erfolg ihres Landes und leben offen ihren **Patriotismus.** Beinahe jeder Amerikaner ist stolz darauf, in einem freien, beinahe grenzenlosen Land zu leben, das viele geistige Eliten und Errungenschaften in Wissenschaft, Wirtschaft, Technik und Gesellschaft hervorgebracht hat, stolz auf die Nation,

die als erste den Mond betreten hat. Am meisten stolz aber ist man auf die *Selfmademen,* denn durch sie fühlt man sich darin bestätigt, dass man im Land der unbegrenzten Möglichkeiten lebt, in dem jeder sein Glück selbst in die Hände nehmen kann. Jeder kann hier seinen persönlichen *American Dream* verwirklichen.

Weil es als eine Schande gilt, arm zu leben und reich zu sterben, **spenden Reiche** freiwillig große Summen an Stiftungen, Bibliotheken, Universitäten oder Ähnliches. Und obwohl damit auch verhindert werden soll, dass der Staat auf das restliche Vermögen zugreifen kann, ist der Hauptgrund für die Wohltätigkeit vieler Amis vielmehr das öffentliche Aufsehen, das die Spende nach sich zieht. Wer sein Geld für das öffentliche Wohl spendet, der tut das auch, um sich zu profilieren.

Up and down and round and round – Die mobile Gesellschaft als Vorbild

Amerikaner sind immer unterwegs: ob beim Joggen im Park, mit dem Auto zum Einkaufen, in ihrem *Mobile Home,* einem rollenden Haus, oder auf einem Wochenendausflug zum Angeln. Wie so viele andere Merkmale der amerikanischen Mentalität, wurzelt auch die Flexibilität und Mobilität der Amerikaner in der Frontier-Bewegung. Für den Mythos **Go West!** haben Abertausende Eroberer, Goldsucher und Siedler alles aufgegeben und sind in ihren Planwagen Richtung Pazifik gezogen.

Eine andere Ursache der Mobilität ist das **fehlende Gebundensein an eine bestimmte Region;** gerade wegen des starken Nationalcharakters fühlt man sich überall zu Hause und ist des Jobs wegen schneller bereit umzuziehen. Viele packen wie eine Schnecke ihr Haus ein und ziehen zum nächsten Ort. Andere – stattliche 7,6 Prozent der Amerikaner – wohnen gar in einem Wohnwagen, immer bereit, den Wohnort zu wechseln, seit der Immobilienkrise ist hier die Tendenz steigend. Aber es gibt auch solche, die einem Leben *on the Road* das sesshafte, ruhige Dasein vorziehen.

Mietwohnungen und -häuser sind heute größtenteils auf die Standortunabhängigkeit und Flexibilität ihrer Mieter eingerichtet und standardmäßig mit Waschmaschine, Trockner, Einbauküche, begehbaren Kleiderschränken und installierten Lampen ausgestattet. Leistungsfähig und flexibel wie ihre Mieter sollen auch die kleinen, möblierten Apartments mit einer sogenannten Efficiency-Küchenzeile sein, die oftmals nur für einen begrenzten Zeitraum vermietet werden.

Eine weitere Form der Mobilität ist für Amerikaner der **Sport.** Neben dem Spaßfaktor erwartet man auch Vitalität und gutes Aussehen durch körperliches Training, denn geistige und körperliche Vitalität sind wichtige Ziele im Leben. Sogar die Haustiere sollen mobil sein. Inzwischen gibt es Yoga für Hunde. Weil geistige und körperliche Passivität bei den meisten Amerikanern so unbeliebt ist, ziehen sie auch das Duschen dem Baden vor und Laufen ist immer mit einem sportlichen Sinn verbunden.

Auch **im Alter** sind Aktivität, Unternehmungen oder Reisen wichtige Ziele. Mobilität und Aktivität endet auch im **Urlaub** nicht. Anders als die Europäer verbringen Amerikaner die Ferien nicht zwei Wochen entspannend am Strand, sondern buchen einen Aktivurlaub mit *Surfen, Hiking* und *Sightseeing.* „Europa auf die Schnelle", ähnlich wie die Japaner *in a Fortnight* ist kein Einzelfall. Heute Schloss Schwanstein, morgen Big Ben und übermorgen das Kolosseum – dabei sein ist alles!

Neben den viel gerühmten Vorteilen kann Aktivität und Mobilität aber auch zur Gefahr werden. Der **Zwang des Mobilseins** äußert sich in vielerlei Hinsicht. Es beginnt damit, dass man den Kaffee aus Zeitmangel nicht mehr zu Hause trinkt, sondern sich auf dem Weg zur *Subway* (U-Bahn) einen *Takeaway-Coffee* (eine Tasse Kaffee zum Mitnehmen) holt, nur noch per *Cell Phone* (Handy) erreichbar ist, aus Furcht vor Übergewicht jeden Tag ins Fitnessstudio rennt und für berufliche Mobilität und Flexibilität seinen Wunsch nach Familie und Sesshaftwerdung aufgibt. Trotz dieses Fitness- und Aktivitätswahns gibt es paradoxerweise Millionen Amerikaner, die übergewichtig und immobil sind. Einstöckige Häuser, Bewegungsmangel durch ständiges Autofahren, All-you-can-eat-Angebote und übermäßiger Fernsehkonsum haben die Vereinigten Staaten zur **Nation der Fettleibigen** gemacht.

Ein Grund, warum der **Patriotismus** in den USA so stark ausgeprägt ist, liegt darin begründet, dass die in einem so riesigen Land lebenden Menschen in hohem Maße mobil sein müssen und wenig Bindung an die Region aufrecht erhalten können, aus der sie stammen. Der bei uns sehr stark belegte Begriff der **Heimat** spielt hier kaum eine Rolle. Deshalb identifizieren sich viele mit der Nation, mit der amerikanischen Geschichte, berühmten amerikanischen Persönlichkeiten oder Nationalsymbolen, wie der amerikanischen Flagge. Eine so große, mobile und schnelllebige Nation wie die USA muss zusammenhalten, gemeinsame Anknüpfungspunkte finden, damit sie trotz Regionalisierung, Mobilisierung und die Individualität, die sie im Laufe ihrer Entwicklungsgeschichte hervorgebracht hat, ein starkes Bündnis bleiben kann.

Mobilität hat auch einen anderen, sehr persönlichen Aspekt: nämlich den der persönlichen Freiheit. Im Land der unbegrenzten Möglichkeiten möchte man nicht nur räumlich und geistig beweglich sein, man will auch die Möglichkeit haben **Twentyfourseven** (24 Stunden am Tag, 7 Tage die Woche) immer alles machen zu können – und sei es, nachts um zwei Uhr Autoreifen kaufen zu gehen.

From Rags to Riches – Wer arm ist, ist selber schuld?

Mobilität umfasst aber nicht nur Aktivität und Bewegung, sondern auch **vertikale Mobilität.** Der Ursprung der gesellschaftlichen Mobilität, vertikale Aufstiegsmöglichkeiten, die das Prinzip *From Rags to Riches* (aus Lumpen zum Reichtum) beinhalteten, sind wie so vieles dem Puritanismus

051us Foto: ih

mit seinem Prinzip des „stetig Schaffenden" entlehnt. Nach dem Motto „den Seinen gibt's der Herr im Schlaf" darf man das amerikanische Verständnis von Erfolg aber nicht betrachten. Wer erfolgreich sein will, der soll etwas dafür tun. Wer, wie *W. Somerset Maughams* Protagonist Larry aus „Auf Messers Schneide" dem Müßiggang frönen will, der erntet nichts als unmutige Blicke. Im Schweiße seines Angesichts muss der Amerikaner für sein Geld arbeiten, damit es „etwas wert wird" und er sich als tüchtig Arbeitender zufrieden zurücklehnen kann. Heute gilt nicht mehr, wer arm ist, ist von Gott gestraft, sondern: Wer im Land der unbegrenzten Möglichkeiten nichts aus seinem Leben macht, ist selbst schuld.

Die legendäre Route 66

US-Highways sind nicht nur gemacht, um weite Distanzen zurückzulegen, sie stellen auch einen Teil des Freiheitsmythos dar. Viele Europäer reizt es, einmal die Route 66 hinunterzufahren, den Fahrtwind und das Gefühl der grenzenlosen Freiheit, für das die USA bekannt sind, zu spüren. Mit einer Länge von 4000 km (2448 Meilen) führt die sogenannte *Main Street USA,* also die Hauptstraße der USA, quer durch die Vereinigten Staaten – von Illinois nach Kalifornien. Wer auf dieser legendären Landstraße von Ost nach West unterwegs ist, der will nicht nur schnell von Chicago nach Los Angeles gelangen, sondern begibt sich auf eine Pilgerfahrt auf der *Mother Road,* die ihn dem *Spirit of the West,* dem Frontiermythos und seinen Geschichten ganz nahe bringt.

1926 fertiggestellt, erzählt die Route 66 vom Goldrausch, von Hunderttausenden Schatzsuchern und Abenteurern, den sogenannten *Forty-Niners,* die zwischen 1849 und 1853 nach Kalifornien strömten. Die sagenhafte amerikanische Landstraße verband nun Metropolen mit schläfrigen Nestern, Großstädter mit einfachen Landleuten und rückte ferne Regionen und ihre Sehenswürdigkeiten in greifbare Reichweite. Mit dem Ende des Zweiten Weltkriegs hat sich daraus eine immer perfekter organisierte Infrastruktur entwickelt – ein weiträumiges Straßennetz, das zum Reisen auf eigene Faust einlädt.

Die Route 66 ist eine der am häufigsten beschriebenen Sehenswürdigkeiten der Vereinigten Staaten: Wer auf ihr dem Sonnenuntergang entgegen fährt, hat *Nat King Coles* Song im Ohr, fühlt sich wie die Beat-Generation aus *Jack Kerouacs* Roman „Unterwegs" oder wie in den Film „Thelma und Louise" versetzt.

Am Ziel der Route 66 liegen der Pazifik und Los Angeles, das heute zu den wichtigsten Verkehrsknotenpunkten der USA zählt. Wenn die Route 66 in den Santa Monica Boulevard mündet und die Ocean Avenue in der Innenstadt von Santa Monica kreuzt, hat man den weiten Weg zum Pazifik endlich geschafft. Nicht nur für Touristen symbolisiert die Route 66 ein Stück vom *American Dream* – mit Tankstellen wie auf Edward-Hopper-Bildern, dem Route-66-Museum, schnuckeligen Kleinstädten im Nirgendwo und den berühmten *Diners.* Das einzige Problem stellt die Orientierung dar, denn die Route 66 ist weniger gut ausgeschildert, als man vermuten könnte und auf vielen Landkarten fehlt sie vollständig.

Müßiggang ist im puritanisch geprägten Amerika fast so etwas wie eine Anmaßung. Höchst angesehen sind hier jene, die erfolgreich arbeiten, ohne es zu müssen und die ihr schwer verdientes Geld durch **Konsum zur Schau** stellen. Während Deutsche ständig jammern, sie hätten zu wenig Freizeit, ist es für Amerikaner eine Selbstverständlichkeit, sich mit wenig Urlaub zufrieden zu geben.

Nichts soll dem Zufall überlassen werden und deshalb wird mit Zielstrebigkeit und Tatkraft vorausdenkend das Leben penibel durchorganisiert und Familie, Karriere, Freizeit, Ruhestand und Selbstverwirklichung geplant. **Fleiß** ist eine hohe Tugend unter Amerikanern.

Arme Leute können sich kaum mit der Bildungsoberschicht an den Universitäten und den Reichen in den Vororten identifizieren, denn sie glauben, die Elite missachte sie und blicke auf sie hinab. Für Amerikaner aus der Provinz sind die Bewohner der großen Metropolen beinahe so fremd wie Außerirdische. Große Distanzen sowohl gesellschaftlich, als auch geografisch und die große kulturelle und ethnische Vielfalt bestimmen das **starke soziale Gefälle** in den USA. Dennoch sind die Menschen aus der Unterschicht nicht zwangsläufig zu einem Leben in Armut verdammt: Wer fleißig, smart und motiviert ist, kann sich leichter hocharbeiten als in den meisten anderen Ländern. Während es mehr Milliardäre gibt als irgendwo sonst auf der Welt, begegnet man auch häufig Menschen, die von der Hand in den Mund leben. Die Lösung sozialer Probleme durch die Politik wurde seit dem 11. September 2001 von der Konzentration auf Sicherheitsmaßnahmen verdrängt. Erst die beginnende Finanz- und Wirtschaftskrise 2008 ließ die sozialen Fragen wieder näherrücken.

Höher, schneller, weiter –
Driving und Verkehr in den USA

Die **geografischen Dimensionen** der USA, die sich ohne Schlagbäume und Grenzkontrollen durchqueren lassen, sind enorm. Ohne diese Weite wäre die Bewegungsfreiheit nie entstanden, die heute die Mobilität der nordamerikanischen Gesellschaft auszeichnet. Denn schließlich musste man diese Entfernungen irgendwie bewältigen. In keiner anderen Nation scheint das *on the road* sein, das stetige Unterwegssein und Umziehen so in Fleisch und Blut übergegangen zu sein wie in den Vereinigten Staaten.

Auto fahren symbolisiert für viele Amerikaner Freiheit und beinahe alle von ihnen schätzen die Unabhängigkeit, die das eigene Auto in einem Land solcher Ausmaße zu geben vermag. Ein wenig ist der Ami doch

Cowboy geblieben. Der einzige Unterschied besteht darin, dass er heute mit Pferdestärken, statt mit Pferd unterwegs ist.

Da die **Autokultur,** die Bedeutung des Pkws als Massentransportmittel und Prestigeobjekt, in Amerika ihren Ursprung hat, muss man sich nicht wundern, wenn man hier kaum erwachsene Menschen ohne Auto antrifft. Und wer eines besitzt, der bewegt sich nicht mehr ohne sein Fahrzeug fort. Die Allgegenwart des Autos, die Dominanz des Individualverkehrs sind zugleich Folge und Ursache für den mangelhaften Ausbau eines **öffentlichen Verkehrsnetzes** – weil es keine öffentlichen Nahverkehrsmittel gibt, fährt jeder mit dem Wagen und weil jeder mit dem Auto fährt, lohnt sich der Ausbau von Bus- und Bahnsystemen nicht.

In den USA gibt es sogenannte **Pre-Car-Cities,** also Städte wie Boston, Seattle oder San Francisco, deren Infrastruktur vor der Erfindung des Autos festgelegt wurde und die eine wenig autofreundliche, unregelmäßige Straßenführung haben. Sie verfügen über ein akzeptables öffentliches Nahverkehrssystem. Das beste öffentliche Nahverkehrssystem in den USA hat New York mit U-Bahn, Bus und Regionalzügen und es wird deshalb auch dementsprechend genutzt.

Die **Post-Car-Cities** sind jene Städte, wie Phoenix oder Los Angeles, die speziell auf den Autoverkehr ausgerichtet sind.

Jeder Bundesstaat hat seine eigenen **Nummernschilder.** Diese haben eigene Sprüche wie z. B. „Sonnenstaat Florida", „Urlaubsland Maine",

„Ohio Buckeye State" (Rosskastanienstaat) und „Illinois das Land Lincolns", die für Besonderheiten in den Bundesstaaten werben sollen oder manchmal – wie im Falle von „Indiana Hoosier State" (was soviel heißt wie „Gefängniswärterstaat") – eher zur Verwirrung beitragen.

Für Amerikaner ist das Auto in erster Linie ein Gebrauchsgegenstand. Einige bauen jedoch einen **Kult um ihren fahrbaren Untersatz** auf mit persönlichen Nummernschildern, Bemalungen oder Stickern mit politischen oder religiösen Bekenntnissen.

In Deutschland gibt es – gegenüber den USA mit 759 Fahrzeugen pro 1000 Einwohner – nur 541 Pkws pro 1000 Einwohner. Müssen wir Deutschen uns immer anhören, „das Auto sei unser liebstes Kind", so wäre es richtig zu sagen, dass für Amerikaner der beste Freund der fahrbare Untersatz ist. Autos sind der Hauptgrund, warum Amerikaner Kredite aufnehmen.

Ein Leben ohne eigenen Wagen (wenn nicht gleich mehrere Pkws) ist für kaum einen Amerikaner denkbar. In der Mittelschicht gibt es einen deutlichen **Trend zum Drittauto.** Erstmals in der Geschichte der USA überschreitet die Zahl der Pkws die Zahl der Personen mit Führerschein.

Das Fahrzeug wird zum **motorisierten Wohnzimmer,** mit erhöhten Sitzen, um die Aussicht besser zu genießen, Klimaanlage, *Cruise Control* (Temporegler) und vielen anderen Annehmlichkeiten. Im Auto wird gegessen, Musik oder Selbsthilfe-Audiobücher gehört. „Warum sollte ich draußen schwitzen, schmutzig werden oder von Mücken gestochen werden?" denkt man sich, wenn man einen Besuch im *National Park* plant. Dann setzt man sich in sein klimatisiertes Auto oder in einen Reisebus, um die Natur „zu erleben". Und warum lange **Arbeitswege** mit öffentlichen Verkehrsmitteln auf sich nehmen, wenn es mit dem Auto so bequem ist? 75,7 Prozent aller Amerikaner fahren mit dem Auto zur Arbeit – auch wegen großer Distanzen oder fehlender öffentlicher Nahverkehrsmittel. Steigende Benzinpreise und zunehmendes Umweltbewusstsein führen langsam zu einer Trendwende: Man kauft kleinere und umweltfreundlichere Autos. Die großen Benzinfresser werden unattraktiver.

Glücklicherweise sind Amerikaner oft bereit, einem einen Wagen zu borgen, oder einen *Ride* (Mitfahrgelegenheit) anzubieten. **Mietwagen** *(Rental cars)* gibt es in großer Fülle und zumeist sind sie auch erschwinglich. Das einzige Problem besteht darin, dass große Mietwagenagenturen Autos nur an Personen über 25 Jahren vermieten.

Ist man in anderen Ländern eher an Pizzaservice oder *Drive-in* gewöhnt, gibt es in den USA ein sehr amerikanisches Phänomen: die **Drive-aways.**

Das Auto ist in Amerika der Gebrauchsgegenstand schlechthin

Möchte man zum Beispiel den Hinweg mit seinem Auto zurücklegen, den Rückweg lieber fliegen, wendet man sich an eine Vermittlungsagentur für *Drive-away-Cars.* Diese Agentur bringt die Leute, die einen Fahrer für ihren Wagen suchen, mit denen zusammen, die ein Auto benötigen. Ist der Deal perfekt, so bekommt der Autofahrer eine Versicherung, das Zustellungsdatum und die Autoschlüssel. Den **Führerschein** kann man mit 16 Jahren erwerben. Oft gibt es an Schulen *Driving Lessons,* ein attraktives Angebot für deutsche Gastschüler. Aber in manchen Bundesstaaten (z. B. in Pennsylvania) ist für sie der Führerscheinerwerb rechtlich nicht möglich.

Im **Straßenverkehr** bewegen sich Amerikaner, anders als die Deutschen, sehr langsam und rücksichtsvoll. Das Überschreiten von Geschwindigkeitsbegrenzungen wird sehr viel stärker geahndet. Maximalgeschwindigkeiten zwischen 55 mph – *miles per hour* – (87 km/h) und 80 mph (117 km/h) auf drei- bis vierspurigen Autobahnen bremsen den Geltungsdrang von PS-Fanatikern. Man hat auch mehr Geduld mit „Schnecken" oder Falschparkern als in Europa. Das heißt aber nicht, dass man Verkehrsvorschriften nicht genauestens beachten sollte. Auf *Highways* gibt es eine hohe Polizeipräsenz. Die meisten amerikanischen Autos werden mit Automatik gefahren.

Gouverneur *Schwarzenegger* will in seinem Staat Kalifornien sogenannte **Hydrogen Highways** (Straßen mit Wasserstofftankstellen) einführen. Es gibt inzwischen immer mehr Wasserstofftankstellen, insbesondere in den Ballungsräumen um San Francisco und Los Angeles.

In New Mexico, Colorado und Utah wurde am 31. März 2003 die **Bundesstraße 666** auf Antrag zahlreicher Lokalpolitiker und Bürger, die eine wirtschaftliche Beeinträchtigung durch die „teuflische" Zahl (die Dreifachsechs wird in der Bibel mit dem Teufel identifiziert) befürchten, in Bundesstraße 491 umbenannt.

In einem Land wie den USA mit einer wichtigen Eisenbahntradition und einem hohen Stellenwert für die Erschließung und Entwicklung des Landes, ist das **Reisen mit der Bahn** erstaunlich unbequem und schwierig. Das Eisenbahnnetz ist für europäische Verhältnisse sehr schlecht ausgebaut. Die Fahrkartenpreise sind von Ort zu Ort unterschiedlich, aber Frühbuchung verbilligt die Fahrkarte um ein Vielfaches.

Wegen weiter Distanzen gibt es in den USA besonders viel **Flugverkehr.** Die große Anzahl von Fluglinien regt den Wettbewerb an und macht das Fliegen innerhalb der USA auf viel genutzten Routen relativ erschwinglich. Weniger ausgelastete Flugrouten sind hingegen etwas teuerer.

Zug nach Long Island

Eine gute Alternative zum Bahnfahren oder Fliegen ist das **Busfahren,** denn das Busnetzwerk von **Greyhound** ist gut ausgebaut, günstig und effizient. Mit dem Bus quer durch das Land zu fahren ist eine der günstigsten Reisemöglichkeiten, zumal es ein dichtes Netz von Busbahnhöfen gibt.

In 60 Tagen durch die Staaten: Manche Busunternehmen bieten Zeitfahrscheine an, die zwei Monate gültig sind und in dieser Zeit unbegrenztes Reisen ermöglichen. Für Studenten und internationale Touristen gibt es diese Tickets sogar zum Sonderpreis.

Rad fahren ist ein angenehmer Weg, um sich in den USA auf kleineren Strecken fortzubewegen, denn die Wege sind gut ausgebaut. Radfahrern ist es in New York übrigens verboten, während des Fahrens die Füße von den Pedalen zu nehmen.

Gehen ist heute zu einer ziemlich unamerikanischen Fortbewegungsart geworden, es sei denn in Nationalparks oder beim Wandern. Wer in den *Post-Car-Cities* zu Fuß unterwegs ist, macht sich schnell verdächtig. In Städten gibt es häufig gar keine Gehwege mehr, sodass Gehen sehr gefährlich werden kann. Spazierengehen ist in den USA, im Gegensatz zu Deutschland, kein Ausdruck von Müßiggang, sondern existiert nur in Form eines sportlichen *Walks,* der der Fitness dient. Amerikaner gehen nie grundlos zu Fuß. Ziellos durch den Park flanieren ist gänzlich untypisch für den Durchschnittsamerikaner.

Kleines Verkehrs-ABC

- **4WD** = Auto mit Allradantrieb
- **A** = Hochgeschwindigkeitszug, der im Nordosten der USA verkehrt
- **AAA** (American Automobile Association) = Dort bekommen Touristen einen internationalen Führerschein ausgestellt.
- **Alcohol** = Hinterm Steuer besteht offiziell absolutes Alkoholverbot! Wer mit Alkohol im Auto angetroffen wird, hat schnell ein Problem mit der Polizei. Deshalb angebrochene Flaschen nur im Kofferraum aufbewahren und nicht alkoholisiert hinterm Steuer sitzen! Mit einschlägigen Polizeikontrollen muss gerechnet werden. Also: Don't Drink And Drive!
- **American Driver's License** = der amerikanische Führerschein. Gilt für US-Bürger auch als Ausweis. Man kann ihn ab 16 erwerben und kann das Fahren mit einer Aufsichtsperson mit Führerschein (zum Beispiel die Eltern) lernen und anschließend eine Prüfung ablegen. Viele High Schools bieten Fahrkurse an. Als Tourist braucht man ihn erst, wenn man sich ein Jahr oder länger in den USA aufhält. Er erfordert das Bestehen einer mündlichen und einer schriftlichen Prüfung. Er muss in den meisten Bundesstaaten alle vier Jahre erneuert werden. Nur wer sich als Safe Driver ohne Unfall oder Strafzettel bewiesen hat, muss die Prüfung erst nach sechs Jahren wiederholen.
- **Amtrak** = halbstaatliche Eisenbahngesellschaft für den Reisezugfernverkehr
- **ATV** = All-Terrain Vehicle (Kraftfahrzeug für den Transport in unwirtlichem Gelände)
- **Belt** = Gurt. In nahezu allen Bundesstaaten besteht Gurtpflicht für alle Insassen.
- **Bordsteinfarben** = In den USA markieren sie die verschiedenen Park- und Haltezonen: Rot steht für Halteverbot, Gelb für Loading Zone (eine Ladezone für Lieferwagen), Gelb und Schwarz für eine LKW-Ladezone, Blau markiert einen Parkplatz für Behinderte, Grün limitiert die Parkzeit auf 10 Minuten, Weiß zeigt eine Passenger Loading Zone (nur Ein- und Aussteigen) an.
- **Breakdown** = Panne. Bei Pannen mit dem Mietwagen sollte man als Erstes seine Mietfirma anrufen, um weitere Schritte abzusprechen. An den Interstates (mehrere Bundesbahnen verbindende Autobahnen) stehen in kurzen Abständen Notrufsäulen zur Verfügung, von denen aus man sich mit der Highway Patrol verbinden lassen kann. Diese informiert dann Abschleppdienst oder Notarzt. Auch der AAA unterhält einen eigenen Pannendienst, den man als Mitglied des ADAC, ÖAMTC und einiger anderer Automobilclubs nutzen kann.
- **Car Accident** = Autounfall. Obwohl die meisten Amerikaner freundliche, zuvorkommende und vernünftige Autofahrer sind, zögern viele, bei einem Unfall zu helfen. Man hat Angst, später vom Anwalt des Verletzten wegen angeblicher Spätfolgen verklagt zu werden.
- **Car Pool Lanes** = Fahrspuren auf Interstate Highways, die nur von Bussen, Taxis und Autos mit mindestens zwei oder drei Insassen benutzt werden dürfen. Solche Fahrspuren sind ausgeschildert und mit Rauten markiert.
- **CDW** (Collision Waiver Damage) = freiwillige Versicherung für selbstverschuldete Schäden am Mietwagen
- **COA** (Campgrounds of America) = private Kette von Campingsplatzbetreibern
- **Cruise Control** = automatischer Geschwindigkeitsregler im Pkw
- **Dead End, No Thru/Through Way** = Sackgasse
- **Detour** = Umleitung
- **Dip** = Bodensenke
- **Dirt roads** = Unbefestigte Schotterstraßen, die man mit einem Standardmietwagen kaum befahren kann. Geländewagen und/oder Allradantrieb sind empfehlenswert.

- **Downtown** = Stadtzentrum
- **DUI** (Driving under the influence of alcohol) = Fahren unter Alkoholeinfluss
- **Express Bus/Train** = Bus/Zug, der nur an größeren Stationen hält.
- **Flag Stop** = Haltestelle, an der Busse nur halten, wenn man sich durch Winkzeichen bemerkbar macht.
- **Flagman Ahead** = Baustelle, Arbeiter mit roter Flagge
- **Freeway** = Autobahn in Kalifornien, sonst Interstate
- **Gallon** = amerikanisches Maß. 1 Gallone entspricht 3,78 Liter.
- **Gas** = Benzin
- **Gas Station** = Tankstelle. An Tankstellen muss man oft im Voraus bezahlen (Pay First) bzw. eine Kreditkarte hinterlegen. Die Spritpreise variieren: Gegen Barzahlung und/oder bei Selbstbedienung (Self Serve) gibt es mehr Benzin als mit Kreditkarte und/oder beim Tankwart (Full Serve). Gemessen wird in Gallonen, auf die sich auch die angezeigten Preise beziehen. Sollten Sie einmal an einer Tankstelle in Florida tanken, so vergessen Sie nicht zu zahlen! Denn sonst wird Ihnen der Führerschein entzogen!
- **Handicapped Parking** = Behinderten-Parkplatz
- **Highway** = Autobahn oder Bundesstraße
- **Highway Patrol** = Autobahnpolizei
- **Hitchhiking** = Trampen. Sollte man besser nicht, schon gar nicht allein – vor allem nicht als Frau!
- **Hydrogen Highways** = Highways mit Wasserstofftankstellen
- **International Drivers License** = internationaler Führerschein
- **Intersection, Crossing** = Kreuzung
- **Interstate** = Nationales Fernstraßennetz
- **Interstate Highways** = Autobahnen. Jene mit ungeraden Nummern durchqueren den Kontinent in Nord-Süd-Richtung, die mit geraden in Ost-West-Richtung. Sie sind den europäischen Autobahnen vergleichbar, d. h. gut ausgebaute, kreuzungsfreie Strecken. Die Hierarchie der Straßen sieht in allen Bundesstaaten gleich aus.
- **Learner (L)** = Ein großes rotes L, das am Auto angebracht wird. Es signalisiert anderen Verkehrsteilnehmern, dass der Fahrer noch im Begriff ist, den Führerschein zu erwerben.
- **Local** = Bus oder Zug, der an jeder Bushaltestelle und an jedem Bahnhof hält.
- **Local Traffic** = Nahverkehr
- **Maximum Speed** = zulässige Höchstgeschwindigkeit. Sie ist ausgeschildert: auf Interstate Highways je nach Bundesstaat 55–70 mph (89–121 km/h) bzw. außerhalb von Städten auf freien Strecken 60 mph (105 km/h), auf US- und State Highways 50 mph (80 km/h), in Ortschaften 25–30 mph (40–48 km/h).
- **Men Working** = Baustelle
- **Merge** = einfädeln
- **Minivan** = beliebtes, geräumiges Familienauto
- **Mph** = miles per hour, Meilen pro Stunde
- **No Passing** = Überholverbot
- **Parking** = Außerhalb von Ortschaften muss man zum Parken oder Anhalten mit dem Fahrzeug vollständig von der Straße herunter.
- **Parking Meter** = Parkuhr. In Florida gilt ein kurios anmutendes Gesetz: Wer einen Elefanten an die Parkuhr anbindet, muss Gebühren zahlen, als würde es sich um ein Auto handeln!
- **Parking Lot/Garage** = Parkplatz, Garage, Parkhaus
- **Pedestrian** = Fußgänger. Fußgänger, besonders Kinder, haben immer Vorrang!
- **Pickup Truck** = kleiner Lkw mit offener Ladefläche

- **Police Patrol** = Polizeikontrollen. Sie laufen in den USA anders ab als in Europa. Nähert sich ein Polizeiauto mit Blaulicht oder Sirene hinter Ihnen, fahren Sie rechts ran, stellen den Motor ab und öffnen das Wagenfenster. Polizisten legen Wert darauf, Ihre Hände und die der anderen Insassen deutlich sehen zu können. Legen Sie am besten beide Hände ans Lenkrad und kramen Sie nicht nach Ihren Papieren. Der Polizist könnte sonst sehr ungemütlich werden, weil er denkt, dass Sie eine Waffe ziehen. Um zu vermeiden, dass die Situation eskaliert, verhalten Sie sich ruhig und folgen den Anweisungen des Ordnungshüters. Wird Ihnen ein Strafzettel ausgestellt, erzählen sie ihm, dass Ihr Aufenthalt begrenzt ist und sie die Rechnung für den Strafzettel sofort begleichen wollen. Da es Beamten aber nicht erlaubt ist, Geld anzunehmen, drückt er vielleicht mal ein Auge zu und lässt sie unbehelligt weiterfahren.
- **Registration** = Fahrzeugschein
- **Restricted Parking Zone** = zeitlich begrenztes Parken. Bei Hydranten z. B. herrscht ein sehr striktes Park-Verbot.
- **Right Of Way** = Vorfahrt
- **Road Construction Ahead** = Baustelle
- **RV** = Recreation Vehicle (Campingmobil)
- **Schoolbus** = Schulbus. Die typisch gelben Schulbusse mit blinkender Warnanlage, die Kinder ein- und aussteigen lassen, dürfen nicht passiert werden. Das gilt auch für Fahrzeuge aus der Gegenrichtung!
- **Slippery When Wet** = Straße bei Feuchtigkeit rutschig
- **Speed Limit** = Geschwindigkeitsbegrenzung (siehe „Maximum Speed")
- **State Routes** = Landstraßen innerhalb eines Bundesstaates
- **Stick/Stickshift** = Schaltknüppel
- **Ticket =** Strafzettel, Tickets. Gibt es bei Parken bei abgelaufener (expired) Parkuhr und bei zu schnellem Fahren (Speeding).
- **Title** oder **Pink Slip** = Fahrzeugbrief (rosa Schein)
- **To pull over =** Rechts ran Fahren. Wenn eine Polizeistreife mit Blaulicht hinter Ihnen herfährt, sollten Sie unter allen Umständen rechts ran fahren!
- **To ride the dog** = mit einem Greyhound-Bus fahren
- **Toll** = Benutzungsgebühr, Maut. Besonders im Osten der USA gibt es zahlreiche gebührenpflichtige Straßen (Toll Roads), Tunnel, Brücken etc. Sogenannte **Turnpikes** und **Parkways** (andere Bezeichnung für gebührenpflichtige Straßen) schlagen ganz schön zu Buche.
- **Tow-Away-Zones** = Zonen, in denen man abgeschleppt wird.
- **Traffic** = Verkehr
- **Traffic Jam** = Stau
- **Trailer** = Wohnwagen
- **Truck** = Lkw
- **Turn Right** = Rechtsabbiegen
  Ist an roten Ampeln in allen US-Staaten außer in New York City erlaubt, aber erst nach vollständigem Stopp und der Vergewisserung, dass kein Fußgänger oder andere Verkehrsteilnehmer behindert werden. (Ausnahme: bei Verkehrszeichen mit einem durchgestrichenen Rechtsabbiegerpfeil oder der Aufschrift „No Turn On Red".)
- **Unleaded Gas** = bleifreies Benzin
- **US-Federal Highways** = Interstaatliche Straßen, aber nicht ganz so aufwendig und (vor allem im Osten) mit Kreuzungen und Ampeln versehen.
- **U-Turn** = Wendemöglichkeit
- **Watch For Pedestrians!** = Auf Fußgänger achten!
- **X-ing** = etwas kreuzt (Fußgänger, Enten, Schildkröten, Wild etc.)
- **Yield!** = Vorfahrt beachten! Schulbussen muss Vorfahrt gewährt werden!

Shop till you drop! –
Amerikaner beim Einkaufen

239 Millionen Dollar, den zweithöchsten Gewinn in der Geschichte des Lotto, gewann *Peggy Tripletts* Mann *J. R.*, ein Rentner aus Virginia. Während für *J. R.* das Geld keine „große Sache" ist, will *Peggy* „shoppen bis zum Umfallen." *Shop till you drop* ist auch das Motto vieler anderer Amerikaner mit weniger Geld.

Denn im Einkaufsparadies USA, das einem gewaltigen Supermarkt ähnelt, der beinahe immer und überall geöffnet ist (auch an Sonn- und Feiertagen), gibt es beinahe nichts, was man nicht kaufen kann und beinahe alles, was man haben muss.

Rieseneinkäufe gehören in den USA zum Alltag: Sehr viele US-Bürger **horten Lebensmittel** aus Angst, in einem Katastrophenfall könne das ganze System zusammenbrechen, wie bei der „Millenium-Panik" vor der Jahrtausendwende.

Riesige Supermärkte verlocken zum Großeinkauf

Aber nicht nur die Furcht vor Terroranschlägen, Erdbeben, Hurrikans und Ähnlichem lässt Amerikaner zu *Shopaholics* werden: Amis kaufen auch Unmengen an Gebrauchsgütern, wie zum Beispiel Elektrogeräte. Riesige **Shopping Malls** verführen nicht nur zum hemmungslosen Konsum, sie dienen auch als Freizeitzentrum, befinden sich sowohl in den Städten als auch in den Randbezirken und sind beliebte, moderne Konsumtempel, die neben großen Boutiquen und Warenhausketten viele Cafés, Restaurants, Kinos, Fitnesszentren und sogar Joggingpfade auf den Dächern beherbergen. Omas joggen durch die *Mall,* Yogakurse u. Ä. werden hier angeboten und in den großen *Shopping Malls* finden sogar Konzerte statt. Überdachtes Einkaufen ist im Trend, denn kein schlechtes Wetter, keine Abgase und vor allem keine weiten Wege verderben das Shoppingvergnügen in der *Mall.* Deshalb gehen viele Amerikaner nirgendwo anders mehr einkaufen. Vom Auto in der Garage zum Parkhaus, dann mit Aufzug oder Rolltreppe in die *Mall,* sind sie praktisch nie an der frischen Luft. Besondere Pilgerzentren des Konsums sind unter anderm die *Mall of America* in Minneapolis und die *Galleria Mall* in Houston sowie die, bei Einkaufsfans besonders beliebten, **Outlet Malls** mit vergünstigter Designerkleidung.

Gesetzlich geregelte **Ladenöffnungszeiten** gibt es nicht, deshalb haben viele Geschäfte in den USA 24 Stunden, 7 Tage die Woche, geöffnet (in Deutschland könnte es bald ähnlich werden ...). Wem das noch nicht reicht, der kann zu Hause weiter konsumieren, Unmengen an Katalogen und Teleshopping-Kanälen betören den Kunden mit Angeboten. Und der Amerikaner kauft, was das Zeug hält. Auch beim **Online-Shopping** sind US-Bürger ganz vorne.

Schon **Teenager** geben jährlich etwa 150 Milliarden Dollar aus. Die American-Eagle-Produktreihe ist nur eine von vielen, auf Teenies zugeschnittene Produktpaletten.

Doch auch viele kleine, bunte, originell gestaltete Läden in lebendigen Straßen laden zum Einkaufsbummel. Und preiswerte **Straßenmärkte**, relativ unbürokratische Second-Hand-Aktionen und Trödelmärkte ermöglichen auch den Minderbemittelten das Shoppen.

Die sogenannte **Theory of the Leisure Class,** die 1899 von dem Ökonom *Thorsten Veblen* aufgestellt wurde, besagt, dass in einer kapitalistischen Gesellschaft die Oberschicht als Geldaristokratie sich einem ständigen Wettbewerb aussetzt und *Conspicuous Consumption* (augenscheinlichen Konsum) betreibt, damit alle sehen, was sie haben, und dass sie sich Verschwendung leisten können. Heute sind sogar die kleinen Leute der *Conspicuous Consumption* verfallen. Jeder will zeigen, dass er „dazugehört", dass er sich genauso viel leisten kann wie sein Nachbar. Das Prinzip *Keeping up with the Jones* hat zu einer **Überversorgung** mit Gebrauchs- und Luxusgütern (vor allem Elektrogeräten) geführt. Man „braucht" immer das schickere Auto und jedes Zimmer muss einen Fernseher und einen Computer haben. Wer zur *Leisure Class* dazugehören will, konsumiert in reger Geschäftigkeit.

Sind die Amerikaner von Natur aus konsumfreudiger als die seit den Weltkriegen an Not und Sparsamkeit eher gewöhnten Deutschen, so erlebt die Einkaufslust in Krisenzeiten wie nach dem 11. September oder während der Finanzkrise auch in den USA einen Dämpfer.

Die **Supermärkte** sind viel großzügiger angelegt als bei uns. Hier wird für deutsche Verhältnisse viel Service geboten. In den meisten Supermärkten werden die Einkäufe vom Kassierer in die Taschen gepackt. Nach dem Einkauf im Supermarkt werden die Tüten zum Auto gebracht (dies sollte einem eine Anerkennung von einem bis zwei US-Dollar wert sein). Der Kunde ist hier immer König.

Im Supermarkt übernimmt oft die Kassiererin oder eine Hilfskraft das Einpacken

You are what you have! – Geld und Identität

Cash or charge? – Mit Bargeld oder Kreditkarte zahlen?

Wie schon erwähnt, ist für Amerikaner Geld gleichbedeutend mit Erfolg, Beliebtheit und Glück. Nur wer Geld hat, kann sich in dieser **Konsum- und Statusgesellschaft** wirklich gut fühlen. Das suggerieren Medien und Gesellschaft. Die Größe des Geldbeutels zeigt an, wie erfolgreich man in seinem Leben ist. Dementsprechend ist das Geldverdienen für Amerikaner so wichtig und wenn es nicht reicht, wird eben ein **Kredit** aufgenommen. Sobald das Geld da ist, wird es mit vollen Händen ausgegeben.

Kreditkarten sind nicht mehr wegzudenken und immer seltener erfolgt die Bezahlung mit Bargeld – das macht viele eher misstrauisch.

Als Europäer kann man häufig zusätzlich zu den Kreditkarten seine **Euroscheckkarten** einsetzen – beim Bezahlen an der Kasse oder um an den *ATM Machines* (Geldautomaten) mit dem Maestro-Zeichen Bargeld abzuheben.

Penny (ein Cent), *Nickel* (fünf Cent), *Dime* (zehn Cent) und *Quarter* (fünfundzwanzig Cent) sind die geläufigen Ausdrücke für **Münzgeld.** Zwar gibt es auch 50-Cent-Münzen und 1-Dollar-Münzen (*Buck* genannt), sie sind aber kaum verbreitet.

Kreditkarten – Erlösung oder Ruin?

Ob man (Bar-)Geld hat oder nicht spielt kaum eine Rolle, denn der Schlüssel zum (gegenwärtigen) Glück ist ein kleines Stück Plastik, ohne das man in den USA nicht weiterkommt. Die Kreditkarte ist in der US-Gesellschaft von großer Wichtigkeit und auch als Tourist sollte man eine dabei haben, denn die Plastikkarten symbolisieren Kreditwürdigkeit oder täuschen sie zumindest vor und beinahe überall wird nur noch mit Kreditkarte bezahlt – ob im Restaurant, Hotel oder Supermarkt. Beim Bezahlen mit Karte denken Amerikaner seltener an Missbrauch.

Die Kreditkarte (*Credit Card* oder *Check Card*) ist zum wichtigsten Accessoire geworden. Mit dem kleinen bunten Stück Plastik macht Einkaufen viel mehr Spaß, denn man sieht nicht, wie viel Geld man ausgibt – jedenfalls so lange nicht, bis die dicke Rechnung ins Haus flattert. Deshalb haben die meisten Amerikaner mehr als eine *Credit Card,* viele sogar um die zwanzig Stück. Das böse Erwachen vieler Kreditkartenkunden kommt Jahre später, wenn sie sich so hoch verschuldet haben, dass sie nicht einmal mit einem lukrativen Job ihre Schulden begleichen können.

Mit geschickten Werbetricks der Banken und Kreditkartengesellschaften werden neue Kunden an Land gezogen – oftmals Schuldner oder Studenten. Hochverschuldete zahlen ihre Visa-Rechnung mit der Mastercard und die Mastercard-Rechnung mit der American Express-Card und Kreditkarten werden zum Weg in die Verarmung.

Identification

Als **Ausweis** reicht Amerikanern der Führerschein, die Kreditkarte oder ein ähnliches Dokument mit Namen und Bild der Person. Bei Europäern wird aber zumeist nur der Pass zur Identifikation anerkannt.

Kleines ABC Shopping und Geld

- **Accessories** = Accessoires
- **Arts and Crafts Show** = lokale Märkte mit Kunst und Kunsthandwerk
- **Auction** = Auktion
- **Bakery** = Bäckerei
- **Bank Account** = Bankkonto (to open an account = ein Konto eröffnen)
- **Barber Shop** = (Herren-)Friseur
- **Beauty Aid** = Kosmetik
- **Bill** = Geldschein, Rechnung
- **Bloomingdales** = großes, sehr beliebtes Kaufhaus in New York
- **Bodega** = kleines Geschäft, das Alkoholika, Lebensmittel und Haushaltsartikel verkauft; besonders in New York City vertreten
- **Bookstore** = Buchladen
- **Brand** = Markenname, Markenzeichen
- **Budget Departement** = Billigabteilung im Kaufhaus
- **Buck** = ein Dollar
- **Bulk Food** = nicht abgepackte, offene Lebensmittel
- **Butcher Shop** = Metzgerei
- **Cash Only** = Weist darauf hin, dass nur Bargeld, keine Schecks oder Kreditkarten akzeptiert werden. Dies ist in den USA aber sehr selten, denn Amerikaner zahlen fast nur noch mit Kreditkarte.
- **Cash or Charge?** = Das fragt man Sie, wenn man wissen möchte, ob Sie mit Bargeld oder Kreditkarte zahlen wollen (to charge somebody something = jemandem etwas in Rechnung stellen).
- **Cashier** = KassiererIn
- **Check** = Scheck, Rechnung
- **Check-Out** = Kasse
- **Cigar Store** = Tabakladen
- **Circle-K-Store** = ein kleines Geschäft, das zwar Lebensmittel, aber kaum frisches Obst, Gemüse und Fleisch verkauft. Es hat oft 24 Stunden am Tag und 7 Tage die Woche geöffnet.
- **Closing Time** = Ladenschluss. Viele Läden haben 24 Stunden geöffnet.
- **Cloth** = Tuch, Stoff
- **Clothes** = Kleidung
- **Coin** = Münze. Neben Pennys, Nickels, Dimes und Quarters gibt es auch 50-Cent-Münzen und kaum verbreitete Ein-Dollar-Münzen.
- **Consumer** = Konsument
- **Consumption** = Konsum
- **Convenience Store** = Ein teures Lebensmittelgeschäft, das 24 Stunden geöffnet hat.
- **Cosmetics** = Kosmetik
- **Credit Card** = Kreditkarte
- **Debit and Credit** = Soll und Haben, ein Konto belasten

- **Deli Stores** = Feinkostläden, die nicht sehr teuer sind
- **Departement Store** = Kaufhaus
- **Dime** = zehn Cent
- **Do-it-Yourself Superstore** = Baumarkt
- **Drive-thru/through Banks** = Banken, bei denen man vom Auto aus seine finanzielle Geschäfte abwickeln kann.
- **Drugstore** = Supermarkt ähnliche Drogerie, die auch eine Apotheke (Pharmacy) beheimatet. In den Drugstores gibt es viel mehr Medikamente ohne Rezept als in deutschen Apotheken.
- **Electrical Supply Shop** = Elektrogeschäft
- **End-of-Season-Sale** = Winter- bzw. Sommerschlussverkauf
- **Express Lane** = Schnellkasse für Kunden mit wenigen Artikeln
- **Fabric** = Stoff, Material
- **Factory Outlets** = Riesig große Ladengruppen, in denen Designerkleidung wie z. B. von Calvin Klein oder Ralph Lauren immer reduziert angeboten wird. Dementsprechend beliebt sind sie bei amerikanischen Konsumenten.
- **Farmers Market** = Bauernmarkt, auf dem frische Farmprodukte, wie z. B. Obst und Gemüse angeboten werden.
- **Fashion** = Mode
- **Flea Market** = Flohmarkt
- **Flower Shop** = Blumenladen
- **Furnishing House/Furniture Store** = Möbelgeschäft
- **Gap** = beliebtes Bekleidungsgeschäft
- **Garage Sales** = Private Entrümpelungsverkäufe überfüllter Garagen und Keller, bei denen man so manches Schnäppchen machen kann.
- **Garment** = Kleidung
- **General Store** = Ein kleiner, ländlicher Laden, der von Lebensmitteln bis Schnürsenkeln eine große Bandbreite an Artikeln führt.
- **Generic Product** = „No-Name-Produkt"
- **Goods** = Waren
- **Grocery** = Lebensmittelgeschäft
- **Hairdresser** = Damenfriseur
- **Hardware Store** = Eisenwarenhandlung
- **High Heels** = Stöckelschuhe
- **Hot-selling Item** = Ein Produkt, das sich gut verkauft.
- **Jewelry** = Schmuck, Juwelen
- **Junk Store** = Secondhandladen
- **K-Food-Store** = Ein kleines Lebensmittelgeschäft, das aber kaum frisches Obst, Gemüse und Fleisch führt. Es ist oft rund um die Uhr geöffnet.
- **K-Mart** = eine Supermarkt-Kette
- **Line-up/Checkout Line** = Schlange an der Kasse
- **Liquor Store** = Laden, in dem ab 21 Jahren Alkohol erstanden werden kann.
- **Mart** = ein kleiner Supermarkt
- **Mini Mart** = Ein kleiner Lebensmittelladen, der aber kaum frisches Obst, Gemüse und Fleisch führt und häufig 24 Stunden pro Tag geöffnet ist.
- **Money Exchange/Exchange of Money** = Geldwechsel
- **Nickel** = fünf Cent
- **On Sale** = Dieser Hinweis zeigt Sonderangebote an.
- **Package Store** = Laden, in dem Alkohol verkauft wird.
- **Penny** = ein Cent
- **Proof of Purchase** = Kassenbon, Kaufbestätigung

- **Public Sale** = Versteigerung
- **Quarter** = ein Vierteldollar, fünfundzwanzig Cent
- **Receipt** = Rechnung, Quittung
- **Register** = Kasse
- **Sales Day** = ein in einigen Läden eingerichteter Tag mit speziellen Sonderangeboten
- **Sales Person** = Verkäuferln
- **Sales Tax** = Mehrwertsteuer. Sie variiert von Bundesstaat zu Bundesstaat um 4–8 Prozent. Sie steht nicht auf dem Preisschild und man sollte klug rechnen, damit nicht erst an der Kasse das böse Erwachen wartet, denn dort wird die Steuer zum Warenpreis hinzugerechnet. Also Vorsicht, wenn Artikel verlockend billig erscheinen! Vor allem in Hotels sollten Sie darauf achten, dass der angegebene Preis die Mehrwertsteuer enthält. In manchen Staaten, wie beispielsweise Oregon und Alaska gibt es keine Sales Tax.
- **Sample** = Warenprobe
- **Savings** = Ersparnisse
- **Second-Hand Bookstore** = Antiquariat
- **Seven Eleven** = Teures Lebensmittelgeschäft, das rund um die Uhr geöffnet hat.
- **Shoe Store** = Schuhgeschäft
- **Shopping Mall** = Einkaufszentrum
- **Shopping Plaza** = Ort, an dem verschiedene Läden nebeneinander vertreten sind.
- **Souvenirs Shop** = Andenkenladen
- **Sports Outfitter** = Sportwarenhändler
- **Stationery Store** = Schreibwarenladen
- **Stock** = Warenlager, Warenvorrat
- **Stock Market** = Börse
- **Superstore** = Großmarkt
- **Swap Meets** = Tauschmärkte
- **Rifle Store** = Waffengeschäft
- **Thrift Shop** = Secondhandladen
- **Trade** = Handel
- **Window Shopping** = Schaufensterbummel
- **X-Mas-Special** = Weihnachtssonderangebot

Keep it clean! – Amerikaner und die Hygiene

Ebenso wie sein Heim hübsch und sauber sein soll, legt der Amerikaner auch außerordentlich viel Wert darauf, dass seine **äußere Erscheinung gepflegt** ist. Guter Geruch und ein schönes Aussehen sind von großer Wichtigkeit. Ein sauberes, jugendliches, sportliches Äußeres ist das Ideal der meisten Amerikaner, weshalb sie sich entweder durch **Diäten** oder **Fitnesstraining** selbst malträtieren und selbstverständlich ein- bis zweimal täglich duschen. Nach dem Sport wird sofort das säubernde, kühle Nass gesucht. Eine unendlich große Kosmetikindustrie ermöglicht es beinahe jedem, sauber, gut riechend und gepflegt zu sein.

Auf eine ordentliche und gepflegte **Frisur** bei Frauen wird großer Wert gelegt und Maniküre und Pediküre sind wichtig für amerikanische Frauen.

In den meisten Häusern gibt es mehr Badezimmer als Bewohner. Amerikaner ziehen das Duschen dem Baden vor, da Baden sinnlich, ausschweifend und passiv erscheint, **Duschen** hingegen eine praktische, aktive und moralisch saubere Art der Körperpflege darstellt. Auch Haustiere sollen sauber sein: Für Hunde gibt es spezielle Waschsalons.

Wer **schlechten Atem oder Pickel** hat, lebt ständig in Angst, nicht gemocht zu werden. Gerade an den *High Schools* sind diejenigen die Beliebtesten, die attraktiv und sportlich sind. Und von Frauen wird selbstverständlich erwartet, dass sie sich Beine und Achselhöhlen rasieren. Wer das nicht tut, wird diskret darauf hingewiesen, es sei doch hygienischer, enthaart zu sein. Körperhaar wird nicht nur als unschön, sondern auch als unanständig empfunden.

Amerikaner mögen in ihrem Haus keinen Schmutz und haben ständig **Angst vor Keimen** *(Germs)*. Trotz verbesserter technischer Möglichkeiten verbringt die amerikanische Hausfrau heute mehr Zeit mit Saubermachen als noch vor einigen Jahrzehnten. Bei der Wäsche wird zur Desinfektion Chlor hinzugefügt.

Bäder und Küchen werden mit **Desinfektionsmitteln** keimfrei gemacht. Diese unnatürliche Hygiene hat dazu geführt, dass heute viele an Allergien und Immunschwächekrankheiten leiden, weil das Immunsystem nicht mehr arbeiten muss. Kinder besonders besorgter Eltern dürfen nicht einmal mehr auf der Straße spielen – sie könnten ja schmutzig werden.

Prüderie – Pack die Badehose ein

Amerika ist das Land der Gegensätze, auch was die Moral betrifft. Das Pendel schwingt zwischen Prüderie und Sexkultur, zwischen Bibel und Dollar, zwischen Puritanismus und Kommerz.

Nacktheit in der Öffentlichkeit ist tabu und das sogar bei Kindern. Also ziehen Sie ihren Kindern am Strand oder beim Spielen Badesachen an. Selbst Babys sollten in der Öffentlichkeit bekleidet sein. Das gilt natürlich umso mehr für Erwachsene. Wechseln Sie am Strand ihre Kleider möglichst in einer Umkleidekabine oder ziehen Sie sich vorher schon um. Das schnelle Umziehen unterm Handtuch ist in Amerika nicht gern gesehen.

Auch bei anderen Gelegenheiten – beim Turnen, bei Theateraufführungen, auf der Liegewiese im Park – ist der schnelle Kleidungswechsel, das sich Entblößen in der Öffentlichkeit, sei es auch nur für einen kurzen Moment, nicht opportun.

Kleidungsregeln am Strand – nicht so freizügig wie in Europa

Obwohl einige avantgardistischen Frauen ihre Kinder auch in der Öffentlichkeit stillen, gilt das in vielen Kreisen als unsittlich. Die Toilette wird dezent als *Bath Room* oder *Rest Room* bezeichnet, das Wort *Toilet* (Toilette) klingt schon etwas vulgär. Pinkeln in der Öffentlichkeit, zum Beispiel im Park hinterm Busch, ist ungehörig. Und wenn ein Kind dem anderen beim Pinkeln zusieht, grenzt das an Perversion.

Der **Umgang mit Sexualität** ist jedoch freier: Heterosexualität soll bereits früh ausgelebt werden, schon um sicher zu stellen, dass das Kind „normal" ist. *Dating* ab 14 ist daher gern gesehen. Das Zusammenleben, ohne verheiratet zu sein, wird immer mehr akzeptiert. Für viele Jugendliche besteht ein regelrechter Druck zur frühen sexuellen Erfahrung, um den anderen gegenüber nicht als Versager oder als schwul zu gelten. Die sexuelle Lust ist dabei immer etwas gepaart mit Angst und Leistungsdruck.

Allerdings gibt es immer wieder gegenläufige Trends. Von einigen wird die **sexuelle Enthaltsamkeit** vor der Ehe propagiert und gelebt. *Britney Spears* ließ sich eine Zeit lang erfolgreich als die unschuldige, keusche junge Frau vermarkten. Gerade als die Eskapaden und Skandale der ehemaligen Pop-Prinzessin im Entzug des Sorgerechts für ihre Kinder gipfeln, feiert eine neue, auf superbrav und sittsam hingebügelte Lolita ihre großen Erfolge: *Miley Cyrus*. Amerikas Eltern atmen auf. Doch für wie lange?

Die Puritaner hatten anfangs prinzipiell nichts gegen Sexualität. Gelebt in der Ehe, schützte sie vor dem Teufel, schlechten Gedanken und gegen die sündhafte Onanie. Erst 1873 wurde im *Comstock Act,* genannt nach *Anthony Comstock,* eine Verfolgungsjagd auf alles angeblich Perverse ausgelöst. Zerstört wurde alles, was als obszön galt: Verhütungsmittel, Bücher, Zeitschriften mit unanständigen Artikeln ...

Selbst die freiheitsliebende Hippie-Bewegung konnte das Gesetz nicht kippen. Allerdings wird es heute etwas lockerer angewendet.

Die moralische Mehrheit hütet noch immer den Heiligen Gral. Alles, was für die Familie bestimmt ist, darf **keine sexuellen Anspielungen** enthalten. **Nacktheit** auf Werbeplakaten ist verpönt. Seit *Janet Jacksons* rechter Busen im Februar 2004 beim *Super Bowl* für 90 Millionen Amerikaner live auf dem Bildschirm flimmerte, sendet der Sender NBC die Übertragung wichtiger Events wie die Oscar-Verleihung um 5 Sekunden verzögert, um dem Fernsehpublikum Zuhause auf dem Sofa „Flüche und Nacktheit" ersparen zu können. Aus diesem Grund wird die „schmutzige" Version von *Sex and the City,* die in Deutschland ausgestrahlt wird, in den USA nur auf Pay-TV gezeigt. Für die „normale" Öffentlichkeit, wird die „saubere" Variante gezeigt, die gleich mitgedreht wurde. Die Medienaufsichtsbehörde FCC wacht über die Moral der Broadcast-Networks wie ABC, CBS, Fox und NBC. Auch das als ungehöriges F-Wort gebrandmarkte Wort *fuck* gilt nicht als gesellschaftsfähig, obwohl es kaum einen amerikanischen Fluch ohne dieses Wort gibt und es häufig zur Verstärkung eingesetzt wird. Als sich der Sänger *Bono* der irischen Rockgruppe U2 für die Preisverleihung anlässlich des Golden Globes 2003 folgendermaßen bedankte – *This is really fucking brilliant* – löste er sofort eine Untersuchung durch die Medienaufsichtsbehörde FCC aus.

Andererseits sind **Sex-Magazine** wie *Hustler* und *Playboy* ohne Probleme zu kaufen. Eine 2001 von Durex herausgegebene Studie zeigt, dass die Amerikaner sehr **lebendige Liebhaber** sind und 124-mal im Jahr in Aktion treten. Im Vergleich lassen sie die Deutschen mit 104-mal hinter sich. Von den Japanern ganz zu schweigen, die mit jämmerlichen 36 acts weit abgeschlagen sind. Auch die **Promiskuität** ist in Amerika stark vertreten. Die Amerikaner sind mit durchschnittlich 14 Partnerwechseln Sieger der Studie, knapp vor den Franzosen mit durchschnittlich 13 Partnern.

Kinofilme und Fernsehsendungen sind noch nicht allzu sehr sexualisiert. Aber wie wir alle wissen *Sex Sells* und bricht sich massiv Bahn im Kabelfernsehen und im DVD- und Videohandel, wo Pornos bedenkenlos vertrieben werden. Und auch die Musikclips des Jugendsenders MTV tragen weltweit zur **Sexualisierung der Jugendkultur** bei.

Als Tourist empfiehlt sich eine gepflegte Zurückhaltung oder der Rückzug ins Private, da es sehr unübersichtlich ist, **was in welchem Bundesstaat erlaubt** ist. In Tennessee und Indiana ist Oralsex gesetzlich unter Strafe gestellt; in Ohio gilt das für Analverkehr. Und in Ohio dürfen nicht mehr als fünf Frauen allein in einem Haushalt zusammen leben, in Arizona nicht mehr als sechs (Das Gesetz zielte ursprünglich darauf ab, getarnte Bordelle zu verhindern.). In Utah dürfen Frauen in der Öffentlichkeit nicht fluchen. Und in Indiana kann ein Mann wegen Vergewaltigung angeklagt werden, wenn sich in seinem Wagen ein Mädchen aufhält, das jünger als 14 Jahre ist und keine Schuhe oder Strümpfe anhat (siehe Exkurs „Skurrile Gesetze").

Sicherlich sind das Relikte aus längst vergangenen Zeiten, die früher oder später abgeschafft werden. Die **Widersprüchlichkeit** ist aber das typisch Amerikanische und spiegelt die besondere Geschichte dieser Nation wider. So wie zu Zeiten der *Frontier* das erschlossene, kultivierte Land sich stark machte, um die Regellosigkeiten in der Wildnis zu zügeln, so versuchen die Kirchen und die Konservativen, die Moral zu verteidigen gegen die Wildnis in den Großstädten und gegen den Kommerz, der vor nichts halt macht, was sich verkaufen lässt. Andererseits wollen alle am Geldverdienen teilhaben und da beißt sich die Katze in den Schwanz.

Skurrile Gesetze, Relikte vergangener Zeiten und neue Trends

In den Anfängen Amerikas wurden viele Gesetze auf Gemeindeebene erlassen. Gerade auch das sittliche Verhalten wurde gern reguliert. Dem Wildwuchs und dem Durcheinander, das daraus resultierte, wird heute auf County-Ebene mit der Vereinheitlichung und Optimierung von Gesetzen begegnet. Viele alte, überholte Gesetze werden sukzessive abgeschafft.

Aber noch sind viele gültig, obwohl sie zumeist nicht mehr angewendet werden. Manche Quellen sind sich auch nicht hundertprozentig sicher, ob nicht Spaßvögel die eine oder andere Variante hinzugedichtet haben. Im Land des *Suing,* wo fast alles vor Gericht gezerrt und enorme Schadensersatzsummen erstritten werden können, ist der Hang zu Überregulierung und Absicherung allerdings verständlich. Interessant wären allemal die Geschichten, die dazu führten, dass die Gesetze entstanden sind. Also passen Sie auf, dass Sie nicht „am falschen Ort einen falschen Fehler" machen.

- In Nebraska, Hasting ist es Eheleuten verboten, nackt zu schlafen oder nackt Sex zu haben. Eine der Konsequenzen: Hotels müssen für ihre Gäste saubere, frisch gebügelte Nachthemden zur Verfügung stellen.
- In Wisconsin, Connorsville ist es dem Mann untersagt, seinen Revolver abzufeuern, wenn seine Frau zum Orgasmus kommt.
- In Oregon, Willowdale ist es dem Mann verboten, während des Geschlechtsverkehrs zu fluchen.
- In Illinois, Oblong dürfen Eheleute nicht am Hochzeitstag in freier Natur beim Jagen oder Fischen Sex haben.
- In Ohio, Cleveland dürfen Frauen keine Glanzlederschuhe tragen – aus Präventionsabsichten. Es könnten sich Dinge in den Schuhen spiegeln, die nicht für die Öffentlichkeit bestimmt sind.
- In Iowa, Ames dürfen Männer nach dem Geschlechtsverkehr nicht mehr als drei Schluck Bier trinken.
- In Montana, Bozeman ist jede Form von Sexualität in den Vorgärten nach Sonnenuntergang verboten.
- In Arkansas ist oraler Sex nicht gern gesehen und kann bestraft werden.
- In Arkansas, Little Rock kann flirten auf der Straße zu 30 Tagen Gefängnis führen.
- In Arkansas sind Frauen ein beliebtes Sujet für Gesetze: Für Lehrerinnen, die ihr Haar hoch heben (*bob their hair*) kommt eine Gehaltserhöhung nicht in Frage. Ein altes Gesetz ist noch diskriminierender: In Little Rock darf ein Mann seine Frau schlagen, vorausgesetzt er macht dies mit einem Stock, der nicht größer als 3 Zoll ist und nicht öfter als einmal im Monat.
- In New Mexico, Carlsbad dürfen Paare im geparkten Fahrzeug während ihrer Mittagspause Sex haben. Allerdings müssen die Vorhänge zugezogen sein, sodass Vorbeigehende nicht hineinsehen können.
- Innerhalb der Grenzen von Tremonton, Utah darf keine Frau Sex in einer Ambulanz mit einem Mann haben. Wenn sie dabei erwischt wird, kann sie wegen sexuellen Vergehens angezeigt werden und ihr Name wird in der lokalen Zeitung offen gelegt. Für den Mann gilt das nicht.
- In Minnesota, Alexandria, ist es dem Mann nicht erlaubt, mit Mundgeruch von Knoblauch, Zwiebeln oder Sardinen Sex zu haben. Das Gesetz sieht vor, dass sich der Mann die Zähne putzen muss, wenn die Ehefrau es fordert.

Amüsiert man sich noch über die Relikte alter Zeiten, vergeht einem das Lachen, wenn man als New-York-Besucher inzwischen von neuen Gesetzen überrascht wird, die nicht weniger sonderbar sind und einem leicht 100 Dollar aus der Tasche ziehen können. Denn in der Stadt, die niemals schläft, macht sich ein neuer Trend zur Überregulierung kleinster, alltäglicher Gegebenheiten breit. Bürgermeister *Michael Bloomberg,* inzwischen schon als *Killjoy* (Spaßverderber) bezeichnet, überzieht die Stadt mit allerlei zweifelhaften Gesetzen, um damit offensichtlich die Stadtkassen zu füllen und in New York City ein Klima von Kleinkrämerei zu installieren – die Aura einer *Nit Pick City.* Um die ausführenden *Police Officers* dazu zu bringen, diese neuen, lächerlichen Gesetze durchzusetzen, gibt es laut Herrn *Bloomberg* so etwas wie „Leistungsüberprüfungsinstrumente". Bitte achten Sie bei Ihrem nächsten New-York-Besuch darauf, dass Sie nicht die folgenden Gesetze brechen. Oder verhalten sie sich bewusst als Subversiver, lassen Sie sich aber bei Ihren Gesetzesbrüchen nicht erwischen, sonst wird's teuer:

- *Yoav Kshdia,* einem Touristen aus Israel erging es in der U-Bahn so: Müde von seinem Sightseeing-Ausflug saß er im *F-Train* von Manhattan nach Brooklyn. Dabei fielen ihm für einen kurzen Moment die Augen zu. Als er aufwachte, wurde ihm von einem *Police Officer* ein Strafzettel über 50 Dollar überreicht: Er war zur Seite gekippt und hatte zwei Plätze auf einmal belegt. Merke: Es ist verboten, in der U-Bahn in New York zwei Sitze gleichzeitig zu belegen.
- Überhaupt sollte man in New York mit seinen Kräften haushalten, um nicht in Konflikt mit dem Gesetz zu geraten. Die schwangere *Crystal Rosario,* die sich an einem heißen Tag erschöpft auf eine U-Bahn-Treppe setzte, zahlte für ihre geschwächte körperliche Verfassung 50 Dollar. Ungesittetes Verhalten, wie auf einer U-Bahn-Treppe zu sitzen, ist verboten.
- Bitte machen Sie jetzt keinen Fehler. Anstatt sich auf eine Treppe zu setzen, darf man sich auch keinen der vor manchen Läden stehenden Milchkästen als Sitzgelegenheit greifen. Denn dieses Vergehen wird noch höher bestraft – mit 105 Dollar. Eine nicht genehmigte Benutzung eines Milchkastens kostet so viel.
- Fahrrad fahren ist sowieso in vielen Teilen der Stadt ein riskantes Unterfangen. Sich einfach so ungeschützt in den Verkehr zu begeben und unter Umständen einem gestressten Taxifahrer im Weg zu sein, dazu gehört schon eine Portion Mut. Aber werden Sie jetzt nicht auch noch übermütig und lassen die Beine beim Radfahren baumeln. Das ist der Gipfel der Unverfrorenheit und gehört laut neuer New Yorker Gesetzgebung unerbittlich bestraft. So ca. 100 Dollar müssen Sie schon hinlegen, wenn Sie dabei erwischt werden. Nach dem *New York State Vehicle and Traffic Law* müssen sich Ihre Füße auf den Pedalen befinden.
- Rauchen ist in Amerika schon lange nicht mehr gern gesehen. Auf vielen Flugplätzen ist es innerhalb von Gebäuden überhaupt nicht mehr möglich, in öffentlichen Gebäuden sowieso nicht und auf der Straße und den Gehwegen auch nicht überall. Es gibt noch ein paar Raucherlokale mit Sonderkonzession, die gerade so noch geduldet werden. Der *New York City Smoke-Free Air Act* sollte dem eigentlich ein Ende bereiten. Die New Yorker Anti-Raucher-Liga versucht durchzusetzen, dass die Stadt zur raucherfreien Zone erklärt wird. Ein bekannter Fall ist der von *Brian Buis* Restaurant in Soho. Er musste 200 Dollar Strafe zahlen, weil seine unbelehrbaren Gäste unter dem (eingerollten) Vordach seines Lokales geraucht hatten, obwohl sie laut Gesetz aus dem Schatten hätten heraustreten müssen.
- Auch Tauben füttern im Park gehört zu den verfolgten Vergehen.
- Und wie aus dem Fall von *Graydon Carter,* dem Chef-Redakteur von Vanity Fair, zu sehen ist – auch das Aufstellen eines Aschenbechers ist strafbar. Er musste deshalb schon mehrmals 200 Dollar Strafe bezahlen.

Sport – The winner takes it all

Bedeutung des Sports

Sport ist die **beliebteste Freizeitgestaltung** der Amerikaner: entweder aktiv als Freizeit oder Wettkampfsportler oder passiv als Zuschauer direkt bei Sportveranstaltungen und bei Fernsehübertragungen. Joggen, Walken, Schwimmen, Inline-Skaten, Radfahren – das Repertoire für den privaten Sport ist groß.

Schon von Kindesalter an wird trainiert. Da die sportlich Besten von hochkarätigen Schulen und Universitäten auch dann akzeptiert werden, wenn ihre anderen schulischen Leistungen eher mangelhaft sind, kann in Amerika auch über den Sport eine **erfolgreiche Karriere** beginnen. Für gute Sportler werden Stipendien vergeben und das kann – selbst wenn es nicht zum ganz großen Erfolg reicht – bis zu 120.000 Dollar an Ausbildungskosten sparen. Gerade für Jugendliche aller Hautfarben aus der Unterschicht wird daher Sport als der (oft einzige) Weg auf der Karriereleiter nach oben genutzt. Insbesondere für Footballspieler und Basketballspieler trifft das zu.

©Süus Fotos ih

Erfolgreiche Sportler sind die Helden der amerikanischen Gesellschaft. Gerade weil hier Menschen aller Rassen und aller sozialen Milieus erfolgreich sein können, liefern sie Identifikationsmuster für alle sozialen Gruppen. Jede Hochschule mit Prestigeanspruch hat ihre eigenen Mannschaften. Erfolgreiche **College-Mannschaften** tragen zum guten Ruf der Bildungsstätte bei. Das führt dazu, dass Sponsoren großzügig für die Einrichtung spenden. Und dieses Geld ist für private Hochschulen lebensnotwendig.

Die amerikanische Sportlandschaft setzt sich in erster Linie aus **Profi-Ligen** zusammen, sie sind wichtige Elemente der Unterhaltungsindustrie. Sehr hohe Einschaltquoten bei diesen Sportereignissen garantieren Höchstpreise für *Commercials* (Werbespots). Sowohl für die privaten Fernseh- und Radiosender als auch für die Werbeindustrie ist Sport daher ein lukratives Geschäft.

Nummer eins sind die typisch amerikanischen **Mannschaftssportarten** wie Baseball, Basketball, American Football und Eishockey. Sie werden hauptsächlich von Männern gespielt und gesehen und sind von daher am ehesten mit der Bedeutung des Fußballs in Deutschland vergleichbar. (American Football entspricht nicht dem deutschen Fußball. Fußball wird im Englischen als *Soccer* bezeichnet.)

Die **Ballsportarten** wurden als Kinderspiele von den ersten Siedlern im 17. Jahrhundert mitgebracht und im 19. Jahrhundert weiterentwickelt, bis sie sich in der heutigen Form etabliert hatten.

Baseball wird als die Sportart gefeiert, die am typischsten für Amerika ist. Zwei Einzelkämpfer mit einem Team im Rücken stehen sich gegenüber und messen sich miteinander. Individualismus und Gemeinsinn, beides wichtige amerikanische Ingredienzien sind nötig, um zu siegen. Baseball ist der Sport der Nation.

American Football ist noch stärker ein Mannschaftsspiel. Die Spitzenspieler müssen sich zwar durch die feindliche Linie durchschlagen, doch hauptsächlich ist das Team gefragt. (Hier werden Parallelen gesehen zur Eroberung des Wilden Westens mit dem Mythos *Frontier*.) Darum ist diese Sportart an Schulen und Universitäten besonders populär und trägt zur Identifikation mit der Ausbildungsstätte bei. Aber auch die **Individualsportarten** wie Schwimmen, Golf, Tennis, Bowling und Leichtathletik sind sehr populär.

Wenn der berühmte **Golfer Tiger Woods** in Aktion tritt, zieht das viel mehr Interesse auf sich, als wenn sich die besten Leichtathleten der Welt messen. Millionen von Fernsehzuschauer verfolgen seine Erfolge. Ein körperlich unscheinbarer Mensch, der sich äußerlich kaum von jedem *Couch*

Move your body ...

Potato (Stubenhocker, Faulpelz) unterscheidet, hat den Sieg beim Golf in den Händen. Das hat etwas zutiefst Demokratisches. Alles ist möglich – selbst dass die Europäer 2006 zum dritten Mal in Folge den Ryder's Cup gewonnen haben, obwohl Amerika die unbestrittene Nummer 1 im Golfsport ist.

Publikumswirksam ist auch das **Tennis.** Vielleicht hängt das damit zusammen, dass sich Otto Normalverbraucher leicht in diesen Helden wieder finden kann. Wie Millionen von Amerikanern stehen die Tennishelden auf dem Court und gewinnen einer für alle.

Akrobatische Sportarten wie Kunstturnen finden weniger Interesse in den angelsächsischen Ländern und haben den Beigeschmack von Dressur. In Ländern wie Deutschland wiederum, die eher einer autoritären Tradition verbunden sind, wird gerade die enorme Geschicklichkeit und die außerordentliche Körperbeherrschung der akrobatischen Disziplinen bewundert.

Auch die Regierung setzt auf die Popularität des Sports. Der *President's Council on Physical Fitness and Sports (PCPFS)* hat die Aufgabe, sportliche Aktivitäten zu fördern, weil dies zur Verbreitung amerikanischer Werte wie Charakter, Disziplin, Selbstvertrauen, Durchsetzungsvermögen und persönliches Wohlgefühl beiträgt und beim Mannschaftssport auch die Entwicklung von Teamgeist fördert.

Einige Widersprüche entstehen durch die ethischen Werte, die dem Sport zugeordnet werden auf der einen und der starken Bedeutung des Siegens auf der anderen Seite. Denn am Ende steht die Frage, wer der Sieger ist. Und: *The winner takes it all* – der Sieger bekommt alles.

Der Begriff der Fairness

In den Vereinigten Staaten spiegeln sich Werte, die im Sport wichtig sind, sehr stark auf gesamtgesellschaftlicher Ebene wider. Dabei ist besonders der Begriff der Fairness im Sport, das *Fair Play,* aussagekräftig und lässt Vergleiche zwischen gesellschaftlichen und sportlichen Verhaltensweisen zu. Der **Ursprung von Fairness** geht auf das Gentleman-Ideal der englischen Oberschicht des 19. Jahrhunderts zurück, wonach die Ästhetik des Sports sich in Form eines möglichst schönen, moralisch korrekten Wettbewerbs zeigen sollte. Schwächere Gegner erhielten Vorteile, da das Ziel des Wettbewerbs nicht im Siegen lag, sondern im gemeinsamen Genuss des schönen Spiels.

Die Vorstellung, was faires Verhalten ist, hat sich außer in sportlichen Wettkämpfen auch in anderen gesellschaftlichen Bereichen durchgesetzt, insbesondere im Recht, im Berufs- und Standesethos.

Unfaires Handeln spielt sich meist in einer Grauzone ab. Es ist nicht der bewusste Bruch von Regeln, sondern eher, dass man aus Lücken oder Mehrdeutigkeiten einer Regel Vorteile zieht. Oder dass man unerwartete Umstände zum eigenen Vorteil nutzt.

Wie schon erläutert, gilt in Amerika mehr als anderswo die Fixierung auf schnelle Ergebnisse, die Devise „Zeit ist Geld" und gewinnorientiertes Handeln. Viele **Redewendungen**

im Geschäftsleben stammen aus dem Sport, aus Situationen, wo nur einer gewinnen kann: *Play Hardball* (knallhart verhandeln), *To be on a winning streak* (auf der Gewinnerseite sein), *a ball park figure* (eine Schätzung) und *The winner takes it all* (der Sieger bekommt alles – alle außer dem Sieger sind Verlierer). Diese Redewendungen sind ursprünglich Baseball-Metaphern, werden aber heute auf Vorgänge in der Ökonomie und Politik übertragen.

Eine Wirtschaftskultur mit vielen *Winner-Take-All-Markets* beschreibt einen Markt mit Verdrängungswettbewerb, der ohne Rücksicht auf Verluste ausgetragen wird. Solche Strategien stehen häufig im Gegensatz zu ethischen Vorstellungen von *Fair Play* oder, auf die Wirtschaft übertragen, von *Fair Trade*.

In diesem Spannungsfeld stehen im sportlichen Kontext sowohl die einzelnen Sportler als auch die Teams. Man muss die enormen wirtschaftlichen Konsequenzen beachten, die sich für die Einzelnen und die Teams ergeben, die ein Sieg oder eine Niederlage bewirken. Für die **Fairness im amerikanischen Sport** heißt das: Es wird im weitesten Sinn danach gestrebt, fair zu spielen und nicht unnötig Regeln zu brechen. Alles jedoch unter der Prämisse, das eigene Vorankommen nicht zu behindern und den eigenen Vorteil aus dem Spiel zu ziehen. Das heißt in der Grauzone, dem nicht nachweisbaren Regelbruch wird zumeist die Fairness zugunsten des eigenen Erfolgs aufgegeben.

Typische amerikanische Sportarten

Einige beliebte amerikanische Sportarten sind auch bei uns bekannt und gewinnen immer mehr an Popularität, wie z. B. Tennis, Eishockey und Golf. Im Folgenden werden ausführlicher nur die Sportarten geschildert, die bei uns noch nicht so bekannt sind. Man sollte es sich in den USA nicht entgehen lassen, ein Baseball- oder Football-Spiel live zu erleben.

Baseball

Baseball ist der **Volkssport** Amerikas für Jungs und Männer und wird hauptsächlich im Frühling und Sommer zum Feierabend gespielt. Schon als Kind wird man in die Spielregeln eingeführt und bleibt ein Leben lang an dieser Sportart interessiert.

Die Profis spielen in der **Major League** mit Mannschaften aus den USA und Kanada. Die *Major League* besteht aus zwei Ligen: der *National League* und der *American League*. Die Baseball-Saison der **Major League** läuft von April bis Oktober inklusive Rückrunde und *World Series*. Die Sieger der jeweiligen Liga erhalten den *Pennant* (Meisterschaftswimpel) und kämpfen nach Ende der regulären Saison in der *World Series* gegeneinander. Der Sieger dieser Ausscheidung wird Major-League-Weltmeister.

Ein legendärer Baseball-Spieler war **Babe Ruth** (1895–1948), der mit seinem Team, den New York Yankees, siebenmal die World Series gewann. Wegen der Stärke seiner *Home Runs* (Bälle, die so stark geschlagen werden, dass sie außerhalb des Spielfeldes fliegen und für die gegnerische Mannschaft nicht zu kriegen sind) wurde er zum Nationalhelden. Sensationell war der Fall **Jackie Robinson** (1919–1972), der 1947 als erster afroamerikanischer Spieler in den *Major Leagues* mitspielen konnte. Er war bei den *Brooklyn Dodgers*. Vor Robinson war es Afroamerikanern nur erlaubt, in der *Negro League* mitzuspielen.

Spielbeschreibung: Das Baseball-Spielfeld ist 175 m lang und 125 m breit. Es spielen zwei Mannschaften mit je neun Spielern. In der Mitte des Feldes auf einem kleinen Hügel steht der *Pitcher* (Werfer). Er muss den Ball (ca. 150 g schwer) dem *Batter* (Schlagmann) zuwerfen, der etwa 30 m von ihm entfernt im Quadrat rechts unten steht. Dieser muss den Ball mit einem Schläger zurückschlagen und zwar so, dass er möglichst nicht allzu schnell von der gegnerischen Mannschaft gefangen werden kann. Hat das geklappt, muss er einmal um das Quadrat herumlaufen. Wurde der Ball von der gegnerischen Mannschaft gefangen, versuchen die an den drei Ecken stehenden gegnerischen Spieler, den rennenden *Batter,* jetzt Läufer, zu berühren. Gelingt ihnen dies, muss der Läufer für diesen Durchlauf ausscheiden. Wiederholt sich das drei Mal, also schaffen es drei Läufer nicht, das Quadrat zu umlaufen und an den Schlagpunkt, ihre Ausgangsposition, zurückzukommen, erfolgt der Seitenwechsel. Schlag- und Fangpartei tauschen die Plätze. Nach neun Platzwechseln ist das Spiel zu Ende.

Football

American Football hat sich im 19. Jahrhundert aus dem englischen Football- und Rugby-Spiel entwickelt. Football ist eine der beliebtesten amerikanischen Sportarten und ist sehr stark an **Schulen, Colleges und Universitäten** verbreitet. Dabei sind nicht nur die Spieler gefragt, sondern die ganze Schule mischt mit. Die weiblichen **Cheerleader** agitieren das Publikum und fordern es auf, alles zu geben, um ihr Team anzufeuern. Und in den Pausen führen sie oft selbst artistische Höchstleistungen auf. Musikbands treten auf und sorgen für Unterhaltung. Kurz gesagt, es ist eine Riesenparty und alle, die etwas anbieten oder mitmischen möchten, sind dabei. Das hat Football bekannt und beliebt gemacht. Der College-Football zieht immer noch mit über 600 Mannschaften mehr als 35 Millionen Zuschauer an. Und das trotz steigendem Interesse am Profi-Football.

... wer ein Profi werden will – Batter in action

Besonderheiten der amerikanischen Profi-Ligen

Am Beispiel der *National Football League,* kurz NFL, hier eine Erläuterung der Besonderheiten der amerikanischen Profi-Ligen. Die Liga ist als Joint Venture organisiert und vergibt *Franchises* (Spiellizenzen) für die Teams zur Teilnahme am Ligabetrieb. Das Interesse der Liga liegt in der Gewinnmaximierung. Das Produkt des NFL-Football ist nicht das einzelne Spiel, sondern der gesamte Liga-Football, der auf den gefragten Absatzmärkten der Unterhaltungsbranche angeboten wird. Die Clubs sind Wirtschaftsunternehmen, GmbHs, Aktiengesellschaften oder offene Handelsgesellschaften, die häufig von reichen Persönlichkeiten aus anderen Wirtschaftsbereichen geleitet werden (zum Beispiel Ölbaron *Jerry Jones* für die Dallas Cowboys). Die Clubs kämpfen sowohl auf dem Spielfeld als auch außerhalb um die Gunst der Zuschauer und stehen damit in Konkurrenz zueinander.

Innerhalb der Liga besteht aber de facto eine Kooperation.

Die Liga als Joint Venture und die Teams als Franchise-Partner und Wirtschaftsunternehmen sind voneinander abhängig und haben ein gemeinsames Ziel: maximale Gewinne einzufahren. Der Erfolg der Liga bedingt die sportliche und finanzielle Wettbewerbsfähigkeit der Teams. Der wirtschaftliche Erfolg des einzelnen Teams hängt von der Qualität des sportlichen Wettbewerbs ab.

Auch die Städte, in denen die NFL-Teams angesiedelt sind, profitieren von deren Erfolgen durch riesige Beiträge für die Stadtkasse. Deswegen werden die Football-Mannschaften oft von Städten umworben – durch finanzielle Anreize, komfortablere und größere Stadien und eine garantierte Fan-Gemeinde. Die Schattenseiten des Fußballs bleiben den Amerikanern beim Football erspart: Die Gewalteskapaden, die in der Fußballszene immer wieder für negative Schlagzeilen sorgen und randalierende Hooligans, die alles kurz und klein schlagen, gibt es dabei nicht.

Am Neujahrstag steigt dann der Höhepunkt der im Herbst begonnenen Football-Saison. Das Endspiel der NFL-Liga wird in Pasadena, Kalifornien, im *Super Bowl* ausgetragen. Eine allgemeine Volksfeststimmung macht sich breit, vergleichbar mit der Wirkung von Fußballmeisterschaften in Europa.

Spielbeschreibung: Das Football-Spielfeld ist 109 m lang und 48 m breit und in zwanzig gleich große Felder aufgeteilt. Es spielen zwei Mannschaften mit je zehn Spielern und ihrem *Quarterback* (Spielmacher). Der Ball ist wie beim Rugby oval. Der *Quarterback* trägt den Ball vorwärts oder wirft ihn einem seiner Mitspieler zu, der ihn dann über die gegnerische Ziellinie befördern soll. Damit könnte ein *Touchdown* (bringt sechs Punkte) erzielt werden. Das ist aber meist nicht zu schaffen. Während eines *Play* (Spielzug) schafft es ein Team meist nur, den Ball einige Meter voranzubringen. Das Team hat vier *Downs* (Versuche) um zumindest zehn Yards zu schaffen. Der Ball darf bei der Weitergabe nicht den Boden berühren. Sonst wird der Gewinn an Yards nicht anerkannt. Oder der Ball muss ins gegnerische Tor befördert werden. Das bringt drei Punkte. Klappt das nicht, muss das Team den Ball der gegnerischen Mannschaft überlassen. Der *Punter* kickt den Ball dazu weit ins gegnerische Feld.

Basketball

Basketball, heute auch in der Variante Streetball praktiziert, ist bei uns verbreitet, wird auch als Korbball gespielt und lässt sich im Vergleich mit den schon beschriebenen Volkssportarten am leichtesten spielen. Man braucht kein Extra-Spielfeld, ein Korb an der Hauswand genügt und schon kann der **Nachbarschaftssport** losgehen. Dies hat auch zu der Popularität und großen Ausbreitung in allen amerikanischen *Neighborhoods* (Nachbarschaften) beigetragen.

Ursprünglich 1891 von *James Naismith,* einem Lehrer an einer Berufsschule des Christlichen Vereins Junger Männer (CVJM, englisch YMCA) in Massachusetts erfunden, hat sich das Spiel sehr schnell ausgebreitet. Heute wird Basketball von mehr als 250 Millionen Menschen gespielt. Noch mehr sind es, rechnet man die unterschiedlichen Varianten davon hinzu.

Die **National Basketball Association – NBA** führt in den Ranglisten weltweit mit insgesamt 29 Mannschaften aus den USA und Kanada.

In der zweiten Januarwoche treten die besten Spieler, die von Zuschauern in den USA und Kanada ausgewählt werden, im jährlichen *All-Star-Spiel* an. An dem Namen **Michael Jordan** werden Sie, wenn es um Basketball in Amerika geht, nicht vorbeikommen. Er wurde laut einer Umfrage zum erfolgreichsten Spieler in der Geschichte der *NBA* gekürt. Für die Olympischen Spiele wird ein sogenanntes *Dream Team* mit den besten professionellen Spielern Amerikas aufgestellt.

Rodeo

Rodeo ist ein Sport, der aus der alltäglichen Arbeit der Cowboys entstanden ist. In der zweiten Hälfte des 19. Jahrhunderts trieben sie in Texas riesige Herden von Rindern über Berg und Tal zu den Verladestationen. Dabei entwickelten sie Techniken und Fähigkeiten im Umgang mit Ross und Rind, die heute noch als Sport im Südwesten der USA in den traditionellen *Rodeos* gefragt sind.

Fünf Disziplinen müssen die Teilnehmer auch heute noch bestehen. Bei den drei zuerst aufgeführten Disziplinen ist entscheidend, dass sich der Reiter möglichst lange im Sattel beziehungsweise auf dem Tier hält.

- **Bare-Back Riding** – Der Cowboy reitet ein wildes Pferd ohne Sattel ein.
- **Saddle-Bronc Riding** – Der Cowboy muss ein halbwildes Pferd satteln und versuchen, es zu reiten.
- **Bull-Riding** – Der Cowboy muss einen wilden Stier zähmen.
- **Calf-Roping** – Der Cowboy muss zu Pferde mit dem Lasso ein Stierkalb einfangen und an den Beinen fesseln.
- **Steer-Wrestling** – Der Cowboy muss von einem galoppierenden Pferd springen, einen Stier bei den Hörnern packen und zu Boden werfen.

Erfolg heiligt die Mittel – Doping in den USA

Am Fall des Kugelstoßers *C. J. Hunter* im Vorfeld der Olympischen Spiele 2000 in Sydney kam der Verdacht auf, dass Dopingkontrollen in den USA nicht ernst genommen werden. *Hunter* wurde vor den Spielen von der IAAF in Europa mehrmals positiv getestet, in Amerika waren Dopingtests bei ihm jedoch immer negativ ausgefallen. Der amerikanische Leichtathletikverband verschleierte das systematische Doping *Hunters*. Erst nach langen Auseinandersetzungen sagte der US-Leichtathletikverband zu, sich den Dopingkontrollen der Anti-Doping-Weltagentur WADA unterzuordnen. Allerdings geschah dies erst am 30. September 2000, am Ende der Sommerspiele in Sydney, also als alles schon gelaufen war.

Nach dem Balco-Skandal 2003 (Balco: Bay Area Laboratory Corporation), bei dem das bis dahin unentdeckte Designer-Steroid THG aufflog, gerieten immer mehr Leistungssportler wie z.B. die Baseball-Superstars *Barry Bonds* und *Jason Giambi* in den Verdacht, sich regelmäßig zu dopen. Die Aufmerksamkeit konzentrierte sich auf den Steroidmissbrauch. Nachdem bei der Tour de France 2006 schon vor Beginn des Rennens namhafte Favoriten wie *Jan Ullrich* und *Ivan Basso* wegen Dopingverdachts disqualifiziert worden waren, wurde dem Champion der Tour de France von 2006, dem Amerikaner *Floyd Landis*, ein Jahr später der Sieg wegen Dopings aberkannt.

Es drängt sich der Verdacht auf, dass Leistungssportler heutzutage ohne Doping nicht konkurrenzfähig sind und weder die Gesellschaft noch die Medien genauer hinsehen wollen. Insbesondere in den USA ist Sport ein erstklassiges Unterhaltungsprodukt, begleitet von einem unglaublich teuren Entertainment-Programm, das einerseits gern konsumiert wird und andererseits ein riesiges Geschäft darstellt, von dem gerade auch die Medien sehr stark profitieren.

Der amerikanische Professor *John Hoberman,* Autor des Buches „Testosterone Dreams", der schon seit den 1990er-Jahren über das Thema Doping forscht, ordnet das Phänomen in einen größeren gesellschaftlichen Rahmen ein: Für jede Diagnose wird heutzutage eine neue Therapie erdacht und in der Regel ist das ein Medi-

Amerikanische Feste und Feiertage

Die Amerikaner feiern, wie in vielen anderen Ländern auch, **Ostern, Weihnachten** und den **christlichen Neujahrstag** als wichtige Feiertage.

Daneben gibt es einige Feiertage, die geschichtlichen Ursprungs sind und bei uns nicht oder an anderen Daten gefeiert werden sowie Feiertage, Feierlichkeiten und Bräuche anderer Religionen und Völkergruppen. Häufig erlauben Arbeitgeber ihren multikulturellen Angestellten an ihren Feierlichkeiten frei zu nehmen.

Nur die christlichen Feiertage sind **gesetzliche Feiertage,** an denen in der Regel nicht gearbeitet wird. 1971 hat Präsident *Richard Nixon* die Daten für viele Feiertage verlegt und zwar auf den jeweils folgenden Montag und schenkte den Amerikanern dabei viele verlängerte Wochenenden.

kament: Prozac gegen Depression, Viagra gegen Potenzstörungen und Anabolika wie Testosteron zur Optimierung der sportlichen Leistung.

Nur ab und zu gelangen Informationen an die Öffentlichkeit, die den allzu leichtfertigen Umgang mit Dopingmitteln in Frage stellen. *Lyle Alzado,* der in der gesamten National Football League gefürchtete Defensivmann, starb 1992 im Alter von 43 Jahren an einem Gehirntumor, der höchstwahrscheinlich durch zwanzig Jahre intensiven Dopings verursacht worden war.

In Amerika ist der Glaube an die chemischen Substanzen ungebrochener als bei uns und man kann die Mittel ganz einfach im Drugstore nebenan oder per Internet erstehen.

Das wäre alles halb so schlimm, wenn es bei den zunächst gewünschten Effekten wie Muskelaufbau und Kräftigung des Körpers bleiben würde. Die längerfristigen Nebenwirkungen wie Tumorgefahr und Impotenz werden jedoch verschwiegen. Oder mögliche Risiken werden gar nicht erst geprüft. Der republikanische Senator *Orrin G. Hatch* sorgte dafür. Er brachte im Jahre 1994 ein Gesetz durch den Kongress, das der Pharmaindustrie den Vertrieb von Nahrungsergänzungsmitteln ohne vorherige Überprüfung der Bestandteile auf Unbedenklichkeit erlaubt. Den Nachweis auf Gefährlichkeit muss jetzt die Gesundheitsbehörde bringen. Im Gegenzug dankte die Pharmaindustrie dem Senator mit Millionenspenden zur Finanzierung seines Wahlkampfs.

Nahrungsergänzungsmittel sind überhaupt ein glänzendes Geschäft für die amerikanische Pharmaindustrie. 18 Milliarden Dollar Umsatz werden jährlich damit erreicht. Auch für Universitäten sind die Sponsoren aus der Pharmaindustrie unverzichtbar. Im College-Sport geht es inzwischen hauptsächlich ums Geld und zwar um viel Geld. Gute Football- und Baseball-Teams „gewinnen" für ihre Ausbildungsstätten hohe Werbeeinkünfte. Werbebanderolen in bekannteren College-Arenen bringen ca. 40.000 Dollar pro Jahr.

Nur *Thanksgiving* (am jeweils vierten Donnerstag im November), Neujahrstag, Unabhängigkeitstag und Weihnachten haben fixe Daten. Falls Neujahr, der Unabhängigkeitstag oder Weihnachten auf einen Sonntag fallen, wird der Tag danach auch zum Feiertag. Falls die genannten Feiertage auf einen Samstag fallen, wird der Tag davor zum Feiertag. Obwohl die einzelnen Bundesstaaten selbst über gesetzliche Feiertage entscheiden können, wurden die genannten Termine in den meisten Bundesstaaten übernommen.

Konsultieren Sie lokale Zeitungen, um zu erfahren, wann an welchem Ort Feiertage sind oder Feierlichkeiten stattfinden, an denen Geschäfte und Behörden geschlossen sind.

Die drei Hauptfeiertage

Christmas – Weihnachten

Weihnachten, die Geburt Christi, wird in den USA am 25. Dezember mit einem Feiertag begangen und ist neben *Thanksgiving* das wichtigste Fest. Ähnlich wie bei uns finden in der Vorweihnachtszeit vom 12. Dezember an **Christmas Parties** statt, überall erklingen Weihnachtslieder und klassische Konzerte haben Hochsaison. Eine beliebte Tradition ist es, mit den Kindern an Weihnachten *Tschaikowskys „Nussknacker"* zu besuchen. In den Straßen sieht man hin und wieder einen *Santa Claus*, dem die Kinder ihre Wünsche erzählen können. In Pose mit dem Kind auf dem Schoß, kann das Foto fürs Familienalbum geschossen werden. Das Haus und der Garten werden mit Lichtern geschmückt, ein Christbaum wird aufgestellt, Weihnachtsgrüße werden verschickt und Freunde und Verwandte beschenkt. Häufig geht der eigentliche Ursprung von Weihnachten im kommerziellen Geschenkerummel unter. Doch um diese Jahreszeit denkt man auch an die Minderbemittelten und es wird großzügig gespendet. **Spezielle Köstlichkeiten** werden hergestellt oder gekauft wie Weihnachtsplätzchen, *Plum Pudding* (Pflaumenpudding) und *Fruit cakes* (Fruchtkuchen). Es ist wie in Deutschland das Fest der Familie man nimmt auch größere Reisen in Kauf, um gemeinsam zu feiern.

In New York City ist die Vorweihnachtszeit besonders schön. Nach *Thanksgiving* beginnt die Vorbereitung auf Weihnachten, die Straßen und Bäume werden geschmückt, die Schaufenster der Kaufhäuser weihnachtlich hergerichtet, kleine Stände verkaufen heiße Maronen.

Selbst viele Nicht-Christen feiern inzwischen die weihnachtlichen Traditionen mit ihren Familien und Freunden.

Die **Bescherung** findet in manchen Familien, abhängig von ihrer Herkunft und ihrer christlichen Konfession, an *Christmas Eve* statt. Eventuell geht es zu einem Abendgottesdienst. In den meisten christlichen amerikanischen Familien ist allerdings die Bescherung am 25. Dezember, morgens, gleich nach dem Aufstehen, wenn die Kinder noch im Pyjama sind.

Eine ähnliche Rolle wie bei uns dem Nikolaus zugeschrieben, spielt **Santa Claus** dabei. Man erzählt den Kindern, dass er in der Nacht zum 25. Dezember mit seinen Rentieren durch die Lüfte reist, durch den Kamin kommt und die Geschenke für die Kinder in die Häuser bringt.

Am Abend vor Weihnachten werden zu seiner Stärkung *Cookies and Milk* (Kekse und Milch) vor den Kamin gestellt. Manchmal verkleidet sich ein Familienangehöriger als Santa Claus und überbringt die Geschenke persönlich. Der Weihnachtstag wird mit einem **festlichen Essen** in gemeinsamer Familienrunde gefeiert und häufig wird gemeinsam ein Gottesdienst besucht. Der zweite Weihnachtsfeiertag fällt in Amerika aus.

Doch die Woche bis Neujahr nehmen viele frei oder der Arbeit **zwischen den Feiertagen** wird nicht zu viel Bedeutung beigemessen. Die Amerikaner gruppieren ihren Jahresurlaub häufig um Feiertage wie Weihnachten und *Thanksgiving*.

Easter – Ostern

Ostern findet nicht an einem festen Datum statt, sondern an einem Frühlingssonntag im März oder April. Der christliche Glaube an die Auferstehung Jesu Christi wird hier gefeiert. Auch in Amerika treffen sich viele Familien und gehen gemeinsam zur Kirche. Viele Amerikaner folgen den alten Traditionen, bemalen hart gekochte Eier und schenken den Kindern Körbe mit Süßigkeiten. Am Ostermontag wird im Garten des Weißen Hauses das traditionelle Ostereiersuchen für kleinere Kinder veranstaltet.

New Year's Celebrations – Neujahrsfeierlichkeiten

Der Neujahrstag ist natürlich am ersten Januar. Die Feier beginnt am Abend vorher mit Feuerwerk und Partys, wenn man gemeinsam in das Neue Jahr geht und sich mit Freunden und Familie ein gutes Gelingen wünscht.

Originär amerikanische Feiertage

Die folgenden Feiertage sind originär amerikanischen Ursprungs und existieren in anderen Ländern so nicht. Abhängig davon, wie wichtig die Feierlichkeit in der Region ist, wird mehr oder weniger zelebriert. Sei es, dass die betroffene Bevölkerungsgruppe dort sehr stark vertreten ist oder die Feierlichkeit in besonderem Zusammenhang mit dem Landstrich steht. Oft haben an diesen Tagen nur Regierungsbehörden, Banken und Schulen geschlossen. Viele müssen arbeiten und die Geschäfte sind geöffnet.

Martin Luther King Day

Am dritten Montag im Januar wird an den Geburtstag von *Martin Luther King Jr.* erinnert. Der afroamerikanische Priester kämpfte mit Ausdauer und gewaltfreien Maßnahmen für die Erlangung der Bürgerrechte für alle – insbesondere der Afroamerikaner. Seitdem er 1968 einem Attentat zum Opfer fiel, werden an seinem Geburtstag, dem 15. Januar, Gedenkveranstaltungen abgehalten. Seit 1986 wurde der Nationalfeiertag auf den dritten Montag im Januar verlegt.

President's Day

Am dritten Montag im Februar. Bis in die Mitte der 1970er-Jahre fand der Nationalfeiertag am Geburtstag von *George Washington,* am 22. Februar statt, zum Gedenken an den ersten Präsidenten der USA und Helden der amerikanischen Revolution. Zusätzlich war in den meisten Bundesstaaten der 12. Februar ein weiterer Feiertag zum Gedenken an *Abraham Lincoln,* den Präsidenten während des Bürgerkriegs. Diese beiden Feiertage wurden zusammengelegt und gelten nun der Würdigung aller Präsidenten.

Memorial Day – Totengedenktag

Am letzten Montag im Mai. Der Ursprung dieses Feiertages liegt in der Zeit nach dem Bürgerkrieg, als man der Kriegsopfer gedachte. Heutzutage ist *Memorial Day* der Gedenktag für alle Toten. Auf Friedhöfen, in Kirchen und auf öffentlichen Plätzen finden Gedenkveranstaltungen zu Ehren der Toten statt.

Independence Day – Unabhängigkeitstag

Am 4. Juli. An diesem Tag wird der Geburtstag der amerikanischen Nation gefeiert, die Unterzeichnung der Unabhängigkeitserklärung am 4. Juli 1776. Die Bevölkerung nutzt den Tag für Ausflüge mit Picknicks. Es finden große Umzüge statt und abends feiert man mit Konzerten und Feuerwerken. Überall werden amerikanische Flaggen gehisst und wird die Nationalhymne gesungen.

Labor Day – Tag der Arbeit

Am ersten Montag im September. An diesem Tag wird die arbeitende Bevölkerung üblicherweise mit Paraden geehrt. Für die meisten Amerikaner bedeutet dieser Tag das Ende der Sommerferien und für viele Schüler und Studenten beginnt danach das neue Schuljahr.

Columbus Day

Am zweiten Montag im Oktober. Am 12. Oktober 1492 erreichte *Christopher Kolumbus* die neue Welt. Zum Gedenken an den Beginn der Erschließung der neuen Welt wird dieser Tag auch in den USA gefeiert.

Veterans' Day

Am zweiten Montag im November. Ursprünglich wurde dieser Gedenktag *Armistice Day* (Waffenstillstandstag) genannt und fand am 11. November, an dem im Jahr 1918 der Erste Weltkrieg beendet wurde, zu Ehren der Soldaten dieses Krieges statt. Heute ist es ein Gedenktag zu Ehren aller amerikanischen Veteranen. Veteranenverbände organisieren an diesem Tag Paraden und traditionell legt der Präsident einen Kranz am *Tomb of the Unknowns* (Grab der Unbekannten) am Arlington-Nationalfriedhof beim Potomach nieder.

Thanksgiving – Erntedankfest

Am vierten Donnerstag im November. Nach seiner Bedeutung ist dies neben Weihnachten der wichtigste Feiertag in Amerika. Viele Amerikaner nehmen sich den Freitag auch noch Urlaub und verbringen dann vier freie Tage, um gemeinsam zu feiern, Freunde zu besuchen oder zu verreisen. Eine besonders große und bekannte **Parade** findet zu *Thanksgiving* in New York City statt.

Der Feiertag hat seinen **Ursprung** schon im Jahr 1621, ein Jahr, nachdem die *Pilgrim Fathers* in Massachusetts angekommen waren. Nach einem harten Winter, in dem ungefähr die Hälfte der Gruppe umgekommen war, baten die Siedler in der Umgebung lebende Indianer um Hilfe. Die brachten ihnen bei, wie man Mais und anderes Getreide anbaute. Im darauf folgenden Herbst, nachdem die Siedler ihre erste Ernte einbringen konnten, feierten sie gemeinsam mit den Indianern zum Dank für den guten Ertrag zum ersten Mal ein Fest, *Thanksgiving*, ein Erntedankfest. Offiziell wurde dieser Gedenktag allerdings erst von Präsident *Lincoln* 1863 zum Feiertag erklärt.

Thanksgiving wurde ein nationaler Feiertag, nicht nur, weil so viele Amerikaner Wohlstand in dem neuen Land gefunden haben, sondern auch, um den Freiheitswillen der Pilgerväter zu honorieren, die um Ihrer Überzeugung willen so viel Wagnis auf sich genommen hatten.

Bis heute werden an *Thanksgiving* einige der **Speisen** serviert, die bei der ersten Feier gegessen wurden: *Turkey* (Truthahn), *Cranberry Sauce* (Preiselbeersauce), *Potatoes* (Kartoffeln) und *Pumpkin Pie* (Kürbiskuchen). Traditionell bedankt man sich vor dem Essen mit einem Tischgebet für Gottes Segen und die Freude, mit den Verwandten und Freunden gemeinsam feiern zu können.

Weitere Feierlichkeiten und Bräuche

Besonders viele Feierlichkeiten, Bräuche und Traditionen findet man an multikulturellen Orten wie New York City. In fast jeder ethnischen *Neighborhood* von *Little Italy* bis zur deutschen Ecke gibt es einmal im Jahr ein besonderes Fest.

Chinesisches Neujahrsfest

Es wird an einem Tag im Zeitraum zwischen dem 21. Januar und 19. Februar gefeiert, genauer gesagt am ersten Neumondtag in diesem Zeitraum. Dieser Tag wird mit Festessen, Umzügen und Feuerwerk zum Vertreiben der bösen Geister besonders in den Gegenden begangen, wo viele Amerikaner chinesischer Abstammung leben wie in den Stadtteilen *China Town* in New York City und San Fransisco. Ein großer Stoffdrachen schaukelt durch die Straßen auf der Jagd nach dem roten Sonnenball oder dem weißen Perlenball. Eine Menschengruppe mit Trommeln und Gongs und Löwentänzer, die Löwenköpfe auf Stöcken tragen, folgen dem Drachen. Wo sie auftauchen, kommen die Ladenbesitzer aus ihren Geschäften heraus und schenken ihnen Geld.

Es ist Brauch, dass alle Chinesen, unabhängig von ihrem tatsächlichen Geburtsdatum, am chinesischen Neujahrstag ihren Geburtstag feiern.

St. Valentine's Day

Am 14. Februar. Der Name stammt von einem christlichen Märtyrer. An diesem Tag schenkt man seinen Lieben Süßigkeiten oder Blumen.

Mardi Gras (französisch)

Am Tag, bevor die christliche Fastenzeit beginnt – also am Faschingsdienstag, dem Tag vor Aschermittwoch. Das Fest geht auf eine alte französische Tradition in New Orleans in Lousiana (ehemals französisches Gebiet) zurück. Auf Französisch bedeutet *Mardi Gras* soviel wie fetter Dienstag, der letzte Tag, an dem fett gegessen werden kann, weil danach die Fastenzeit beginnt. Die Feierlichkeiten werden mit großem Umzug und Festgelagen begangen.

St. Patrick's Day (irisch)

Am 17. März. Der St. Patrick's Day ist ein irischer Feiertag, der Tag des irischen Schutzheiligen. Die Hauptfeierlichkeiten finden in New York City mit einem riesigen Festumzug statt. Viele Amerikaner kleiden sich grün oder tragen zumindest ein grünes Kleidungsstück, zur Erinnerung an die *Emerald Isle,* die grüne Insel. Wenn man diesen Brauch missachtet, kann man von Freunden oder Kollegen geneckt werden.

April Fool's Day – Erster April

Am ersten April schickt man Leute, wie bei uns auch, in den April, indem man ihnen einen Streich spielt, etwas vorgaukelt, was nicht stimmt. Man lässt den Getäuschten eine Weile zappeln, bis man es als Aprilscherz offenbart. Oft wird an diesem Tag bis spät in die Nacht gefeiert und getanzt.

Cinco de Mayo – 5. Mai (mexikanisch)

Am 5. Mai feiern Mexikaner und Amerikaner mexikanischer Herkunft in Los Angeles in Kalifornien die Freundschaft Mexikos mit den USA. Das Fest hat seinen Ursprung in einer erfolgreichen Schlacht, die Mexikaner gegen Franzosen gewonnen hatten. Heute wird auf den Straßen von Los Angeles vor dem Rathaus mit Musikkapellen, traditionellen Tänzen und Kostümen gefeiert. Die Straßen sind – analog zu den Farben der mexikanischen Flagge – weiß-rot-grün dekoriert.

Mother's Day – Muttertag

Am zweiten Sonntag im Mai. Wie bei uns werden die Mütter verwöhnt und mit Blumen, Grußkarten und Einladungen zum Essen geehrt.

Father's Day – Vatertag

Am dritten Sonntag im Juni. Der Vatertag wird nicht so aufwendig gefeiert wie der Muttertag, ist aber das fünftgrößte Event, um Karten zu verschicken.

Native American Pow-Wows – Indianische Ritualfeiern

Von März bis August werden von Alaska über Colorado bis nach Hawaii an den unterschiedlichsten Orten der USA indianische Zeremonien und Rituale gefeiert. *Pow-Wow* bedeutet bei den Algonquin-Indianern „Zeremonie". Die Feiern haben jedoch an jedem Ort unterschiedliche Themen und Inhalte. Bei einem Fest werden Indianer geehrt, die in der Armee gedient haben, andernorts werden traditionelle Tänze und Lieder vorgeführt und gelehrt. Es ist nicht nur ein Fest für die Indianer, sondern alle können mitfeiern. In Denver Colorado findet das erste jährliche *Pow-Wow* mit großen Feierlichkeiten, rituellen Umzügen und Vorführungen von Mitgliedern unterschiedlichster Stämme im März statt. In Sheridan feiert man Ende August das letzte Fest des *United Tribes International Pow-Wow.*

Oktoberfest (deutsch)

Wo viele deutschstämmige Amerikaner leben, wird das Oktoberfest mit deutscher Volksmusik, Tanz und deutschen Spezialitäten gefeiert.

Halloween

Am 31. Oktober wird abends vor dem *All Saints* oder *All Hallows Day* gefeiert, der am 1. November stattfindet. Der Brauch geht auf die Kelten zurück. Der Abend des 31. Oktober war der Vorabend zu ihrem Neujahrstag. Man glaubte, dass sich an diesem Tag die Geister der Toten unter die Menschen mischen. Amerikanische Kinder höhlen Kürbisse aus, schnitzen lustige Geisterköpfe daraus, stellen Kerzen hinein und platzieren diese „Geister" ans Fenster oder in den Vorgarten. Sie verkleiden sich gruselig oder witzig und gehen von Haus zu Haus und fragen *Trick or Treat,* was soviel heißt wie: Entweder gib uns was – ein kleines Geschenk, Süßigkeiten oder Geld – oder du bekommst es mit uns zu tun und wir ärgern dich. Erwachsene und Kinder verkleiden sich häufig zum Feiern von *Halloween Parties.* Häuser werden gruselig dekoriert.

Kwanzaa (afrikanisch)

26. Dezember bis 1. Januar. Diese Feierlichkeiten wurden 1966 von einem Professor für *Black Studies, Maulana Karenga* initiiert. Sie gehen zurück auf die afrikanische Feier der ersten Ernte im Jahr und sollen die Einheit und Entwicklung der afrikanischstämmigen Bevölkerung Amerikas

Die amerikanische Küche bietet auch einige deutsche Gerichte stärken und an die afrikanischen Wurzeln erinnern. Das Fest gründet sich auf *Nguzo Saba,* die sieben Prinzipien von Einheit, Selbstbestimmung, Zusammenarbeit und Verantwortung, Gemeinwirtschaft, Bestimmung, Kreativität und Zuversicht und wird symbolisch gefeiert mit der Entzündung von sieben Kerzen, den *Mishumaa Saba.* Die Afroamerikaner beschenken sich an diesen Tagen, um ihre Erfolge im vergangenen Jahr zu würdigen.

Essen und Trinken

Viele englische Essensbegriffe zeigen den Einfluss der amerikanischen Esskultur in Deutschland: *Fast Food, Brunch* (Zusammensetzung aus *Breakfast* und *Lunch*), *Picknick, Barbecue, Steak, Spare Ribs, Chicken Wings, Hot Dog* ... Umgekehrt haben natürlich die Einwanderer ihre traditionelle Küche mit nach Amerika gebracht. *Schnitzel, Pumpernickel, Bratwurst* und *Sauerbraten* sind der kulinarische Beitrag der deutschen Einwanderer.

Die amerikanischen **Süßigkeiten** sind uns oft zu süß und nicht aromatisch genug. Quark gibt es fast nicht, dafür aber Erdnussbutter in allen Variationen, die gern mit Marmelade oder mit Birne gegessen wird.

Neben den großen **Supermärkten,** in denen es für unsere Verhältnisse immer ziemlich leer ist und man ganz gemütlich an der Kasse stehen kann, während die Kassiererin oder eine Aushilfskraft die Lebensmittel gleich einpackt und eventuell sogar zum Auto bringt, hat man auch ein großes Angebot an biologischen Produkten in kleinen oder riesigen **Wholefood-Stores.** Das Vorurteil, in Amerika nur *Trash* oder *Fastfood* essen zu müssen, gilt schon längst nicht mehr.

Das gemeinsame Essen zu Hause kommt in Amerika sehr selten vor. Jeder bereitet sich sein Essen, wann er Hunger hat, holt sich einen kleinen Snack aus dem Kühlschrank oder isst außer Haus.

Amerikanische Tischsitten

- Bevor wir in Deutschland zu essen beginnen, wünschen wir unseren Tischnachbarn fast automatisch einen Guten Appetit – es ist eine verinnerlichte Höflichkeitsregel. In Amerika ist das nicht üblich.
- Es ist höflich, aber nicht notwendig, zu warten, bis alle am Tisch ihr Essen erhalten haben. Diejenigen, die ihr Essen noch nicht bekommen haben, können die anderen auffordern, schon zu beginnen.
- Den Teller nicht mit den Armen einrahmen.
- Alles, was die Hände fett macht, wird mit dem Besteck gegessen, ausgenommen: Hähnchen, Brot, Speck, Artischocken, Pizza, Oliven, Maiskolben und rohes Gemüse.
- Es gibt zwei Möglichkeiten, mit Messer und Gabel umzugehen. Entweder zwei bis drei Bissen zum Beispiel von Fleisch schneiden – mit dem Messer in der rechten Hand und der Gabel in der linken Hand. Dann das Messer ablegen, die Gabel in die rechte Hand nehmen und damit die vorbereiteten Bissen nacheinander essen. Die linke Hand, die jetzt nicht mehr gebraucht wird, wandert auf den Schoß. In Amerika gilt nicht unsere Regel, dass beide Hände beim Essen auf dem Tisch sein sollten. Das Messer darf auch in die linke Hand genommen werden, um Essen auf die Gabel in der rechten Hand zu schieben.
- Oder die europäische Variante: Messer in der rechten Hand, Gabel in der linken Hand. Man bereitet jeweils einen Bissen vor und führt ihn mit der Gabel in der linken Hand zum Mund.
- Es wird von Ihnen als Gast in Amerika nicht erwartet, dass Sie „amerikanisch" essen, aber wenn Sie nicht so essen, outen Sie sich damit von weitem sichtbar als Nicht-Amerikaner.
- Wenn Sie die Essensreste mitnehmen wollen, fragen Sie nach einem *Doggie Bag* (Essenstüte für den Hund). Das ist in Amerika viel gebräuchlicher als bei uns, allerdings nicht gerade im formellen Feinschmecker-Lokal.

Restaurantbesuch

Als Reisender im fremden Land ist man häufig Gast in Restaurants und gastronomischen Einrichtungen aller Art. Auch dort erwarten uns andere Regeln. Hunde sind im Restaurant nicht gern gesehen und in den meisten Lokalen besteht **Rauchverbot.** Eventuell findet man noch einen Raucherbereich, doch selbst auf der Restaurantterrasse im Freien darf man häufig nur an dafür ausgewiesenen Stellen rauchen.

Service

Das Servicepersonal ist aufmerksamer und schneller als in Deutschland. Sei es, weil der Servicegedanke – der Kunde ist König – in den USA stärker im allgemeinen Bewusstsein verankert ist, sei es, weil die Arbeitsverhältnisse unsicherer sind und sich alle mehr anstrengen müssen, um ihren Job nicht zu verlieren. Oder weil auch im Gastronomiebereich die Effizienz, das heißt die Auslastung der Tische, möglichst optimal und der Aufenthalt eines Kunden möglichst kurz sein soll. Sie werden in der Regel **schneller bedient** und müssen nicht so sehr um die Aufmerksamkeit des Kellners kämpfen, wie in Deutschland häufig der Fall.

Wenn alles gegessen und getrunken ist und Sie die Frage nach einer Tasse Kaffee verneinen, bekommen Sie gleich die **Rechnung.**

Es ist nicht üblich, stundenlang in einem Lokal zu sitzen und **nach dem Essen** noch genüsslich zusammen eine Flasche Wein zu trinken. Das ist kein besonderer persönlicher Affront Ihnen gegenüber, sondern die Regel in Amerika. Der Amerikaner ist aktiv und sitzt auch in der Freizeit nicht lange herum, um zu plaudern, sondern unternimmt etwas: ins Kino gehen, ein Spiel spielen, tanzen oder in den Park gehen.

Please wait to be seated – Warten, bis man eingewiesen wird

In den meisten Lokalen in den USA finden Sie den Hinweis *Please wait to be seated.* Im Eingangsbereich steht manchmal an einem kleinen Pult oder Ähnlichem ein Mitarbeiter des Lokals, der über Reservierungen, frei werdende Tische und die Restaurantorganisation Bescheid weiß. Neu ankommende Gäste warten dort oder am Eingangsbereich – manchmal in einer Warteschlange – und werden vom Servicepersonal in Empfang genommen und, falls möglich, an einen freien Tisch geleitet. Sie können es durchaus sagen, wenn Sie lieber an einem anderen Tisch sitzen möchten. Es ist jedoch nicht üblich, selbst zielsicher auf einen freien Tisch zuzusteuern oder sich an den Tisch von Fremden zu setzen. Falls kein freier Tisch zur Verfügung steht, werden Sie darüber informiert, wie es weitergeht.

Getränke

Haben Sie an einem Tisch Platz genommen, wird Ihnen sehr schnell ein Glas *tap water* (Leitungswasser) mit Eis gereicht und eventuell ein Körbchen mit Brot.

Fast alle Erfrischungsgetränke werden automatisch **mit Eiswürfeln** serviert. Falls Sie keine Eiswürfel möchten, sagen Sie *Please no ice cubes with the drink.*

Das **amerikanische Bier** ist leichter als das deutsche und nicht nach dem deutschen Reinheitsgebot gebraut.

Martini ist nicht der weiße oder rote italienische Aperitif, den wir kennen, sondern bezeichnet einen alkoholischen Cocktail, der um einiges stärker ist als der europäische Aperitif. Er besteht aus Vermouth dry, 5 cl Gin, einer grünen Olive mit Stein und wird mit viel Eis verrührt. Auch Wein wird teilweise mit Eis serviert.

Bestellung

Bitte beachten Sie, dass die **Preise auf der Speisekarte** weder die Steuer noch den Service beinhalten. Zu den Preisen auf der Speisekarte können Sie ca. 25 % addieren, um auf den Endpreis zu kommen.

Sehr lecker sind in USA häufig die **Fleischgerichte.** Bei Steaks gibt es verschiedene Variationen des Bratens und Garens, die Sie bei der Bestellung angeben: *Well-done* ist gut durchgebraten, *medium-done* ist etwa 70 % durchgebraten mit brauner Kruste außen und innen rosa; *medium* innen zwischen rot und rosa, *medium-rare* innen rot, *rare* sehr blutig und nur ganz kurz angebraten.

Bezahlen

Prüfen Sie die Rechnung, ob alles korrekt aufgeführt und addiert wurde.

Bei der Rechnung sind die Steuern meist schon ausgewiesen, der **Service** jedoch nicht. Als Leitlinie für die Höhe des Service gilt, dass der Betrag, der für die Steuer ausgewiesen ist, verdoppelt werden sollte. Insgesamt addiert man für Service ca. 15 bis 20 % vom Nettobetrag hinzu, also dem Rechnungsbetrag ohne Steuern.

Unter Freunden ist es durchaus üblich, die **Rechnung aufzuteilen,** entweder einfach durch die Zahl der Teilnehmer eines Essens oder, wenn preislich sehr unterschiedliche Anteile entstehen, bezahlt jeder den ungefähren Betrag, der für ihn anfällt.

Trinkgelder

Anbei eine ungefähre Orientierung für die üblichen Trinkgelder. Natürlich hängt die Höhe des Trinkgeldes auch davon ab, wie zufrieden man mit dem Service ist. In der Gastronomie aber ist Service nicht im Preis eingeschlossen und darum ist das Trinkgeld weniger eine freiwillige Zugabe, sondern eher eine Selbstverständlichkeit. Darüber hinaus sind die Amerikaner meist sehr großzügig mit Trinkgeldern.

- In Restaurants beträgt das durchschnittliche Trinkgeld mindestens 15 %, üblicherweise sogar 20 %.
- Barkellner bekommen normalerweise 10 %.
- Friseure bekommen ca. 10 bis 20 %, die Person, die die Haare wäscht 1 $.
- Garderobenpersonal erhält 1 bis 2 $.
- Taxifahrer möchten gern 10 bis 15 % Trinkgeld.
- Kofferträger im Hotel erhalten in der Regel 1 bis 2 $ pro Gepäckstück, das sie ins Zimmer bringen.
- Zimmermädchen, *Room Service,* bekommen ca. 5 $.
- Pförtner erhalten 1 bis 2 $ fürs Taxirufen.
- Autoparker/-holer bekommen 1 bis 2 $.

Lokaltypen

Fastfood – Selbstbedienungsrestaurants

Die Fastfood-Ketten wie *McDonald's, Burger King, Kentucky Fried Chicken, Pizza Hut* oder *Taco Bell* sind uns teilweise schon aus Europa bekannt. In allen Niederlassungen einer Kette gibt es identische Angebote, die in einem automatisierten Prozess schnell hergestellt und eingehüllt in Massen von Plastikverpackung verteilt werden.

Die Speisen sind sehr preisgünstig. Hier gibt man in der Regel **kein Trinkgeld** und kann sich seinen Sitzplatz selbst auswählen. Alkoholische Getränke werden nicht serviert. Isst man sein *Fastfood* im Lokal, wird erwartet, dass man den Restmüll in bereit stehenden Containern entsorgt.

Coffee Shops – Cafés

Coffee Shops entsprechen in etwa unseren Cafés. Man darf sich meist seinen Tisch selbst aussuchen und wird bedient. **Frühstücksvariationen** mit Eiern, Schinken, Hafergrütze, Würstchen, Bratkartoffeln, Corned beef, amerikanischen *Pancakes* (nicht wie unsere Pfann- oder Eierkuchen gemacht, sondern aus Teig mit viel Backpulver. Sie werden mit Butter, Ahornsirup und *Bacon* – knusprig gebratenem Speck – gegessen) oder Waffeln, Kuchen, Sandwiches, eventuell kleine warme Gerichte und natürlich Kaffee stehen auf der Speisekarte.

Im Westen der USA wird der **Kaffee** schneller nachgeschenkt, als man sich denken kann, und nur die erste Tasse wird berechnet. An der Ostküste muss man die zweite und dritte Tasse bezahlen. Dort ist ein *Regular* ein normaler Kaffee mit Milch.

Im Coffee Shop kann man häufig auch **Wein oder Bier** erhalten. Mit härteren Getränken sieht es aber schlecht aus.

Man lässt ungefähr 15 % für den **Service** am Tisch und bezahlt an der Kasse. Auf der Rechnung ist der Anteil für Service nicht ausgewiesen.

Diner

Diners sind häufig die ländliche Variante von Coffee Shops. Man findet sie jedoch auch in Städten. Sie sehen manchmal sehr einfach und fast heruntergekommen aus, bieten aber leckere **Hausmannskost.**

Family Restaurants – Familiengasthäuser

Hier kann man mit der ganzen Familie – sozusagen mit Kind und Kegel (aber ohne Hund) – gut einkehren. Es gibt Kindersitze, typisches amerikanisches Essen wie Steaks, Koteletts, Fisch, Salat und Kartoffeln und keine Bar (zumindest nicht in Sichtweite), was den moralischen Ansprüchen in

Amerika entspricht. So wird die Familie nicht zum Alkoholtrinken animiert. Hier gilt wieder *Please wait to be seated*. Sie können entweder à la carte oder ein Menü bestellen. Der Kellner stellt sich heufig mit Vornamen vor und weist Sie auf besondere Tagesmenüs hin. Es wird nicht erwartet, dass Sie sich auch vorstellen. Vor dem Hauptmenü wird der Salat oder die Suppe serviert.

Ethnic Restaurants – Ausländische Restaurants

In den Großstädten finden Sie eine enorme Vielfalt an ausländischen Spezialitäten in sogenannten *Ethnic Restaurants,* besonders viele asiatische Restaurants, aber auch Spezialitäten aus aller Herren Länder von A bis Z – von arabischen Leckereien bis zu Köstlichkeiten aus Zimbabwe.

Im Westen und Südwesten der USA gibt es viele texanisch-mexikanische Lokale – die sogenannten *Texmex,* in den zentralen Gebieten der USA hauptsächlich chinesische Restaurants und in der Gegend um New Orleans herrscht die französische Küche vor.

Regionale Spezialitäten

Besonders lecker sind die regionalen Köstlichkeiten: **In Neuengland** ist Fisch angesagt, nicht nur zusammen mit Meeresfrüchten aus dem Atlantik, sondern auch Süßwasserfisch aus den Flüssen und Seen. Besonders zu empfehlen sind: Venusmuscheln, Krabben, *Shrimp* (Garnelen), *Lobster* (Hummer) – in den Hafenstädten preisgünstig zu kaufen, Aachen Barsche und Schnapper, *Stone Crabs* (Steinkrebse), *Conchs* (Seemuscheln) und *Oysters* (Austern). Aber auch Mais, das *New England Boiled Dinner* (Corned Beef und gekochtes Gemüse), *Boston Baked Beans* (gebackene Bohnen in Tomatensoße) und *Blueberry Pie* (Heidelbeerkuchen) gehören hierher.

Im Mittleren Westen wird die Küche eintöniger im Vergleich zur typischen Küche in Meeresnähe. Es wird klassisch amerikanisch mit Hamburgern, Steaks, Hühnerstücken, zum Beispiel *Chicken Wings* (Hühnerflügel) oder *Chicken Fingers* (Hühnerbruststücke), *Pork* (Schweinefleisch, zum Beispiel als *Prime Rib*). Als Beilage gibt es dazu häufig *Baked Potato* (gebackene Kartoffel) mit Crème Fraiche oder *French Fries* (Pommes frites).

Im Westen bietet sich die durch ethnische Vielfalt entstandene große kulinarische Auswahl. Die *California Cuisine* beruft sich auf das Prinzip, dass alle Zutaten erkennbar und möglichst nahe an ihrem natürlichen Zustand erhalten bleiben sollen.

In den besseren Restaurants sehen auch die Kellner entsprechend aus

Im Süden sind bekannte Spezialitäten: *Hominy Grits* (Maisgriesbrei), *Black-Eyed Peas* (kleine Bohnen mit schwarzen Flecken, die wie Augen aussehen), *Mustard Greens* (Senfblätter), *Southern Fried Chicken* (panierte Brathähnchenteile), *Sweet-Potato Pie* (Süßkartoffelauflauf) und *Okra Soup* (Suppe aus Okraschoten). In Lousiana gibt es die sehr leckere kreolische Küche.

Hochwertige Restaurants und Gourmet-Lokale

Häufig gelten in Amerika französische Restaurants als Feinschmecker-lokale. Hier gehört es zum guten Ton, vorab einen Tisch zu reservieren. Gepflegte Kleidung – für Männer Jackett, möglichst mit Krawatte – ist angesagt. In manchen Lokalen bietet man dem Gast ohne Jackett eine restauranteigene Jacke an, um ihn nicht abweisen zu müssen.

Zuerst nimmt man einen Drink, häufig einen Cocktail, im Stehen an der Bar. Danach führt einen die Hostess an den reservierten Tisch. Bestellen kann man zunächst Vorspeise und eine Hauptspeise, danach wird noch Dessert oder Kaffee angeboten. Der Service ist First Class: Vom Sommelier bis zum Maitre de Cuisine steht das Personal zu Ihrer Verfügung. Der Preis ist dementsprechend hoch.

Deutsch-amerikanische Urteile, Vorurteile und Klischees

Je weniger man ein Land kennt, um so mehr Klischees und Vorurteile hat man darüber. So werden Amerikaner in Deutschland feststellen, das die bayerische Lederhose nur noch ganz selten anzutreffen ist und es außer Sauerkraut noch eine Menge anderer deutscher Spezialitäten gibt. Und die Deutschen werden bemerken, dass es außer dem *Junk Food* vielerlei leckere und gesunde Spezialitäten gibt, dass nicht alle Amerikaner dick sind und auch nicht bei jeder Gelegenheit den Revolver aus der Tasche ziehen.

Doch hinter den Klischees verbergen sich manchmal kulturelle Eigenarten, die zwar nicht generell gelten, aber doch aufgrund von tatsächlichen Ereignissen oder Erfahrungen entstanden sind. Im Vergleich zweier Kulturen fallen den Menschen die jeweils gleichen Verhaltensweisen jedoch mit gegensätzlichen Vorzeichen auf. Deutsche empfinden, dass Amerikaner auf öffentlichen Plätzen und überhaupt sehr laut sind. Amerikanern erscheint es ungewöhnlich, dass in Deutschland in öffentlichen Verkehrsmitteln eine Grabesruhe herrscht und alle nur still vor sich hin sehen. Das heißt, was uns bei den anderen auffällt, sagt auch etwas über uns selbst aus. Manche Vorurteile beruhen nur auf sprachlichen Missverständnissen. Im Folgenden einige verbreitete Klischees.

Deutscher Blickwinkel

Amerikaner ...

... sind sehr laut.

... übertreiben alles. Wenn sie etwas ganz nett finden, sagen sie *It's fantastic* oder *It's wonderful*.

... bezeichnen selbst den oberflächlichsten Bekannten als Freund.

... sind oberflächlich, sowohl im Umgang mit Menschen als auch beim Reisen (Europa in 7 Tagen).

... haben eine schlechte Bildung.

... haben schlechten Geschmack und mischen allerlei Dinge zusammen, die nicht zusammen passen: bei Kleidung (kariert und gepunktet) und beim Essen (Peanutbutter und Marmelade).

... haben schlechte Manieren – Füße auf dem Tisch.

... sind arrogant. Sie haben es nicht nötig, eine Fremdsprache zu lernen und interessieren sich nicht für andere Länder und Menschen.

... sind patriotisch.

... trinken alles mit Eis, sogar Wein.

... geben gern an und erzählen, wie toll sie sind. Eigenlob gehört bei ihnen zur Tagesordnung.

... haben überall Angst vor *Germs* (Keime). Natürliche Gerüche sind ihnen ein Greuel. Alles wird mit Chemie zugeschüttet.

... sind unhöflich, nennen sich fast nur beim Vornamen.

... schauen ununterbrochen fern, selbst die Kinder.

... haben viel weniger Interesse an Deutschen als umgekehrt.

... haben keine Kultur und essen und trinken fast alles aus Plastikgeschirr.

... duschen mehrmals täglich.

... führen einen Kreuzzug gegen das Zigarettenrauchen, als wäre es das Schlimmste auf der Welt.

... essen entweder nur fettes, ungesundes Essen in rauen Mengen oder sind absolute Gesundheits- und Fitnessfanatiker.

... sind dick.

Fastfood in den USA

Sie werden sagen, einige der hier aufgeführten Klischees sind doch Realität. Es gibt selten ein Land, in dem man so viele extrem dicke Menschen findet, die sich wegen Ihrer Körperfülle fast nicht mehr bewegen können. Tatsächllch verführt die Fastfood-Industrie viele Menschen zu dauerhaftem Überkonsum von fett- und kohlehydratreichem Essen. Viele Kinder werden durch Werbung und schlechte Vorbilder schon von klein an zum Vielfraß erzogen und können die falschen Ernährungsgewohnheiten nur schwer ablegen.

Morgan Spurlock zeigt in seinem Film „Super Size Me" (USA 2004) wie McDonald's gezielt Kinder mit Extrageschenkchen und Spielecken ködert und sie schon früh zu Abhängigen macht. Verkaufsmethoden, die kontinuierlich Riesenportionen zum Sonderpreis anbieten, verleiten dazu, das ungesunde Essen und die zuckerhaltigen Getränke im Übermaß zu konsumieren. Durch den Bedarf an billigen Nahrungsmitteln gleich bleibender Qualität wurde die Technisierung der Landwirtschaft vorangetrieben. Hormonfleisch und genetisch manipuliertes Saatgut, unhygienische Verhältnisse in den Schlachthäusern und Tierfabriken auf der einen Seite und Farmer, die zu Billigarbeitkräften degradiert wurden, sind die Folge.

In den Supermärkten sind Regale voll mit sehr billigem, vorgefertigtem, kalorienreichem Essen, das kaum noch lebensnotwendige Nährstoffe enthält: Weißbrot, Tiefgefrorenes, Instant Puddings, vorgefertigte Salatsoßen, Fertigsoßen. Fleisch ist vollgepumpt mit Antibiotika und Hormonen. Da selbst das Gemüse und Obst immer mehr auf lange Haltbarkeit und gute Transportierbarkeit gezüchtet wird, enthält es immer weniger Vitamine. Viele Lebensmittel, nicht nur Süßigkeiten, sind voller Zucker. Ein ganzer Industriezweig lebt davon und produziert eine Vielfalt von Nahrungsergänzungsmitteln. Gebäck, Eis und Schokolade erscheinen europäischen Besuchern in den USA häufig zu süß und wenig geschmackvoll.

Amerikanischer Blickwinkel

Laut einer Forsa-Studie im Auftrag der Deutschen Welle, die im Juni 2004 vorgestellt wurde, ist *Hitler* immer noch der **bekannteste Deutsche** in den USA. Danach kommen *Schröder, Kohl,* dann *Beethoven. Goethe* und *Schiller* sind fast unbekannt. Einige deutsche Sportler wie *Boris Becker* und *Steffi Graf* kommen da besser weg.

Die Forsa-Umfrage wurde in Großstädten durchgeführt und repräsentiert daher eher aufgeschlossene Kreise. Nach **Assoziationen zu Deutschland** befragt, gaben viele als Erstes den Nationalsozialismus an. Danach folgten Bier und Sauerkraut. Als **typische Eigenschaften** der Deutschen wurden genannt: gebildet, diszipliniert, fleißig, pünktlich und freundlich. Die untypischste deutsche Eigenschaft sei Oberflächlichkeit.

Schon bei der US-Wahl im Jahr 2004 hatte sich das deutsch-amerikanische Verhältnis wieder gebessert. Nur 8 % der Amerikaner halten es für schlecht.

Damit Sie eine Vorstellung haben, welche Vorurteile Ihnen aus amerikanischer Sicht begegnen können, im Folgenden die amerikanischen Vorurteile gegenüber Deutschen.

Die Deutschen ...

... reden nur mit Menschen, die sie schon kennen. In öffentlichen Verkehrsmitteln schauen sie nur vor sich hin.

... antworten fast immer auf Englisch, selbst wenn man sie auf Deutsch anspricht.

... sind unfreundlich und schnauzen einen bei jeder Gelegenheit an.

... sind rechthaberisch.

... trinken fast alles lauwarm.

... sind unsittlich. Überall werden nackte oder halbnackte Menschen gezeigt. Selbst in Parks liegen sie nackt herum.

... machen das Einkaufen zum Wettlauf mit der Zeit. An den Kassen muss man schon beim Bezahlen alles einpacken, sonst wird man vom nachfolgenden Kunden böse angeschaut oder bekommt den Einkaufswagen in den Rücken gerammt.

... leisten keinen Service. In Restaurants, Kneipen oder Cafés muss man um die Aufmerksamkeit des Kellners oder der Kellnerin buhlen, sonst wird man nicht bedient.

... führen einen bei Einladungen und Partys nicht ein. Die Gäste werden untereinander nicht vorgestellt.

... sind immer noch obrigkeitshörig. Fußgänger bleiben vor jeder roten Ampel stehen, selbst wenn weit und breit kein Auto in Sicht ist.

... rauchen wie die Schlote. Wenn man in einem Lokal ist, wird man komplett eingeräuchert.

... fahren sehr aggressiv. Sie rasen auf den Autobahnen wie die Wahnsinnigen.

... brauchen für alles Regeln.

... haben schlechte Manieren. Sie rülpsen und kennen keine Grenzen ihren körperlichen Bedürfnissen gegenüber.

... jammern dauernd. Fast immer ist jemand anderes schuld, wenn etwas nicht klappt.

... Männer pinkeln auf der Straße.

... bilden sich besonders viel auf ihr Bier ein.

... sind pedantisch.

... nehmen kein Risiko auf sich. Sie wollen sich gegen alles versichern.

... essen fast alles mit Messer und Gabel.

... geben wenig Trinkgeld.

Amerikanisches Auftreten – Etikette

An den gegenseitigen Vorurteilen und Klischees zwischen Deutschen und Amerikanern wird deutlich, dass auch im direkten zwischenmenschlichen Kontakt in den USA teilweise andere Regeln gelten als bei uns. Schaut man sich die Vorurteile und Klischees genauer an, erkennt man, welche Etikette in den USA gilt, wo man als Tourist aneckt und wie man sich als Gast im fremden Land am besten verhält.

Der Umgang miteinander ist eher **formlos und locker,** insbesondere in privaten Zusammenhängen. Während in Europa über längere Zeit sehr hierarchische Strukturen den Umgang zwischen den Menschen prägten (vom Feudalsystem bis zum differenzierten Klassensystem) kamen die Einwanderer in Amerika eher aus weniger gebildeten Schichten auf der Suche nach freiheitlichen Lebensformen. Etikette spielte da eine untergeordnete Rolle; die Existenzsicherung war viel wichtiger. Von daher wurden und werden die zwischenmenschlichen Umgangsformen nicht so wichtig genommen. In formellen Situationen gelten jedoch auch Regeln der Etikette, in gehobenen gesellschaftlichen Schichten mehr als in einfachen.

Insgesamt ist **weniger Körperkontakt** angesagt. Der Körperabstand zwischen Menschen, der als angenehm empfunden wird, ist größer als in Deutschland. Wenn Frauen untergehakt oder Hand in Hand zusammen

gehen, bedeutet das bei uns nicht unbedingt, dass sie lesbisch sind. In Amerika impliziert es das. Man sollte daher als Frau anderen Frauen gegenüber mit Berührungen eher zurückhaltend umgehen, sonst kann das als Bedrängung aufgenommen werden. Unter Männern gilt das noch viel extremer: Möglichst kein Körperkontakt. Eventuell kann man mal jovial auf die Schultern klopfen. Nur im Überschwang eines sportlichen Erfolges umarmen sich auch Männer leidenschaftlich – zum Beispiel beim Baseball.

Über Amerikaner wird gesagt, dass ihre äußere Schicht, ihre Schale, sehr weich ist. Jeder kann eindringen, das heißt, die **Kontaktaufnahme ist sehr einfach.** Die innere Schicht ist jedoch kaum zu erreichen, der Kern ist schwer zu knacken. Bei manchen Amerikanern kommt man überhaupt nie an ihren inneren Kern. Das wird häufig auch bei Begegnungen und bei der Kontaktaufnahme und Kommunkiation immer wieder sichtbar.

Begrüßung und Vorstellung

Namentliches Einführen

In den Vereinigten Staaten ist es üblich, unabhängig davon wo Leute zusammentreffen und Kontakt miteinander aufnehmen, sich selbst namentlich vorzustellen und in der Gastgeber-Funktion oder als Person, die Hinzukommende schon kennt, die Einführung zu übernehmen. Die „unwichtigere" Person wird der „wichtigeren" Person vorgestellt. Allerdings wird das in der Regel nicht so ernst genommen.

Wenn ein Mann sitzt und ihm jemand vorgestellt wird, steht er auf. Eine Frau kann sitzen bleiben.

Zum Beispiel so: „Mr. Smith, I'd like to introduce you to Mr. Blue" oder „Mrs. Green, may I introduce Mr. Black." Eine Antwort darauf wäre: „Nice to meet you" („Schön Sie zu treffen").

Dabei wird der Mann immer der Frau vorgestellt: „Catherine, this is my friend Tom" oder „Mrs. Green, I'd like you to meet Mr. Blue."

Ein jüngerer Mensch wird dem älteren vorgestellt: „Dr. Johnson, I'd like you to meet my son Tim." Familienmitglieder werden aus Höflichkeitsgründen den anderen vorgestellt, unabhängig von ihrem „Rang": „Mrs. Minney, this is my aunt, Professor Johnson." Wenn man sich selbst vorstellt, kann man zum Beispiel so sagen: „Hello. I'm Inga Petersen. What's your name?"

Man sollte sich in privaten und geschäftlichen Zusammenhängen mit dem Vor- und Nachnamen und gegebenenfalls mit dem Titel vorstellen.

Auf Partys kommt man schnell in Kontakt

Nur in sehr formellen Situationen wird laut Etikette-Regel nur mit dem Nachnamen vorgestellt: gegenüber Vorgesetzten, Kunden, höher gestellten Persönlichkeiten (wie Diplomaten, Professoren ...), Älteren und Geschäftsleuten, die ihre Dienste anbieten (Rechtsanwälte ...), es sei denn, diejenigen möchten sich selbst mit dem Vornamen vorstellen.

Wenn man vorgestellt wurde und selbst Kontakt aufnimmt mit dem nun namentlich bekannten Gegenüber, kann man sagen: „How do you do, Mr. Smith?" oder „Hello, Mrs. Green." Das gibt gleich die Möglichkeit, sich den Namen einzuprägen.

Nicknames – Spitznamen

Viele Leute sind nur unter ihrem Spitznamen bekannt: Die Kurzform von Robert ist häufig Bob, die von William ist Bill, Richard – Dick, John – Jack, James – Jim, Michael – Mike, Daniel – Dan, Elizabeth – Liz, Arthur – Art, Harold – Hal, Stephen – Steve, Sarah – Sally oder Katherine – Kathy.

Da Kinder jedoch immer wichtiger genommen werden und die Vornamen nicht mehr nach Verwandtschaften gewählt werden, besteht die Tendenz, den Nachwuchs mehr mit dem ganzen Namen anzusprechen. Benjamin wird nicht mehr unbedingt zu Benny.

Anrede

Auch in den USA kommt es immer häufiger vor, dass Frauen ihren Mädchennamen nach der Eheschließung beibehalten. Das brachte die frühere Regelung ins Wanken, dass verheiratete Frauen mit Mrs. (Frau) und unverheiratete Frauen mit *Miss* (Fräulein) angesprochen werden. Die Bezeichnung Mrs. Smith zum Beispiel bedeutet, dass Frau Smith die Frau von Herrn Smith ist, was aber nicht stimmt, wenn Smith noch der Mädchenname der Frau ist. Korrekt wäre entweder die Bezeichnung *Miss* – auch für die verheiratete Frau, die ihren Mädchennamen beibehalten hat – oder die Bezeichnung *Ms.* (mit stimmhaftem s gesprochen). Die Bezeichnung *Ms.* wurde durch die Frauenbewegung eingeführt und entspricht der Entwicklung bei uns, nicht mehr zwischen Frau (verheiratet) und Fräulein (unverheiratet) zu unterscheiden, sondern als generelle Ansprache „Frau" zu wählen. Entsprechend der Anrede *Mr.* für einen Mann, egal ob er verheiratet ist oder nicht, spielt es bei den Frauen auch keine Rolle mehr, ob sie verheiratet sind oder nicht.

Shake-Hands – Hand geben

In Amerika ist es nicht so üblich, sich bei der Begrüßung die Hand zu geben. Insgesamt besteht die Tendenz zu weniger Körperkontakt bei der Begrüßung und im Umgang miteinander. Aber trotzdem kommt es immer wieder, insbesondere bei formellen Zusammenkünften, dazu, sich die Hände zu geben. Wer wem zuerst die Hand anbietet, richtet sich nach denselben Regeln wie bei der namentlichen Vorstellung: Die Hand reichen sollte die Frau dem Mann, der Mann demjenigen, der ihm vorgestellt wird, Erwachsene Kindern, Ältere Jüngeren. Aber so genau wird das meistens nicht genommen. Wann immer jemand einem die Hand reicht, sollte man einschlagen.

Social Kiss – Küsschen zur Begrüßung

Anstelle die Hand zu geben, setzt sich der symbolische Kuss zur Begrüßung immer mehr durch. Man nähert sich, berührt mit der eigenen Wange die Wange des Gegenübers und haucht ein Küsschen in die Luft. Das Berühren einer Wange reicht, man küsst nicht noch die andere Seite wie in Frankreich. Das ist üblich zwischen Männern und Frauen und zwischen Frauen; nur Männer untereinander machen das eher selten und bevorzugen das Händeschütteln.

Ladies First

Mann und Frau gehen nebeneinander. Wenn nur Platz für eine Person ist, lässt der Mann der Frau den Vortritt, wenn der Kellner einen Platz zeigt. Wenn Gefahr droht, geht der Mann voran.

Konversation

Das Zusammenleben in den USA ist geprägt von vielen unverbindlichen Zusammentreffen – in den öffentlichen Verkehrsmitteln, beim Ausgehen, auf der Straße. Amerikaner kommen relativ schnell miteinander ins Gespräch, ohne dabei jedoch eine tiefere, längerfristige Beziehung eingehen zu wollen. Das wird von Deutschen immer wieder falsch eingeschätzt und führt zu enttäuschten Erwartungen.

Bei Treffen, Einladungen und Partys sind in den USA alle bemüht eine **freundliche Atmosphäre** herzustellen und zu erhalten. *Keep the compliments flowing.* Diskussionen und Gespräche, in denen unterschiedliche Meinungen aufeinander prallen können, werden eher unter engen Freunden geführt. Falls **Kritik** unausweichlich ist, sollte sie taktvoll und nicht entblößend sein.

Da in den USA wie bei uns gemeinsames Schweigen eher als unangenehm empfunden wird, ist man immer versucht, Themen zu finden, um ein **Gespräch in Gang** zu bringen. Über **Arbeit, Freizeit, Familie, Kinder und Sport** zu sprechen kann gut passen. Selbst nach kurzem Kontakt werden manchmal sehr persönliche Gespräche geführt. Ohne jedoch dabei zu erwarten, dass daraus eine längere Beziehung resultieren muss. Gerade wenn die Kontakte nur einmalig sind und nicht fortgeführt werden, wie beim Kennenlernen im Flugzeug, führt das teilweise zu einer **großen Offenheit.** Meist antworten Amerikaner relativ offen auch auf persönliche Fragen. Sie schrecken aber davor zurück, selbst viele Fragen zu stellen, aus Angst, Fremden gegenüber aufdringlich zu wirken. Themen, die eher gemieden werden, sind solche, die Konflikte oder Streit heraufbeschwören könnten. **Religion** wird als Privatsache gesehen. Über **Politik** wird meist nur gesprochen, wenn sich eine Gruppe relativ einig ist und ähnliche Positionen vertritt; als Streitgespräch wird sie eher gemieden. Unterschiedliche Positionen werden häufig als persönliche Beleidigung empfunden. Wenn sich ein Disput anbahnt, wird schnell versucht, das Gespräch auf harmlosere Gleise zu bringen: „Wie hat dir der Film x gefallen?" Über Vorlieben und Abneigungen versucht man das Gegenüber besser kennen zu lernen.

Ein absoluter **Gesprächkiller** ist die Frage nach dem **Einkommen,** dem **Alter** oder der sozialen **Herkunft.** Da immer noch gilt, dass jeder das bekommt, was er verdient, möchte man das nicht so klar an einer Zahl fest machen. Man sollte nach Möglichkeit als Erwachsener immer jünger aussehen als man ist. Um dabei nicht selbst in Schwierigkeiten zu kommen oder andere in Schwierigkeiten zu bringen, spricht man am besten nicht über dieses Thema.

Das Thema **Sex** ist auch nicht geeignet, um bei gesellschaftlichen Zusammenkünften an die große Glocke gehängt zu werden und wird diskret gehandhabt. Die Frage *Are you gay?* (Bist du schwul?) ist verboten.

Höfliche Offenheit ohne Kritik

Amerikaner sprechen oft höflich, aber direkt. Statt zu sagen *You are wrong* klingt es viel angenehmer *I don't think you are quite right about that.* Oder statt *Can you lend me your pen?* Kann man auch sagen *Do you mind, if I borrow your pen.*

Es ist nicht üblich – auch nicht unter Freunden – allzu deutlich Kritik zu üben. Man hält sich eher an den Grundsatz, sich um seine eigenen Dinge zu kümmern: *Mind your own business.* Die Aussichten durch Kritik etwas zu ändern, werden als gering eingeschätzt. Daher lässt man es eher bleiben.

Gesten und Aussprüche

Die Vielfalt der ethnischen Gruppen in Amerika führt auch zu einem sehr unterschiedlichen Umgang mit dem Gestikulieren. Diejenigen angelsächsischen Ursprungs gehören eher zu den ruhigeren, die Nachkommen südeuropäischer Einwanderer zu den ungestümeren, was das Gestikulieren betrifft.

Gesten und Fingerzeichen, die bei uns nicht so bekannt sind:

- **Arme vor der Brust verschränken:** nicht unhöflich oder arrogant, bedeutet eher „ich warte".
- **Handwedeln – Finger gestreckt, Handfläche nach unten:** „Es war so und so" – zeigt eine direkte Reaktion auf etwas an.
- **Daumen an die Nase:** sehr unhöflich, **zeigt** Trotz und Unnachgiebigkeit.
- **Gekreuzte Finger:** „Viel Glück" oder „Beste Wünsche". Bei Kindern kann das Finger kreuzen bedeuten, dass eine Lüge nicht als Lüge gilt, wenn man dabei die Finger kreuzt.
- **Ein Zeigefinger oder beide Zeigefinger zeigen von der Faust nach oben:** „Wir sind die Nummer 1". Hauptsächlich bei sportlichen Veranstaltungen.
- **V – Victory-Zeichen:** „Sieg" oder „Wir werden gewinnen" oder Friedenszeichen.
- **Niesen:** Wenn jemand niest, sagt man entweder wie bei uns, aber amerikanisch ausgesprochen, „Gesundheit" oder: „(God) bless you".

Tabus

Die meisten Verhaltensweisen, die in Amerika als Tabus gelten, sind bei uns auch nicht gern gesehen. Einige allerdings, wie das Rülpsen, haben in manchen Biertrinkerkreisen fast Kultcharakter. Das ist in den USA nicht so.

Die folgenden Verhaltensweisen gelten als unanständig:

- Rülpsen oder furzen.
- Schmatzen beim Essen oder Kaugummi kauen. Expressives Kaugummi kauen gilt ansonsten auch ohne Schmatzen nicht gerade als fein.
- Spucken, auch nicht im eigenen Garten.
- Anstarren von Menschen, wenn man nicht mit ihnen spricht.
- Niesen, husten, gähnen, ohne die Hand vor den Mund nehmen.
- Frauen hinterher pfeifen.
- Wenn Männer innerhalb eines Hauses den Hut aufbehalten.
- Pinkeln in der Öffentlichkeit.
- Rauchen in der Öffentlichkeit. Es ist fast nur noch auf der Straße, in speziellen Raucherlokalen oder manchmal in Gartenlokalen in besonders ausgewiesenen Bereichen erlaubt.

Telefon

Wenn man im privaten Kontext angerufen wird, reicht es aus, sich erst einmal mit *Hello* zu melden. Als Anrufer nennt man seinen Namen, abhängig von der Art der Beziehung – entweder den Vornamen, den Vor-

und Nachnamen oder mit Anrede also: *„This is Mrs. Franklin."* Im geschäftlichen Kontext nimmt man ein Telefonat entgegen und nennt seinen vollen Namen: *„Hello, this is Peter Brown."* oder als Assistent den Namen des Vorgesetzten: *„Peter Browns office. May I help you?"*

Schreibweise von Zahlen

Verwechslungen treten zwischen unserer Schreibweise der Ziffer 7 und der Schreibweise der Ziffer 1 auf. In den USA wird die Ziffer 1 nur mit einem vertikalen Strich geschrieben ohne das kleine Häkchen oben. Die 1 mit dem Häkchen wird von den Amerikanern teilweise als 7 interpretiert. Das kann bei der Weitergabe von Telefonnummern und Adressen zu Fehlern führen. Versuchen Sie daher für die Weitergabe von Zahlen die amerikanische Schreibweise anzuwenden.

Ernst gemeinte und nicht ernst gemeinte Redewendungen

Viele Redewendungen werden nicht mehr in ihrer eigentlichen Wortbedeutung wahrgenommen, sondern sind zur Grußform geworden. Wenn wir zum Beispiel „Auf Wiedersehen" sagen, hegen wir zwar das eine oder andere Mal wirklich den Wunsch, einen Menschen wieder zu treffen, und haben den Wortsinn im Kopf, meist sagen wir aber „Auf Wiedersehen" als formelhaften Gruß zur Verabschiedung. Ähnlich ist es mit einigen englischen Grußformeln, die wir allerdings nicht als solche wahrnehmen, sondern als ernsthafte Frage oder Aussage empfinden und dementsprechend reagieren.

„How do you do?" und „How are you?" gehören dazu. Wir übersetzen sie in „Wie geht es dir?" und wollen mehr oder weniger ausführlich schildern, was wir gerade erlebt haben: „Ich hatte einigen Ärger auf der Arbeit.", „Das war heute ein schöner Tag, ich hatte frei." So oder ähnlich starten wir unsere manchmal sehr ausführliche Antwort, wobei unser Gegenüber nur im Vorbeigehen „Hallo" sagen wollte und jetzt ob unserer langwierigen Antwort aufgehalten wird. Die erwartete Antwort auf „How are you?" wäre zum Beispiel „Thank you, fine.", egal wie es gerade geht.

„Come and visit me!" Quasi eine Sympathiebekundung. Nehmen Sie auch diese Aufforderung nicht zu wörtlich. Es wird nicht unbedingt erwartet, dass Sie bei Ihrer nächsten Reise nach Amerika auf Besuch kommen. Vielleicht ergibt sich aber doch unverbindlich die Gelegenheit, sich zu treffen. Falls Sie die Telefonnummer oder E-Mail-Adresse ausgetauscht haben, lässt sich bei einer vorherigen Kontaktaufnahme klären (am besten ein paar Tage vor dem Eintreffen), ob Sie sich einmal im Café treffen können.

„See you." Ein lockerer Abschied, heißt „bis bald" oder einfach „Auf Wiedersehen", wird aber auch nicht als Absichtserklärung verstanden.

„Come back soon" schmeichelt zunächst, ist aber ebenfalls nur eine Abschiedsformel, die nicht ernst gemeint sein muss.

Kurz und bündig

In der Zeit von Dialogen per SMS, Chat Rooms und Meinungsaustausch per E-Mail wird der Trend zur Verkürzung von Worten und Schreibweisen immer deutlicher. Amerika als Land des Pragmatismus pflegt die Sprachverkürzung schon länger. Dabei gibt es unterschiedliche Trends. Oft wird die kürzeste Form geschrieben um den Laut zu sprechen, der die gewünschte Bedeutung hat: 4 wird gleich ausgesprochen wie *for, u* wird gleich ausgesprochen wie *you,* **4u** heißt also *for you* (für dich).

Ped Xing, *Ped* ist die Abkürzung für *Pedestrian, Xing* die bildliche Schreibweise für *Crossing, Ped Xing* ist also die Kurzform für *Pedestrian Crossing,* auf deutsch Fußgängerüberweg, **U-Turn,** der Buchstabe U beschreibt die Form einer Umkehr, *Turn* bedeutet Wende, *U-Turn* also Kehrtwende im Straßenverkehr.

X am Ende eines Briefes steht für Kuss oder in der Schule dafür, dass eine Antwort falsch war.

Einladungen

Auf Einladungen sollte man in der Regel in derselben **Form** und im gleichen Stil – *Reply-in-kind* – reagieren, wie die Einladung ausgeführt wurde. Also, wenn man eine formelle schriftliche Einladung erhalten hat, sollte man schriftlich antworten. Mündliche Einladungen können mündlich beantwortet werden.

Bei der Einladung von Ehepaaren und durch Ehepaare wird das Paar unter dem Vor- und Nachnamen des Mannes angesprochen, also zum Beispiel *Mr. and Mrs. Peter Smith.* Damit sind Kinder nicht unbedingt eingeschlossen, sonst würde die Einladung anders lauten: *Mr. and Mrs. Peter Smith with family/with children/children's names.*

Bei **Dinner Parties,** Einladungen zum Essen, wird zwar nicht erwartet, dass Sie auf die Minute pünktlich kommen, aber spätestens 10 bis 20 Minuten nach der verabredeten Zeit. Ansonsten rufen Sie an und geben Bescheid, dass Sie sich verspäten.

Cocktail Parties finden oft in einem begrenzten Zeitrahmen statt, eventuell als After-Work-Parties von 17 bis 19 Uhr. So gegen 17.30 Uhr sollte man spätestens eintreffen. Sie dauern meistens etwas länger als angesagt.

Die **After Dinner Party** geht erst spät am Abend so richtig los. Für Getränke ist gesorgt, zum Essen gibt es Chips und eventuell kleine Snacks. Häufig kann man tanzen.

Schlange stehen

Schon gleich nach der Ankunft in den USA bei der Passkontrolle am Flughafen wird man effektiv und diszipliniert durch die Kontrollen manövriert. Personal weist einen in die passende Warteschlange ein, dirigiert einen an den Abfertigungsschalter, wo die wenigsten Wartenden stehen. Alles läuft so schnell wie möglich. Auch bei den häufigen Sicherheitschecks beim Betreten öffentlicher Gebäude und beim Besuch von Sehenswürdigkeiten fällt die effiziente Abfertigung auf. Die Wartenden sind diszipliniert, Personal weist einen darauf hin, gleich die Papiere, Pass oder Eintrittskarte bereit zu halten, um keine Zeit zu verschwenden. Und es ist tatsächlich erstaunlich, wie schnell, effektiv und reibungslos eine unendlich scheinende Menschenmenge abgefertigt wird.

Hundehinterlassenschaften entfernen

In Amerika ist es in der Regel üblich, die Hinterlassenschaften seines Hundes zu entsorgen. Durchgesetzt durch die Androhung, Kontrolle und Einziehung von 100 Dollar Strafe, trifft man Hundehalter beim Gassi gehen ausgestattet mit kleinen Plastiktüten.

Verhaltensregeln, um sich nicht in Gefahr zu begeben

Gerade in großen Städten und da besonders in touristischen Gegenden, sind unerfahrene Reisende leichte Beute für Diebe und Betrüger – nicht nur in den USA, sondern weltweit. Aber auch wenn internationale Medien gern und viel über Gewaltverbrechen in Miami oder Los Angeles berichten, sollte man sich davon nicht von einer Reise abschrecken lassen. Trotz der betrüblichen Kriminalstatistik mancher Großstädte sind die USA im Großen und Ganzen ein sicheres Reiseland. Tagsüber kann man sich in den meisten Gegenden sicher fühlen. Aber auch abends besteht keine Gefahr, vorausgesetzt, man beachtet die unten aufgeführten Sicherheitsmaßnamen. Die Kriminalität ist stark rückläufig. Mit etwas Augenmerk auf bestimmte Stadtteile kann man den Aufenthalt in den US-Metropolen ge-

Der Blick nach oben kann schnell das Portemonnaie kosten

sichert überstehen. In Kleinstädten und auf dem Land bewegen Sie sich vielerorts nahezu gefahrlos.

Hier einige Tipps für einen sicheren Aufenthalt in den USA:

- Orientieren Sie sich an den **Einheimischen.** Sie sind oft äußerst vorsichtig und haben viele Sicherheitsmaßnahmen verinnerlicht.
- Sehen Sie sich Ihre Umgebung genau an und bleiben Sie immer wachsam. In vielen amerikanischen Städten gibt es Viertel, sogenannte **Bad Neighborhoods,** die man unter keinen Umständen betreten sollte. Tagsüber nicht und nachts noch viel weniger. Besonders als Fußgänger ist man gefährdet, aber auch mit dem Auto kann es zuweilen böse Überraschungen geben. Oftmals fällt es Urlaubern schwer, solche schlechten Gegenden zu erkennen. „Gute Viertel" liegen manchmal nahe an anderen, die gefährlich sind. Informieren Sie sich deshalb bei einem Stadtkundigen. Falls Sie in einen zweifelhaften Bezirk geraten sind, verlassen Sie ihn schnellstmöglich. Sind Sie zu Fuß unterwegs, nehmen Sie ein Taxi. Auch nachts nach dem Abendessen oder nach der Kneipentour ist man sicherer im Taxi als zu Fuß.
- Touristen werden oft daran erkannt, dass sie **Hochhäuser fasziniert nach oben blickend** bewundern. Falls sie sich in besonderen, eventuell

nicht einschätzbaren Situationen befinden, in einer schlechten Gegend gelandet sind und sich nicht als Tourist outen möchte, vermeiden Sie den Blick nach oben.

- Tragen Sie ihre **Handtasche** in der Öffentlichkeit immer bei sich am Körper (Henkel über der Schulter, über dem Knie ...), sodass sie spüren, wenn sich jemand daran zu schaffen macht. In Lokalen (auch Bus, U-Bahn oder anderen öffentlichen Plätzen) können frei auf dem Boden stehende Handtaschen mit Hilfsmitteln wie Stöcken oder Schirmen unbemerkbar weggezogen werden, während Sie sich angeregt unterhalten.
- Männer tragen ihre **Brieftaschen** am besten in einer verschlossenen Tasche. Falls das nicht möglich ist, in der vorderen Hosentasche oder der Innentasche der Jacke.
- Seien Sie besonders vorsichtig, wenn Sie **in einer Menschenmenge** sind und Sie jemand anrempelt. Vielleicht versucht ein Komplize gerade Ihre Brieftasche zu entwenden.
- Bewahren Sie **Kameras und Fotoapparate** unterwegs möglichst in einer unauffälligen Tasche auf, die nicht gleich signalisiert: Hier steckt eine teuere Ausrüstung drin.
- Bewahren Sie **Wertsachen im Hotel** am besten im Hotelsafe auf.
- Schließen Sie **Fenster und Türen** im Hotel oder Haus sicher ab. Auch wenn Sie da sind, schließen Sie besser ab und öffnen nur, wenn Sie sicher sind, dass Sie die Person vor der Tür kennen.
- Halten Sie die Schlüssel bereit, bevor Sie das **Haus betreten** und achten Sie darauf, das niemand mit hineinschlüpft.
- Nehmen Sie niemals mehr **Bargeld** mit, als Sie brauchen. Zahlen Sie lieber mit Kreditkarte oder Scheck.
- Wenn Sie von einer Ihnen **zwielichtig erscheinenden Person** um Geld gebeten werden, gehen Sie schnell weiter. Falls Sie wirklich überfallen werden sollten, geben Sie aber ihre Wertsachen heraus, denn das ist besser, als verletzt zu werden.
- Schließen Sie Ihr **Auto** immer ab und bewahren Sie Ihre Besitztümer am besten im verschlossenen Kofferraum auf. Im **Taxi** werden die Autotüren sobald Sie eingestiegen sind geschlossen. Zum einen um sicher zu stellen, dass Sie auch bezahlen, bevor Sie aussteigen. Zum anderen aber auch, damit Sie im Taxi sicher sind.
- Wenn Sie mit Ihrem Wagen in Amerika unterwegs sind und sich Ihr gesamtes Reisegepäck im Kofferraum befindet, achten Sie darauf, dass Sie an sicheren Orten **parken.** Nachts nehmen Sie Ihr **Gepäck** mit ins Hotel.
- Gehen Sie **nachts nicht in den Park.**

- Tragen Sie in „schlechten Vierteln" keine Goldketten oder anderen teueren **Schmuck.**
- Geben Sie am Flughafen Acht auf Ihr **Gepäck.** Dort sind viele Diebe unterwegs, die die Unwissenheit der Touristen ausnutzen.
- Auch schwerere Taschen oder **Reisegepäck** so wenig wie möglich aus der Hand nehmen oder abstellen. Wenn es unvermeidlich ist, immer so abstellen, dass die Taschen vor Ihnen stehen und Sie sie im Auge behalten.
- **Trampen ist gefährlich,** insbesondere, wenn man als Frau allein unterwegs ist. Es kann nicht nur auf verlassenen Landstraßen, sondern auch gerade in großen Städten zur Gefahr werden.
- **Private Property** (Privatbesitz, privates Gelände) sollte man unter keinen Umständen unaufgefordert betreten, denn ein sehr großer Teil der US-Bevölkerung ist im Besitz von privaten Waffen und scheut sich nicht diese einzusetzen, wenn sie sich bedroht fühlt.

Neben den „kulturell bedingten" Gefahren gibt es auch einige **Naturgefahren,** die man meiden sollte:
- **Wildnisregionen** sind die Heimat von Skorpionen, Klapperschlangen, bösartigen Moskitos, Bären und Wölfen und ein Camping-Ausflug sollte deshalb bedacht gestaltet werden. Informationen über potenzielle Gefahren und wie man sie vermeiden kann, erhält man bei Rangern der Nationalparks.
- **Überraschende Regengüsse** und die in der Wüstenlandschaft des Westens gefürchteten sogenannten *Washes,* die durch unvorhergesehene Regenfälle entstehenden Sturzbäche, sind fatal und können durch unglaubliche Kräfte alles fortschwemmen. In der Wüste ertrinken mehr Menschen als verdursten!
- Im heißen Südwesten des Landes sollten Sie darauf achten, stets **genügend Trinkwasser** dabei zu haben und festes Schuhwerk zu tragen!
- **Erdbeben** sind in den Vereinigten Staaten von Amerika keine Seltenheit. Bei einem Erdbeben in der Stadt sollte man sich von allen Fenstern und Glastüren fernhalten und sich unter einen Türrahmen oder in eine Ecke stellen. Unter keinen Umständen sollte man den Aufzug benutzen, das Haus verlassen oder auf den Balkon gehen. Die größte Gefahr während und nach einem Erdbeben sind herumfliegende Glassplitter, herunterfallendes Mauerwerk und umstürzende Hochspannungsleitungen. Wegen der Gefahr einer Gasexplosion sollten keine Streichhölzer, Feuerzeuge oder ähnliches entzündet werden. Wenn die Erschütterungen aufhören, sollte man im Hinterkopf behalten, dass weitere folgen könnten.

Geschäftsleben in den USA

Kulturelle Unterschiede in der Unternehmenskultur

Obwohl in Deutschland in den letzten Jahren immer mehr Staatsbetriebe wie die Deutsche Post und die Bundesbahn privatisiert wurden, ist der Staat durch finanzielle Beteiligungen, Rettungsaktionen oder die Übernahme von Bürgschaften immer noch viel mehr in Unternehmen verwoben als in Amerika.

In Amerika werden Eingriffe von Seiten des Staates schon seit der Ankunft der ersten puritanischen Siedler mit Misstrauen gesehen und das hat sich bis heute nicht geändert. Insofern gibt es in den Vereinigten Staaten viel weniger Verquickungen zwischen Geschäftswelt und Staat. Laut Untersuchungen in den 1980er-Jahren waren mehr als 95 Prozent der US-Ökonomie in privater Hand. Allerdings ist die amerikanische Geschäftswelt durch ihre Lobby sehr aktiv in Washington. Personelle Verquickungen der Bush-Regierung mit den Ölkonzernen und einige Skandale in der Energiebranche deuten darauf hin, dass die Verbindungen zwischen Staat und Wirtschaft in den USA doch stärker sind als von der Mehrheit der Amerikaner gewünscht.

Hire and Fire und berufliche Weiterentwicklung

In Deutschland bleibt man tendenziell länger in einem Unternehmen, die regionale und soziale Mobilität ist deutlich geringer als in Amerika. Häufiger Unternehmenswechsel wird negativ bewertet. In den USA kommt die Frontier-Mentalität im Umgang mit Arbeitverhältnissen zum Tragen: Die Identifikation mit der Gruppe steht eher im Hintergrund, Individualismus und Selbstbehauptung sind stark ausgeprägt. **Hire and Fire** (Heuern und Feuern) beschreibt die Einstellungspolitik von Seiten der Arbeitgeber; **Job Hopping** – der schnelle Wechsel in eine neue Position – von Seiten des Arbeitnehmers ist die Antwort.

Um die Karriereleiter hinauf zu klettern, muss man in Deutschland schon die Fähigkeiten für die neue Position beweisen, bevor man befördert wird. In den USA liegt ein Grund für die Beförderung darin, dass die Aufgaben der jetzigen Position gut erfüllt werden, und man damit reif für die nächste, qualifiziertere Position ist.

Alles ist möglich

Die Tätigkeitsbeschreibung im Arbeitsvertrag definiert in Deutschland in der Regel, für welche Bereiche ein Arbeitnehmer zuständig ist. Die Verantwortung und Zuständigkeit eines Jeden ist genau definiert. Auch die Arbeitswelt ist eher statisch und sehr genau geregelt. Geschlossene Bürotüren können als Symbol für mangelnden Austausch und Informationsfluss interpretiert werden.

In Amerika werden alle Mittel genutzt, um sich weiterzuentwickeln. Flexible Arbeitseinsätze, Anpreisung der eigenen Talente und Qualitäten – alles wird versucht, um die eigene Position kontinuierlich zu verbessern.

Positives Unternehmerimage

Während in Deutschland eher eine Skepsis gegenüber dem Unternehmer schlechthin vorherrscht und Begriffe wie Ausbeutung schnell geäußert werden, herrscht in Amerika ein positives Bild vom Unternehmer vor. Obwohl gerade dank der starken Vertretung von Arbeitnehmerinteressen durch die Gewerkschaften in Deutschland der erwirtschaftete Wohlstand gerechter verteilt wird und die Arbeitsbedingungen (6 Wochen Urlaub, Arbeitszeitregelung, Kündigungsschutzgesetz, Fortzahlung im Krankheitsfall, Mutterschutz, Erziehungsurlaub) immens besser sind als in den USA, wird der erfolgreiche Geschäftsmann oder Manager in Deutschland kritisch gesehen. Die meisten Amerikaner jedoch bewun-

Trump Tower, New York

dern erfolgreiche und wohlhabende Geschäftsleute und versuchen mit allen Mitteln, selbst dahin zu kommen. Die auseinanderklaffende Schere Arm – Reich wird in den USA eher akzeptiert als im Ausland.

Vertrag als Leitlinie

Viele Geschäfte werden in Deutschland noch per Handschlag abgeschlossen und obwohl der Arbeitsvertrag wichtig ist, entsteht darüber hinaus eine persönliche Beziehung, ein Vertrauensverhältnis zwischen den Vertragspartnern mit dem Ziel einer längerfristigen Zusammenarbeit, bei der beide Parteien die Rechte des anderen respektieren und quasi einen Kompromiss eingehen.

In Amerika ist ein Vertrag ein heiliges Dokument, worin jede Eventualität geregelt ist. Das geflügelte Wort **a deal is a deal** bedeutet, dass, was schriftlich vereinbart ist, gilt und nicht verändert oder gebrochen werden kann. Deutsche sind oft überrascht von den peinlich genauen Regularien, wenn es in den USA um Rechtsdinge geht. Unter anderem deswegen gibt es auch viermal so viele Juristen pro Einwohner in Amerika wie in Deutschland. Manche Rechtsexperten sind der Meinung, dass dafür die spezifische Entstehungsgeschichte der amerikanischen Gesellschaft verantwortlich ist. Am Anfang gab es keine gemeinsamen Verhaltensmaßstäbe und keinen gesellschaftlichen Ehrenkodex, die das zwischenmenschliche Verhalten ohne speziell formulierte Regeln harmonisieren konnten.

Frauen in der Arbeitswelt

Deutsche Frauen haben trotz vieler Erfolge im Kampf um die Gleichberechtigung in den letzten Jahrzehnten immer noch einen extrem geringen Anteil bei der Besetzung von **Führungspositionen.** Das ist der Bereich, in dem sich amerikanische Frauen deutlich besser durchsetzen konnten.

Auch gegen sexuelle Belästigung am Arbeitsplatz sind Frauen in den USA besser geschützt. Bei der Lohngerechtigkeit zwischen Männern und Frauen sieht es in beiden Ländern schlecht aus, Frauen bekommen ungefähr nur 70 Prozent von dem, was Männer verdienen.

Sexuelle Belästigung am Arbeitsplatz ist ein wichtiges Thema in den USA. Und für das Missverhalten von männlichen Kollegen gegenüber Frauen ist nicht der einzelne Missetäter verantwortlich, sondern das Unternehmen muss dafür Sorge tragen, dass Frauen am Arbeitsplatz nicht belästigt werden. Mitsubishi in Illinois musste für das Fehlverhalten von männlichen Angestellten 300 Frauen etwa 33 Millionen Dollar an Entschädigung bezahlen.

Die offiziellen Richtlinien für sexuelle Belästigung am Arbeitsplatz

Sexuelle Belästigung am Arbeitplatz liegt vor, wenn
- bei Einstellungen eine Frau sich gewissem direkt oder indirekt sexuell anzüglichem Benehmen durch den Personalbeauftragten nicht beugt und deshalb nicht eingestellt wird.
- bei beruflichen Weiterentwicklungsmöglichkeiten eine Frau aufgrund ihres ablehnenden Verhaltens gegenüber sexueller Anmache durch den Vorgesetzten oder Kollegen nicht befördert wird oder wenn ihr ablehnendes Verhalten irgendwelchen Einfluss auf eine Entscheidung des Vorgesetzten hat.
- sich die Arbeitsatmosphäre verschlechtert, die Frau bei der Durchführung ihrer Arbeit behindert wird oder sich als Folge ihrer ablehnenden Haltung gegenüber sexueller Anmache durch Kollegen oder Vorgesetzte einer feindlichen, unangenehmen Arbeitsumgebung ausgesetzt sieht.

Diese Richtlinien sind für Unternehmen absolut bindend. Die Unternehmen sind verantwortlich und haftbar für die Einhaltung der Weisungen durch männliche Vorgesetzte und Mitarbeiter, auch wenn das Missverhalten nicht bekannt, nicht erlaubt oder verboten war.

Auch Kollegen können haftbar gemacht werden. Allerdings sind die Strafen für sie nicht so hoch wie für Unternehmen.

Unter sexueller Belästigung am Arbeitsplatz wird laut gesetzlicher Definition das Folgende verstanden: unwillkommene sexuelle Annäherungen, ersuchen nach sexuellen Gefälligkeiten und anderes verbales oder körperliches Auftreten, das sexuelle Implikationen hat. Konkrete Beispiele dafür sind:

Anspielungen von Seiten eines Vorgesetzten, dass es gut für die Karriere der betroffenen Frau wäre, mit ihm essen zu gehen. Tätscheln oder Kneifen. Sexuelle Anspielungen, Witze oder Bemerkungen. Anfassen, zum Beispiel bei einem Gespräch an den Arm fassen. Eine Frau von oben bis unten mit den Augen abschätzen, sodass sie sich unwohl fühlt.

Deutsche und amerikanische Manager im Vergleich

Im Vergleich zwischen der historischen industriellen Entwicklung in Europa und in den USA waren der Bonus der Europäer die gut qualifizierten Arbeiter, der Malus der Mangel an Rohstoffen. In den USA war es genau umgekehrt. Es standen enorme Ressourcen an Land und Rohstoffen zur Verfügung, gut ausgebildete Arbeiter waren jedoch knapp.

Aufgrund der unterschiedlichen Organisation der deutschen und amerikanischen Arbeitswelt und dem anderen Ausbildungssystem in den beiden Ländern haben Manager jeweils einen anderen Werdegang und andere Qualitäten.

Viele **Topmanager in Deutschland** haben ihre Qualifikation mehr im technisch-naturwissenschaftlichen Bereich und sind Ingenieure. Sie haben keine Managerausbildung durchlaufen wie den MBA (Master of Business). Verwaltung und Menschenführung und -anleitung sind bei ihnen allenfalls angelernt.

Aufgrund des **dualen Bildungssystems in Deutschland** mit zumeist 3-jähriger paralleler theoretischer und praktischer Berufsausbildung in Lehrberufen und Weiterbildungsmöglichkeiten zum Meister sind ein Großteil der deutschen Arbeiter sehr gut qualifiziert und können komplexe Aufgaben selbst analysieren und eigenverantwortlich durchführen. Sie müssen von ihrem Meister nicht motiviert werden, sondern sind stolz auf ihr Können und möchten ihre Arbeit gut machen. Sie erwarten von ihrem Vorgesetzten eine Aufgabenstellung.

Das **amerikanische System** von *Learning by Doing* oder *Learning on the Job* kann da nicht mithalten.

In den USA ist der Manager dazu da, seine oft nicht so gut ausgebildeten Mitarbeiter anzuleiten, sie zu fördern, zu guten Leistungen zu motivieren, zu führen und dafür zu sorgen, dass die Aufgabe richtig erfüllt wird und am Ende die Qualitätskontrolle durchzuführen.

Wie man schon in den unterschiedlichsten Bereichen feststellen konnte, herrscht in den USA eine **Motivationskultur.** Lob ist auch in der Arbeitswelt im Gegensatz zu Deutschland ein wichtiges Mittel. In Deutschland ist es schon ein Lob, wenn keine Kritik geäußert wird.

Entscheidungen, so wird gesagt, treffen **deutsche Manager** eher nach gründlicher Prüfung, Beauftragung von Studien, Sammlung unterschiedlichster Informationen und nachdem sie den Konsens mit anderen hergestellt haben. Sie wollen damit Risiken vermeiden und, falls sich im Nachhinein doch herausstellt, dass es eine Fehlentscheidung war, nicht allein dafür verantwortlich sein. Der Nachteil dabei ist: Es dauert lange. Die **amerikanischen Manager** wählen oft den Weg des Trial and Error (Ausprobieren und Fehler feststellen – Verfahren bei dem durch Ausprobieren herausgefunden wird, was funktioniert und was einen Fehler hervorruft). Sie experimentieren eher und treffen in der Regel ihre Entscheidung allein und schnell. War die Entscheidung falsch, wird sie schnell wieder revidiert. In Amerika werden die Entscheidungen der Vorgesetzten auch weniger hinterfragt als in Deutschland.

Die unterschiedliche Qualifikation und Arbeitsweise der Arbeitnehmer und des Managements spiegelt sich auch in der **Entlohnung** wider. Die

deutschen Arbeitnehmer sind im Vergleich zu ihren amerikanischen Kollegen besser bezahlt, arbeiten zumeist weniger, haben mehr Urlaub, Anspruch auf Weiterbildung und Kuraufenthalte und bei manchen großen Firmen besondere Gratifikationen.

Sie haben mehr Geld und mehr Lebensqualität. Das dient natürlich auch der Motivation und hält die Leute mit ihrem Know-how bei ihrem Arbeitgeber. Es ist das partnerschaftliche Arbeitsprinzip. Diese Beteiligung der Arbeitnehmer an den wirtschaftlichen Erfolgen der Gesellschaft ist für Amerikaner absurd – es gilt als sozialistisch, wenn nicht sogar kommunistisch und das heißt für die meisten unvorstellbar.

Die amerikanischen Manager verdienen ein Mehrfaches der deutschen. Obwohl die beiden Unternehmensbereiche Chrysler und Daimler ungefähr die gleichen Zahlen schreiben, erhielt Chrysler-Chef *Robert Eaton* ungefähr achtmal soviel Geld wie *Schrempp*. Manager in Detroit erhalten im Durchschnitt doppelt so viel wie ihre deutschen Kollegen.

Hierarchien

In **Deutschland** sind **Hierarchien sichtbar.** Der Chef hat sein eigenes Büro, die Tür ist geschlossen, eine Sekretärin kocht ihm Kaffee und bedient ihn. Wenn die Kleiderordnung für Angestellte, die nicht im Kontakt mit Kunden stehen, informell ist, trägt der Chef zumindest Hemd und Jackett. Auch wenn sich die Kollegen untereinander duzen, siezen sie doch häufig den Vorgesetzten. So ungefähr sieht die durchschnittliche Arbeitssituation in Deutschland aus.

In Amerika werden im Arbeitsleben **weniger Statussymbole** gezeigt. Der Chef hat seine Bürotür geöffnet oder sitzt mit im Großraumbüro, ist genauso hemdsärmelig gekleidet wie seine Mitarbeiter und wird genauso mit dem Vornamen angesprochen wie sie. Auf den ersten Blick kann man nicht erkennen, wer das Sagen hat. Andererseits werden Entscheidungen von Vorgesetzen in den USA weniger kritisiert und überhaupt wird dem Vorgesetzten weniger widersprochen als in Deutschland. Das *Hire and Fire* führt trotz aller äußerlichen Kumpanei zu direkter Abhängigkeit.

Fachleute aus dem interkulturellen Bereich argumentieren, dass die Teamarbeit Hierarchie nur verdeckt. Vorgesetzte treffen ihre Entscheidungen allein, müssen sich nicht mit Betriebsräten, Schutzgesetzen und Ähnlichem befassen. Das gibt dem Vorgesetzten mehr Macht und etabliert eine Hierarchie. Was den **Kommunikationsfluss** betrifft, ist das amerikanische System allerdings dem deutschen weit überlegen. Es ist einfach leichter, durch eine offene Tür zu gehen, um Informationen weiterzugeben, als zuerst anzuklopfen und eventuell hereingebeten zu werden.

Geschäftstreffen

Bei Geschäftstreffen mit Amerikanern gibt es einige **Unterschiede in der Kommunikation,** derer man sich bewusst sein sollte. Das heißt allerdings nicht, dass man sich amerikanischer als die Amerikaner verhält.

Es gilt das Motto, möglichst **schnell Lösungen zu finden.** *Time is Money. We don't care what you do or how you do it as long as it gets done* (etwa: Es ist uns egal, was Sie machen oder wie Sie es machen – Hauptsache, es wird erledigt).

Amerikaner möchten so schnell wie möglich auf den Punkt kommen. Bei einem Geschäftstreffen heißt das, das persönliche Interesse am Gegenüber ist gering, lange Einführungen und persönliche Geschichten sind unwichtig, es geht schnell zum Geschäftlichen. **Formalien sind untergeordnet.** Auch die unkomplizierte Anrede mit dem Vornamen steht in diesem Kontext. Informelle Umgangsformen sollen für ein lockeres Ambiente sorgen. Eine reservierte Haltung macht den Eindruck, dass man sich als etwas Besseres fühlt. Da schon in der Geschichte der USA Hierarchien und Rangordnungen wenigstens äußerlich relativ wenig ausgeprägt waren und schon von Anfang an ein egalitärer Anspruch vorhanden war, ist die Würdigung von Hierarchien heute noch untergeordneter. Auch Vorgesetzte verhalten sich *like one of the gang* (wie einer aus der Gruppe). Trotzdem ist jedem klar, wer das Sagen hat.

Während der deutschen Kultur das deduktive Denken (vom Allgemeinen zum Besonderen) zugeordnet wird, geht man bei **amerikanischen Denkprozessen** vom induktiven aus (vom Besonderen zum Allgemeinen). Das macht sich bei Geschäftstreffen bemerkbar. Oft werden bei amerikanischen Geschäftstreffen viele Einzelpunkte angesprochen und gelöst, und man spricht schon von Erfolgen und Fortschritten, bevor man sich dem übergeordneten Sachverhalt zuwendet. Das kann für Deutsche irreführend sein, da sie es oft als sinnlos erachten, die ganzen Einzelheiten zu besprechen, bevor man einen gemeinsamen Nenner für die übergeordneten Sachverhalte gefunden hat.

Kreativität und Fantasie sind auch für Geschäftstreffen angesagte Werte. Wenn schnell eine Lösung gefunden werden soll, wird manchmal ein *Brainstorming* durchgeführt. Unabhängig von der Position der Teilnehmer werden schnell, spontan und impulsiv Ideen gesammelt.

Obwohl die Amerikaner fair und basierend auf dem puritanischen moralischen Kodex nicht mit bewusst falschen Angaben in Verhandlungen auftreten, möchten sie auf jeden Fall **auf der Seite der Sieger** stehen. Unter Umständen unterstützen sie ihre Argumentation durch einseitige Informationen. Viele Redewendungen aus der Welt des US-Sports spiegeln sich in Verhandlungsrunden wider und zeigen, um was gespielt wird. Ein berühmter Football-Trainer, *Vince Lombardi,* gab seinem Team das folgende Motto: „Winning isn't everything. It's the only thing" (etwa: Zu siegen ist nicht alles. Es ist das einzige, was zählt). Kompromissbereitschaft ist eher die deutsche Variante.

Ausländer können in amerikanischen Verhandlungsrunden leicht verwirrt werden. Zum einen assoziiert der lockere, unkomplizierte Umgang Entspannung und Freundschaft. Doch hinter dem *Poker Face* steckt die klare Intention, die eigenen Interessen durchzusetzen. Auch ein plötzlicher Wutausbruch aufseiten des Amerikaners kann durchaus zur Strategie gehören und zur bewussten psychologischen Verunsicherung des Gegners eingesetzt werden. Seit einigen Jahren wird allerdings das **Win-Win-Ergebnis** – beide Verhandlungsparteien sind Sieger der Verhandlungen – für das langfristig Beste gesehen. Das scheint für Deutsche und Amerikaner bei Verhandlungen wohl auch zuzutreffen.

Sprache und Kommunikation

Im Großen und Ganzen ist die Kommunikation im interkulturellen Vergleich zwischen Deutschen und Amerikanern ähnlich. Beide Kulturen kommunizieren relativ direkt und schätzen Ehrlichkeit, was als **Low-Context-Fashion** bezeichnet wird. Im Gegensatz dazu stehen High-Context-Kulturen wie die asiatischen, die viel als bekannt oder assoziierbar voraus-

Die wichtigsten Regeln im Arbeitsleben

- Falls Sie sich bei der Arbeit verliebt haben: Vorsichtig vorgehen beim Flirten im Unternehmen und keine Anspielungen gegenüber dem anderen Geschlecht äußern, die als sexuelle Anmache empfunden werden könnten. **Sexuelle Belästigung am Arbeitsplatz** wird in den USA extrem verfolgt und kann das Unternehmen ein Vermögen kosten, da der Arbeitgeber dafür verantwortlich gemacht wird (siehe S. 240).
- Auch bei der **Teamarbeit** in Amerika muss jeder die Gelegenheit haben, eine klar umrissene Aufgabe erledigen zu können. Der **individuelle Erfolg** muss sichtbar bleiben.
- **Rank has its privileges.** Wundern Sie sich nicht über für deutsche Verhältnisse überhöhte Firmenentnahmen durch Führungskräfte. Obwohl sich alle mit dem Vornamen ansprechen und freundlich und respektvoll miteinander umgehen, ist es selbstverständlich, dass der Topmanager überproportional viel Vorteil aus seiner Position zieht. Statt Neid wird ihm Bewunderung entgegengebracht und die Hoffnung, es genauso weit zu bringen wie er.
- Falls Sie eine **Präsentation** oder einen Vortrag halten, fassen Sie sich kurz (ca. 15 Minuten sind optimal) und gestalten Sie es unterhaltsam. Amerikaner möchten die Fakten kurz und prägnant und verzichten eher auf Kontext und historische Herleitungen.
- Seien Sie **nicht amerikanischer als die Amerikaner** durch den Gebrauch von Slang oder eine hypersaloppe Haltung wie Beine auf dem Tisch. Es wirkt unecht.
- Amerikaner identifizieren sich extrem mit ihrem Land. Halten Sie sich zurück mit **negativen Qualitätsurteilen** und verhalten Sie sich äußerst diplomatisch und sensibel mit kritischen Äußerungen. Seien Sie nicht belehrend.
- Haben Sie einen Arbeitsaufenthalt in den USA und arbeiten in einem amerikanischen Büro mit, **lassen Sie Ihre Bürotür offen.** Es ist üblich und signalisiert Offenheit.
- **No-questions,** Fragen, die man im Arbeitsverhältnis nicht stellen sollte: Anstatt nach Geburtsnamen oder Geburtsort fragen Sie falls notwendig nach der Nationalität. Auch nicht nach der Muttersprache, sondern welche Sprachen fließend beherrscht werden. Weitere Fragen, die nicht angesagt sind: nach Religionszugehörigkeit, Rasse, Anzahl der Kinder, Beruf des Ehepartners, körperlichen Behinderungen, Zugehörigkeit zum Militär oder zu einem Verein.
- Zum Kontakte pflegen nicht unbedingt ewig gemütlich zusammensitzen und plaudern. In Amerika ist es üblich **aktiv zu sein,** zum Beispiel nach dem Essen ins Kino gehen, Spiele machen, Tanzen gehen ...
- **Small-Talk:** Ernsthafte Themen sind tabu bei der privaten Party, beim gemeinsamen Dinner und beim Spaß-Zusammensein. Bei passenden Gelegenheiten wie einem Politik-Vortrag ist das etwas anderes.

setzen und nicht direkt ansprechen. Das lässt mehr Spielraum für eigene Interpretationen.

Sprache reflektiert die Psychologie und Verhaltensweisen einer Gemeinschaft. Insofern ist es interessant, sich die **Sprachstruktur** anzusehen. Deutsche tendieren zu langen, komplizierten Schachtelsätzen, das Hauptverb steht oft erst am Ende des Satzes. Es kann als Anzeichen gedeutet werden, dass Deutsche dazu neigen, sehr stark zu analysieren, sehr ins Detail zu gehen und Dinge eher kompliziert zu machen. Aus Angst, nicht genügend zu informieren, schießen sie übers Ziel hinaus und geben zu viele Hintergrundinformationen, die für eine Entscheidungsfindung nicht nötig sind. Viele Reden werden mit der historischen Entwicklung begonnen, gern werden Grafiken, Statistiken und Zahlenbeispiele angeführt. Diese langatmigen Ausführungen wirken auf amerikanische Zuhörer oft langweilig und ermüdend.

Der **amerikanische Schreib- und Redestil** zeichnet sich eher durch kurze, knappe Sätze aus. Inhaltlich wird die Beschränkung auf das Wesentliche bevorzugt. Hier lässt sich natürlich nachhaken: Was sind wesentliche Informationen, um sich eine Meinung zu bilden oder eine Entscheidung zu treffen? Aus deutscher Sicht bieten amerikanische Medien oft zu wenig Informationen. Auch bei Vorträgen besteht häufig das Bedürfnis, mehr Daten zu bekommen. Das korrespondiert mit den **Hörgewohnheiten.** Deutsche sind sehr gute Zuhörer mit einer Aufmerksamkeitsspanne von mindestens einer Stunde. Am liebsten prüfen sie das Gehörte anhand zusätzlicher schriftlicher Unterlagen. Häufig wirken auf sie amerikanische Redner durch ihre sehr expressive, stark gestikulierende Vortragsart unseriös, der Stil wirkt übertrieben.

Ein **Vortrag** in deutscher Sprache, mit vielen Kehllauten und relativ monotonem Sprach-Rhythmus, klingt für Nichtdeutsche oft hart und dominant. Für Amerikaner ist ein Vortrag, der in witziger Art mit kleinen Anekdoten durchsetzt ist und ca. 15 Minuten dauert, optimal. Derart lassen sie sich in der Regel gut überzeugen.

Die Vorliebe der Deutschen für Offenheit, Konfrontation und Direktheit wirkt auf Amerikaner oft verletzend, insbesondere wenn Menschen emotional durch die direkte Ansprache getroffen werden. Amerikaner bevorzugen zwar auch die Direktheit, doch meist in etwas freundlicheren Worten. Insbesondere vermeiden sie, bei informellen Zusammenkünften wie Partys und gemeinsamen Essen heikle Themen anzusprechen.

ANHANG

Literaturtipps

Belletristik

- *Mark Twain:* **Die Abenteuer des Tom Sawyer und Huckleberry Finn,** Frechen 2003. Tom Sawyers und Huckleberry Finn's Abenteuer und ihre Konfrontation mit der amerikanischen Wildnis.
- *James Cooper:* **Lederstrumpf,** Wien 2000. Schilderung der Frontier-Erfahrungen eines Einzelgängers und der Auseinandersetzung mit Wildnis und Indianern. Der Leser erlebt wie es zur amerikanischen Unabhängigkeit kam.
- *John Steinbeck:* **Früchte des Zorns,** München 1985. Das Schicksal einer Farmpächter-Familie zur Zeit der Weltwirtschaftskrise. Armut, soziale Ungleichheit und Entwurzelung bestärken sie in ihrem typisch amerikanischen Streben nach Glück.
- *Jeffrey Eugenides:* **Middlesex,** Hamburg 2005. Middlesex ist ein Roman über ethnische Identität und kulturelle Prägungen. Es geht um Familienbande, Generationenkonflikte, um amerikanische Träume und Albträume.
- *Harriet Beecher Stowe:* **Onkel Toms Hütte,** Wien 2005. Das Buch einer „kleinen Frau, die den großen Krieg ausgelöst hat" beschreibt die Sklaverei und das Leben der Afroamerikaner im 19. Jahrhundert.
- *William Somerset Maugham:* **Auf Messers Schneide,** Zürich 2005. Zwar ist der Autor kein Amerikaner gewesen, seine scharfsinnige Beobachtung des amerikanischen Charakters ist aber überaus bemerkenswert.

Geschichte

- *Boyer, Clark, Hawley, Kett, Salisbury, Sitkoff, Woloch:* **The Enduring Vision, A History of the American People,** Boston/New York 2005. Sehr ausführlicher, anschaulicher Geschichtsband mit vielen Bildern, Zeittafeln und Tabellen.
- *Jürgen Heideking* (Hrsg.): **Die amerikanischen Präsidenten. 42 historische Portraits von George Washington bis George W. Bush,** München 2004. Die Präsidenten der USA zum Kennenlernen und Wiederentdecken.
- *Peter Schäfer:* **Alltag in den Vereinigten Staaten, Von der Kolonialzeit bis zur Gegenwart,** Graz 2005. Eine reich bebilderte Geschichte amerikanischen Alltagslebens von den frühen Besiedlungen in der Kolonialzeit über die amerikanische Revolution und das Leben hinter den Fronten des Bürgerkrieges bis zu Depression, New Deal, Kalter Krieg und

American Dream – ein Porträt der Vereinigten Staaten von den Pilgrim Fathers bis in die Gegenwart.

- *Alexander Emmerich:* **Geschichte der USA,** Stuttgart 2008. Schön illustrierte, gut lesbare Darstellung der US-amerikanischen Geschichte von den ersten Siedlern bis zur Präsidentschaftswahl 2008.

Kultur, Gesellschaft, Politik, Sprache

- *Bill Bryson:* **Streiflichter aus Amerika – Die USA für Anfänger und Fortgeschrittene,** München 2008. Ein kurzweilig-amüsant und brillant geschriebenes Buch, das Lust auf einem Besuch im Land der unbegrenzten Möglichkeiten macht.
- *Michael Moore:* **Stupid White Men, Eine Abrechnung mit dem Amerika unter George W. Bush,** München 2007. Ein zynischer Klassiker, der im Regal eines Amerika-Interessierten nicht fehlen sollte.
- *Ho Che Anderson:* **Martin Luther King,** Hamburg 2008. Anspruchsvoll gezeichnete schwarz-weiße Comic-Kunst schildert das Leben von *King* zwischen Öffentlichkeit und Privatleben, zwischen Fakten und Legenden.
- *Berndt Ostendorf* (Hrsg.): **Multikulturelle Gesellschaft: Modell Amerika?,** München 2000. Taugt das Modell des amerikanischen Meltingpots auch für andere Länder?
- *Jürgen Gerhards* (Hrsg.): **Die Vermessung der Kulturunterschiede. USA und Deutschland im Vergleich,** Wiesbaden 2000. Über Gesellschaftsunterschiede.
- *Emil Hübner:* **Das politische System der USA: Eine Einführung,** München 2007.
- *Hartmut Wasser:* **USA, Wirtschaft, Gesellschaft, Politik,** München 2003.
- *Udo Sautter:* **Die Vereinigten Staaten. Daten. Fakten. Dokumente,** München 2007. Ein weiteres nützliches Nachschlagewerk.
- *Eric Frey:* **Schwarzbuch USA,** Berlin 2008. Abhandlung über die Sünden der USA von der Verfolgung der Indianer bis heute.
- *Siegbert Sonnenberg:* **USA,** Frankfurt/Main 2002. Kurz und verständlich wichtige Grundlagen zu Politik, Geschichte und Gesellschaft.
- *Winfried Fluck, Welf Werner* (Hrsg.): **Wie viel Ungleichheit verträgt die Demokratie? Armut und Reichtum in den USA,** Frankfurt am Main/New York 2003. Wie wird dem Problem des Wohlstandsgefälles in Politik, Wirtschaft, Gesellschaft und Kultur begegnet?
- *Tobias Moorstedt:* **Jeffersons Erben. Wie die digitalen Medien die Politik verändern,** Frankfurt/Main 2008. Wahlkampf als Testfall für das demokratische Potenzial des Internets am Beispiel *Barack Obama.*

- *Anette Linnemann und Renate Georgi-Wask:* **American Slang – das andere Englisch,** Kauderwelsch Band 29, Bielefeld 2007. Englisch kennt fast jeder aus der Schule, aber Slang beherrschen die wenigsten. Hier können Sie nachschlagen und schmunzeln.
- *Hans-Dieter Gelfert:* **Typisch amerikanisch, Wie die Amerikaner wurden, was sie sind,** München 2002. Für alle, die wissen wollen, wie die USA und die Amerikaner zu dem wurden, was sie heute sind – mit eher wissenschaftlichem Ansatz; sehr gutes Literaturverzeichnis.
- *Mary Kupiec Clayton, Peter W. Williams* (Hrsg.): **Encyclopedia of American Cultural and Intellectual History,** 3 Bde., New York 2001.
- *Rainer Prätorius:* **In God We Trust. Religion und Politik in den USA,** München 2003. Bedeutung von Religion, der Entstehung von Religiosität und des Verhältnises von Politik und Religion.

Business

- *Patrick, L. Schmidt:* **Die amerikanische und die deutsche Wirtschaftskultur im Vergleich, Ein Praxishandbuch für Manager,** New York 2003. Dieses Buch dient dem Verständnis der „fremden" amerikanischen Geschäftskultur und gehört ins Gepäck eines jeden Geschäftsreisenden.
- *Paul Zane Pilzer:* **God wants you to be rich. The Theology of Economics,** New York 2007. Ein Buch über den Stellenwert von Geld und Reichtum, das erklärt, wie persönlicher Erfolg der Allgemeinheit zugute kommt und wie man ihn erlangt.
- *Cornelius J. M. Beniers:* **Managerwissen kompakt – Interkulturelle Kommunikation,** München Wien 2006. Erläuterung wichtiger interkultureller Begriffe.
- *G. Maletzke:* **Interkulturelle Kommunikation, Zur Interaktion zwischen Menschen verschiedener Kulturen,** Wiesbaden 1996.

Einschneidende Ereignisse im 21. Jahrhundert

- *Richard Clarke:* **Against All Enemies – Inside America's War on Terror,** New York 2004. Spektakuläres zur Irakpolitik der Bush-Regierung.
- *Andreas Bülow:* **Die CIA und der 11. September,** München/Zürich 2004. Was wussten die Geheimdienste im Vorfeld des Anschlags auf das World Trade Centre über die Gefahr?
- *Chalmers Johnson:* **Der Selbstmord der amerikanischen Demokratie,** München 2004. Der US-Politologe beschäftigt sich mit der Frage, ob man die USA noch als Demokratie bezeichnen kann.

- *Charles Kupchan:* **Die europäische Herausforderung – Vom Ende der Vorherrschaft Amerikas,** Berlin 2003. Der Autor stellt die These auf, Europa entwickle sich zur einzigen Supermacht, die es mit den USA aufnehmen kann.
- *Raimund Löw:* **Einsame Weltmacht: Die USA im Abseits,** Salzburg 2007. Glanz- und Schattenseiten eines Landes zwischen agressiver Politik der Bush-Administration und Selbstreflexion.
- *Emmanuel Todd:* **Weltmacht USA – Ein Nachruf,** München/Zürich 2005. Haben die USA als Weltmacht ausgedient? Ist die Welt zu dynamisch, zu vielfältig und groß geworden? Emanuel Todd gibt Antworten auf diese und andere Fragen.
- *Marcia Pally:* **Warnung vor dem Freunde: Tradition und Zukunft US-amerikanischer Außenpolitik,** Berlin 2008. Hier wird die Kontinuität amerikanischer Außenpolitik aufgezeigt – hergeleitet aus der Kultur- und Mentalitätsgeschichte der USA. Bush-Regierung und Irakkrieg werden darin nicht als Ausnahme, sondern als Regel amerikanischer Strategien interpretierbar.
- *Michael Mann:* **Die ohnmächtige Supermacht,** Frankfurt am Main 2003. Der Soziologe wirft einen kritischen Blick auf die Außenpolitik von George W. Bush und kritisiert den neuen Imperialismus.
- *Peter Bender:* **Weltmacht Amerika. Das neue Rom,** Stuttgart 2005. Historisch fundierter Vergleich zwischen dem Römischen Reich und den USA.
- *Jeremy Scahill:* **Blackwater. Der Aufstieg der mächtigsten Privatarmee der Welt,** München 2008. Gut recherchiertes Beispiel des investigativen Journalismus über den Aufbau und Einsatz einer privaten Schattenarmee im Irak jenseits jeglicher parlamentarischer Kontrolle.

Zeitschriften

- **Die Indianer Nordamerikas,** Geo Epoche, Nr. 7, 2000.
- **Politisches System der USA,** Informationen zur politischen Bildung, Heft Nr. 199, Bundeszentrale für politische Bildung, Bonn 2008.
- **USA Geschichte, Gesellschaft, Wirtschaft,** Informationen zur politischen Bildung, Heft Nr. 283, Bundeszentrale für politische Bildung, Bonn 2004.
- **Globalisierung – Neue Spielregeln für Manager und Unternehmen,** (Spezial), Harvard Business Review – erweiterte deutsche Ausgabe, Harvard Business Manager, November 2003. Interessante Artikel für Geschäftsleute, unter anderen von *Ron Gorlick:* „Brücke über den Atlantik – Interkulturelles Management".

Die Reiseführer von REISE

Know-How auf einen Blick

Wo man unsere Reiseliteratur bekommt:
Jede Buchhandlung Deutschlands, der Schweiz, Österreichs und der
Benelux-Staaten kann unsere Bücher beziehen. Wer sie dort nicht findet,
kann alle Bücher über unsere **Internet-Shops** bestellen.
Auf den Homepages gibt es **Informationen** zu allen Titeln:
www.reise-know-how.de oder **www.reisebuch.de**

Register

Bundesstaaten der USA

Vancouver

Calgary

Seattle

Washington

Portland

Salem

Helena

North Dakota

Oregon

Montana

Bismarck

Boise

Idaho

Rapid City

Wyoming

South Dakota

Nevada

Reno

San Francisco

Salt Lake City

Cheyenne

Nebraska

Oma

Denver

USA

Utah

California

Las Vegas

Colorado

Kansas

Los Angeles

Arizona

Oklahoma

San Diego

Santa Fe

Phoenix

Tuscon

New Mexico

Oklahoma City

Dallas

El Paso

Texas

San Antonio

MEXIKO

PAZIFISCHER
OZEAN

KANADA

V.	Vermont
Mass.	Massachusetts
Con.	Connecticut
R. I.	Rhode Island

Minnesota

Lake Superior

Sault Ste. Marie

Minneapolis/ St. Paul

Lake Michigan

Lake Huron

Lake Ontario

Toronto

Maine

Augusta

New York

New Hampshire

Boston

Mass.

Providence

Wisconsin

Madison

Michigan

Buffalo

Con. R. I.

Iowa

Detroit

L. Erie

Pennsylvania

Hartford

New York

Des Moines

Chicago

Cleveland

Pittsburgh

New Jersey

Philadelphia

Indianapolis

Baltimore

Dover

Illinois

Indiana

Ohio

Washington D.C.

Delaware

Kansas City

St. Louis

Louisville

West Virginia

Maryland

Richmond

Missouri

Kentucky

Charleston

Virginia

Arkansas

Tennessee

Nashville

North Carolina

Raleigh

Little Rock

Memphis

Chattanooga

South Carolina

Missis-sippi

Alabama

Atlanta

Charleston

Georgia

Savannah

Jackson

Lousiana

Mobile

Florida

ATLANTISCHER OZEAN

Houston

New Orleans

Orlando

GOLF VON MEXIKO

Miami

Key West

0   160 km   320 km   480 km

Die Autorin

Ingrid Henke, geboren in Stuttgart, studierte Amerikanistik am John-F.-Kennedy-Institut und auch Germanistik in Berlin und schloss mit Magister Artium (MA) ab. Während ihres Studiums arbeitete sie als Taxifahrerin in Berlin. Viele längere Reisen führten sie in die USA. In den letzten Jahren widmete sie sich verstärkt ihrem Hobby und entwickelte sich zur Fotografin aus Leidenschaft.

Seit 1994 ist sie selbstständig tätig mit ihrer Firma *ARRIVA relocation services* in Berlin. Dabei hat sie viele ausländische Kunden, sogenannte Expatriats, beim Start in Berlin unterstützt. Bei ihren amerikanischen Kunden lernte sie deren Schwierigkeiten beim Einleben in Deutschland kennen, sozusagen die andere Seite der Medaille. Zusammen mit den *German Relocators* bietet sie deutschlandweit Dienstleistungen wie Wohnungssuche und -vermittlung, Erledigung von Formalitäten/Behördengängen, Integrationshilfe und interkulturelles Training an. Sie drehte schon einen kleinen Film, der häufige Missverständnisse zwischen Deutschen und Amerikanern aufgreift, und hatte eine Fotoausstellung mit dem Titel „Gesichter New Yorks".

Der eigentliche Anlass für das große Interesse an den Amerikanern und ihrer Kultur entstand allerdings aus ganz privaten Gründen: Als Teenager verliebte sich die Autorin in einen durch Europa reisenden Amerikaner. Die positiven Auswirkungen dieser Begegnung schlugen sich bald in der Verbesserung der Englischnote nieder und beeinflussen ihr Leben bis heute.

Danksagung

Veronika Deinbeck danke ich für ihre intensive Mitarbeit, die mir die Realisierung dieses Buches um einiges erleichtert hat.

Vielen Dank allen meinen Freunden und Bekannten in Deutschland und den USA für ihre vielseitigen Anregungen und Hinweise.